야만의 시간

야만의 시간
반국가단체 만들기에 희생된 한통련의 50년

초판 1쇄 발행 2023년 8월 15일

지은이   김종철
펴낸이   박동운
펴낸곳   (재)진실의 힘
          서울시 중구 세종대로 19길 16 성공회빌딩 3층
          www.truthfoundation.or.kr truth@truthfoundation.or.kr

기획   임순영
편집   강영선
디자인   캠프
인쇄·제책   357제작소

ISBN 979-11-957160-4-3 03910

야만의 시간

반국가단체 만들기에 희생된 한통련의 50년

김종철
지음

진실의힘 ✾

들어가는 글

옛날 옛적 착한 사람들이 많이 사는 예쁜 마을에서 흉포한 건달이 힘으로 지도자 자리를 뺏었다. 그의 전횡과 강압이 너무 심해서 마을 사람들은 부글부글 들끓었다. 그때마다 독재자는 이웃 라이벌 마을이 쳐들어온다며 잔뜩 겁을 줬다. 그래도 민심이 가라앉지 않자, 독재자는 돈 벌러 부자 마을에 갔다가 잠깐 다니러온 청년(A)을 붙잡아 그가 이웃 라이벌 마을의 첩자라고 조작했다. 조작극을 그럴듯하게 만들기 위해 A가 부자 마을에서 만난 사람(B)을 배후 인물이라고 선전했다.

부자 마을에는 A나 B처럼 예쁜 마을에서 돈 벌러 온 사람이 많이 있었다. 이들은 예쁜 마을을 그리워하면서 출향 인사들의 모임(H)을 만들었다. 고향을 사랑한 H 회원들은 예쁜 마을을 짓밟는 독재자를 비판했는데, 이를 못마땅해하던 독재자는 A를 간첩으로 만들면서 아예 H를 라이벌 마을의 조종을 받는 간첩 집단이라고 선포했다. 그러고는 B가 소속된 단체

H가 간첩 집단이니 B도 간첩이라는 억지 주장을 폈다.

H는 아닌 밤중에 홍두깨 격으로 평소 알지도 못하는 A와 묶여서 불온 세력으로 낙인찍혔고, 그 뒤로 H 회원들은 고향 마을에 가지 못했다. 그러나 H 회원들은 독재자가 물러나면 그런 조작이 밝혀지고 자기들에 대한 박해도 바로잡힐 것이라고 여기면서 독재자와 싸우는 고향 사람들을 열심히 응원하고 도왔다.

마침내 예쁜 마을 사람들은 각고의 노력 끝에 독재자를 물리치고 자유와 민주를 되찾았다. A도 뒤늦게나마 간첩 혐의를 깨끗이 벗고 명예를 회복했다. 하지만 A의 배후로 몰렸던 B나 H는 간첩과 간첩 집단이라는 누명을 벗기는커녕 예쁜 마을에서 계속 손가락질을 당했다. B와 H는 오랜 친구였던 예쁜 마을 사람들에게 "도대체 왜 우리가 아직도 치욕스러운 취급을 받아야 합니까?" 하고 따져 물었지만, 자유와 여유를 누리게 된 예쁜 마을 사람들에게는 B와 H의 목소리가 더 이상 들리지 않았다.

믿기 어렵겠지만, 우화 같은 이 이야기는 21세기 대한민국에서 벌어지고 있는 '사실'이다. 재일동포 사회단체인 「재일한국민주통일연합」('한통련')이 50년 동안 겪고 있는 일은 필자가 지어낸 이야기보다 사연이 더 기막히다.

옛 이름이 「한국민주회복통일촉진국민회의」('한민통')인 한통련은 이름 그대로 한국의 민주화와 통일을 추구하는 단체다. 발기인 전원이 「재일본대한민국민단」('민단') 출신인 데서 알 수 있듯이 구성원 대부분이 한국계 재일동포다. 민단의 민주화 등 개혁을 추진하다가 본국 정부와 민단 기득권층에게 쫓겨났던 사람들이 1973년 일본에 망명 중이던 김대중과 함께 만들었다.

'한민통발기인대회' 일주일을 앞두고 김대중이 박정희 정권에 납치되자, 재일동포 개혁파는 김대중 구출운동부터 시작해 한국의 민주화운동을 줄기차고 끈기 있게 전개했다. 전두환의 신군부가 쿠데타로 등장한 이후에는 5·18민주화운동을 전 세계에 알렸다. 이들의 노력 덕분에 일본 시민의 한국 민주화 지지가 활발하게 일어나는 등 국제연대가 광범하게 이뤄졌다.

그러나 이들의 맹활약이 거북했던 박정희 정권은 1978년 재일동포 유학생인 김정사를 간첩으로 조작해 한민통을 억지로 반국가단체로 만들었다. 또 전두환 정권은 박정희 정권이 만든 '한민통=반국가단체'라는 규정을 빌미로 김대중에게 사형을 선고했다. 한통련 사람들은 자신들을 반국가단체로 규정한 것은 독재정권의 권력 유지를 위한 조작이었던 만큼 민주화만 되면 다 해결될 것이라고 여겼다.

그러나 이들의 예상은 완전히 빗나갔다. 민주화된 조국은 이국땅에서 오랫동안 민주화운동에 애썼던 사람들을 외면했다. 김영삼 문민정부에 이어 김대중 국민의정부에서도 이들의 조국 방문은 허용되지 않았다. 과거 독재정권 때 한민통(한통련)을 근거도 없이 반국가단체로 판정한 법원은 이들의 누명을 벗겨줄 수 있는 두 차례의 재심 재판정에서 반국가단체 여부에 대한 판단 자체를 외면했다. 과거사의 진실을 밝히기 위해 만든 「진실·화해를 위한 과거사정리위원회」('진실화해위원회' 1기)도 괴이한 논리로 진실 규명에 눈을 감았다.

그나마 노무현 정부의 결단으로 한통련 사람들은 30여 년 만인 2003년부터 고국을 방문할 수는 있게 됐지만, 독재정권이 만든 반국가단체라는 어이없는 굴레에 갇힌 채 여전히 차별과 박대를 받고 있다. 다른 사람들에 비해 유효기간이 턱없이 짧은 여권을 받는가 하면, 사업상 불이익을 당하거나 심지어 국가유공자 보상금조차 박탈당하고 있다.

한통련 사건은 독재정권 시절에 있었던 '과거사'가 아니라 '지금 여기'의 문제다. 일본에 사는 그들의 일이 아니라 한국에 있는 우리의 과제다. 반독재민주화운동을 한 이들에게 아무런 근거도 없이 반국가단체라는 붉은 딱지를 붙인 것은 독재자의 한국 정부였으나, 지금까지 그들을 각종 차별 속에 방치해두고 있는 것은 민주화된 한국 사회다. 이 책이 그들이 아니라 우리를 되돌아보는 계기가 되면 좋겠다.

차례

일러두기

1. 「한국민주회복통일촉진국민회의」('한민통'), 「재일한국민주통일연합」('한통련')의 경우 명칭을 변경한 1989년을 기준으로 그전은 한민통으로, 그 후는 한통련으로 표기했다. 다만 인용문에서는 시기와 상관없이 원래 표현대로 표기했다. 다른 단체의 경우에도 동일한 기준을 적용했다.

2. 단체, 기관명에는 홑낫표(「」)를, 회의나 행사명에는 작은따옴표(' ')를 사용했으며, 약칭을 사용할 경우 이를 생략했다. 명칭에 조사가 없는 경우에는 붙여쓰기를 하고 조사가 있는 경우는 띄어쓰기를 했다.

I

반세기 넘는
차별과
박해

한통련 사람들은 2003년부터 고국 방문을
할 수 있게 됐지만, 독재정권이 만든
반국가단체라는 굴레에 갇힌 채 여전히
차별과 박대를 받고 있다.

"당신들은
자유 입국
안 돼"

2009년 4월 18일 정오 손형근 한통련 의장은 도쿄에서 함께 출발한 회원 네 명과 함께 인천국제공항에 내렸다. 한통련 회원 20명은 다음 날 서울 수유리 4·19묘지에서 열리는 '4·19기념행사'에 참석하기로 돼 있었다. '4·19기념행사'를 마치면 20일까지 모국에서 간부연수회도 가질 계획이었다. 손형근은 2003년 처음 조국에 첫발을 내디딘 이후 그동안 열세 번이나 오간데다 이명박 정부가 출범한 첫해인 2008년 5월에도 '무사히' 서울을 다녀간 적이 있기에 느긋한 마음으로 공항에 들어섰다. 입국수속을 하기 전에 나고야 등 일본의 다른 지역에서 오는 회원들을 기다릴 겸 해서 화장실부터 갔다.

손형근이 볼일을 마치고 나오자, 앞에서 기다리던 네댓 명의 건장한 남자가 다가왔다. 그들은 국가정보원('국정원')에서 왔다며 손형근에게 이름을 묻고는 잠깐 사무실로 같이 가자고 했다. 한통련 중앙본부 조직차장인 이정수에게도 같은 요구를 했다. 실랑이 끝에 공항 건물 안에 있는 국정원 조사실에 들어가자, 이들은 두 사람에게 압수수색영장을 내밀었다. 전날 법원으로부터 받아놓은 것이었다.

조사실에는 대여섯 명의 국정원 직원이 더 있었다. 이들은 손형근과 이정수의 여권과 가방을 뺏다시피 해 안을 뒤졌다. 휴대전화를 내놓으라면서 손형근의 호주머니를 뒤지기도 했다. 그의 휴대전화는 가방 한쪽에 달라붙어 있었지만, 두께가 얇은 탓인지 찾지 못했다. 손형근은 공항에서 임시 전화를 임대해 쓰려고 휴대전화를 일본에 두고 왔다고 둘러댔다.

국정원 조사관들은 손형근의 수첩에 적힌 메모를 보면서 무슨 의미인지 꼬치꼬치 캐물었다. 또 1996년 제7차 '한반도 평화와 통일을 위한 범민족대회'('범민족대회')에 참가하기 위해 북한에 갔을 때 했던 발언과 행동 등을 추궁했다. 그때 함께 참석했던 이정수에게도 같은 내용을 추궁했다. 국정원의 조사를 받으면서 손형근은 '과거의 국정원 행태를 감안하면 나도 자칫 2~3년 동안 감옥에 갇혀서 고생할 수도 있겠구나' 하고 마음속으로 생각했다. 하지만 세 시간가량 조사를 마치고는 다음 날 서울 내곡동 국정원으로 나오라는 소환장을 주면서 풀어줬다.

손형근은 공항 근처 호텔에 머물면서 「민주사회를 위한 변호사모임」('민변') 변호사들에게 도움을 청했다. 변호사들은 자신들이 파악한 국정원 등 당국의 기류를 전하면서 '한통련 간부들이 한국에 맘대로 못 오도록 하는 게 목적이지 사법 처리를 시도해서 문제를 시끄럽게 만들려고 하는 것 같지는 않다'며 출국을 권유했다. 고심하던 손형근은 다른 일행과 헤어져 이정수와 함께 이튿날 오전 도쿄로 돌아갔다.

입국도, 투표도 거부된 한국인

그때부터 손형근은 2023년 현재까지도 자기 나라인 한국에 들어오지 못하고 있다. 한국에 오지 못하는 것도 속상한 일이지만, 여행의 자유 등 기본 인권인 이동권을 크게 제약받고 있다. 그는 국적이 한국이기 때문에 한국 여권이 없으면 일본에서 다른 나라를 오갈 때 재입국 허가증을 일본 정부로부터 받아야 한다. 그런데도 한국 정부는 그의 여권이 2009년 12월에 만료된 이후 재발급조차 해주지 않고 있다. 이 때문에 국민의 기본권인 참정권도 박탈당한 상태다. 외국에 거주하는 국민도 2012년부터 총선과 대선 때 투표할 수 있게 됐지만, 본인 확인을 위한 신분증으로는 여권만 인정되기 때문이다.

오사카 출신의 재일동포 3세인 손형근은 대부분의 한통련 회원처럼 남한에 뿌리를 둔 한국계다. 경상남도 함안이 고향인 부친도 오사카 민단의 간부를 지냈던 대한민국 지지자였다. 손형근은 초·중·고를 일본 학교에 다니면서 자신의 정체성을 찾아가기 시작했다. 주변의 일본인 학생으로부터 "조센징은 돌아가라"라는 등의 차별을 받으면서 민족의식에 눈을 떴다. 오사카 인근 대학에 입학했지만, 대학을 나와도 일자리를 구할 수 없다는 사실을 알고는 중도에 학교를 그만뒀다. 일본 사회에 좌절한 그는 아버지의 고향에라도 가볼 생각에 우리말을 배우기로 결심하고 민단을 찾아갔다. 1971년 스무 살 때였다. 민단의 청년조직인 「재일한국청년동맹」('한청')*을 소개받아 민족운동에 첫

발을 내디뎠다. 한청이 1973년 한민통 결성의 주역이 되면서 손형근은 이후 자연스레 한민통에서 일했다. 그는 한청 오사카본부 부위원장(1975)을 시작으로 한통련 중앙 부사무총장과 사무총장, 부의장 등을 지냈으며, 2009년 3월 한통련 의장에 선출됐다.

손형근이 한국의 일반여권을 처음 발급받은 때는 2004년 12월이었다. 한통련 사람들은 노무현 정부의 귀국 허용 조처로 2003년 9월 고국 땅에 처음 발을 디뎠지만, 그때는 1회용 여행증명서로 한국에 왔다. 이듬해인 2004년 10월 2차로 입국할 때 한통련 사람들 대부분은 당시 5년 기한의 일반여권을 받았지만, 손형근 등 간부들은 1년짜리 단수여권**을 받았다. 곧 그러한 차별도 사라졌고, 손형근 역시 그해 12월 5년짜리 일반복수여권을 받았다. 그는 이 여권으로 노무현 정부 시기 10여 차례 조국을 자유롭게 오갔다.

국정원-검찰-외교통상부의 짬짜미

이명박 정부가 들어선 뒤 분위기는 완전히 변했다. 2009년 4월 국정원이 손형근의 입국에 제동을 건 데 이어 그해 11월에는 외교통상부('외통부', 외교부의 전신)의 태도도 돌변했다. 손형근이 여권 기한

---

* 1960년 「재일한국청년동맹」으로 이름을 바꾼 뒤 초기에는 약칭을 '한청동'이라 했으나, 나중에는 '한청'으로 불렸다.
** 단수여권으로는 한 번만 입국할 수 있는 데 비해 복수여권으로는 여러 번 출입국이 가능하다. 5년이던 복수여권의 기한은 2005년부터 10년으로 바뀌었다.

만료 한 달 전에 낸 재발급 신청을 도쿄 한국대사관은 별 이유도 없이 거부했다. 2011년 4월에 낸 새 여권 발급 신청에 대해 주일 한국대사관은 한 달 뒤 구체적인 설명도 없이 '불가, 거주 단수'라고 기재된 엽서를 손형근에게 보냈다. 대사관의 영사는 '국정원에 조사받으러 간다면 1회용 단수여권을 내줄 수 있지만 일반여권은 줄 수 없다'고 했다.

그러나 명확한 이유와 법적 근거 없이 여권을 내주지 않는 것은 「행정절차법」을 명백하게 위반한 행위다. 이미 2002년에 그런 판례가 나왔다. 「한통련의 명예회복과 귀국보장을 위한 대책위원회」('한통련대책위') 결성대회에 참석하기 위해 입국하려던 김정부 사무총장 등 한통련 회원들에게 정부가 여행증명서를 내주지 않자, 당사자들이 행정소송을 낸 데 따른 판결이었다. 특별한 법적 이유가 없으면 여권을 내줘야 하며, 거부할 때는 구체적 이유와 근거를 문서로 통보해야 한다는 내용이었다.

이에 손형근은 이명박 정부의 명백한 위법행위에 대해 외통부 장관을 상대로 2011년 6월 서울행정법원에 행정소송을 제기했다. 정부가 소송에서 질 것은 불을 보듯 뻔했다. 그러자 이번에는 느닷없이 검찰이 나섰다. 소송을 제기한 다음 달 서울지검이 손형근에게 「국가보안법」에 따른 반국가단체의 구성, 잠입·탈출, 회합·통신죄 위반 혐의로 기소중지 결정을 내린 것이다. 손형근이 2009년 4월 국정원의 소환에 불응하고 일본으로 돌아간 데 대해 2년여가 지난 뒤 내린 조처였다. 그동안 손형근에 대한 조사나 수사를 하지 않았던 검찰의 뒤늦은 결정은 국정원을 빼고는 설명하기 어렵다. 손형근을 조사하는 일은 그동안 검찰이 아니라 국정원이 했기 때문이다.

검찰이 손형근에게 기소중지 조처를 하자, 외통부는 며칠 뒤 기다 렸다는 듯이 5월에 자신들이 내렸던 '여권 발급 불가' 처분을 취소하 고, 대신 '장기 3년 이상 형에 해당하는 죄를 범하고 국외로 도피하여 기소중지 된 사람'에게는 여권 발급을 거부할 수 있다는 「여권법」 규 정을 들어 여권 발급을 거부했다. 이러한 외통부의 새 처분은 형식적 으로는 법에 따른 듯이 보이지만, 실질적으로는 법 취지에 맞지 않는 다. 「여권법」의 이 조항은 해외로 도피한 범죄 혐의자에게 여권을 연 장하거나 발급하지 않음으로써 해외에 더 머물지 못하도록 하기 위함 이다. 즉 수사받는 사람을 빨리 국내로 데려오기 위해 만든 조항이지, 손형근처럼 해외에 사는 국민이 국내에 들어오는 것을 막기 위한 게 아니다. 오히려 재외국민을 국내에서 수사하려면 여권을 내줘서 자진 입국하도록 유도하는 게 맞다.

북한 내부 행사가 '범민족대회'로 둔갑

검찰의 기소중지 조처로 인해 여권소송의 쟁점도 바뀌었 다. 처음에는 한통련 간부라는 이유로 여권을 내주지 않는 것은 문제 가 있지 않느냐는 취지로 다투었으나, 이제는 손형근이 과연 3년 이상 의 형에 해당하는 죄를 범했느냐가 쟁점이 됐다. 서울행정법원 제11 부(재판장 서태환)는 2011년 12월 "수사가 개시된 것만으로 당연히 장기 3년 이상의 형에 해당하는 죄를 범하였다고 단정할 것은 아니지만, 여 권의 발급 또는 재발급 신청에 대한 처분 당시까지 현출된 증거들에 비추어 신청인이 장기 3년 이상의 형에 해당하는 죄를 범하였다고 볼 만한 개연성이 있고"[1]라면서 외통부의 손을 들어줬다.

　손형근에 대해서는 그때까지 한 번도 제대로 된 수사가 없었지만, 서울행정법원 재판부는 외통부가 내놓은 증거를 토대로 판단했다. 그 증거 자료에 나오는 손형근의 혐의는 '반국가단체 구성죄(한통련 의장)'와 '반국가단체로의 탈출죄(북한 방문)', '반국가단체와의 회합·통신죄(북한 인사들과의 대화 및 회의)' 등이었다. 재판부는 특히 1996년 8월 제7차 '범민족대회' 기간에 있었던 「참가자들의 결의대회 결의문」을 들어 "원고(손형근)가 장기 3년 이상의 형에 해당하는 「국가보안법」 위반(찬양·고무죄)을 범했을 개연성을 인정할 수 있다"라고 판단했다. 다음은 법원이 3년 이상의 형에 해당한다고 판단한 결의문의 내용 중 일부다.

　　어버이 수령님의 가장 간곡한 유훈은 위대한 영도자 김정일 동지를 높이 받들어 모시고 경애하는 장군님의 현명한 령도를 충성으로 받들어 나가는 것이다. 위대한 령도자 김일성 동지는 우리의 운명이시고 미래이시며 민족단합의 기치이시고 조국통일의 구성이시다.[2]

　김정일에게 충성을 맹세하는 이러한 결의문에 한국인이 동의하고 찬성했다면 현행 「국가보안법」의 적용을 피해가기 어려울 것이다. 또한 이러한 당사자에게 여권을 발급할 수 없다는 외통부의 처분이 정당하다는 법원의 판단도 문제 삼기 힘들다. 그러나 외통부가 법원에 제출한 증거 자료는 너무 명백해서 오히려 고개를 갸웃할 수밖에 없다. 아무리 해외에 거주하는 한국인이라고 해도 대한민국 계열 단체의 대표자들인데 북한 지도자를 찬양하는 결의문에 합의하고 동의했을까 하는 상식적인 의문이 꼬리를 문다. 법원은 외통부가 내놓은, 실제로는 국정원이 제공한 자료를 의심 없는 사실로 받아들였지만 믿기 어렵다.

앞의 결의문이 채택됐던 '위대한 수령 김일성동지의 통일유훈관철을 위한 제7차 범민족대회 참가자들의 결의대회'('결의대회')가 어떤 행사였고, 결의문 내용이 사실인지 확인하기 위해 당시의 언론 보도를 다 뒤졌다. 그러나 국내 언론에는 저런 내용의 보도가 전혀 없었다. 다행히 통일부 북한자료센터에 있는《노동신문》1996년 8월 15일 자와 16일 자에서 관련 보도를 찾을 수 있었다. 15일 자에는 북한의 관영통신인《조선중앙통신》이 전날 판문점에서 있었던 행사를 자세하게 알린 기사가 실려 있고, 16일 자에는《노동신문》기자가 쓴 판문점 행사 참관기가 실려 있다. 두 기사를 보면, 그날 판문점에서는 세 가지 행사가 있었다. 즉 '범민족대회 개막식'과 '결의대회', '구속된 남조선의 통일애국인사 석방을 위한 련대성 집회'였다. '결의대회'에서 채택된 결의문이 서울행정법원에 제출된 바로 그것이었다.

'결의대회'는 판문점 북쪽 지역인 판문각에서 있었던 '범민족대회 개막식'이 끝난 뒤 인근의 김일성 친필비 앞으로 장소를 옮겨서 열렸다. 직전에 열렸던 '범민족대회 개막식'은 연설자들의 축하인사 등으로 채워졌을 뿐 전혀 특별한 내용이 없었다. 이와 달리 '결의대회'에서는 북쪽 인사들만 연설했는데, 발언 내용은 "위대한 령도자 김정일 동지의 두리에 일심 단결하여 그이의 령도를 충성으로 받들어 나가는 것은 조국통일을 앞당겨 이룩하기 위한 근본 담보이다"라거나 "경애하는 장군님을 받들어 조국통일의 길에서 한목숨 다 바쳐 나가는 것은 우리들의 가슴속에 철석의 신념으로 자리 잡고 있다"라는 등 김정일에게 충성을 서약하는 것이었다.[3] 당시 북한은 두 해 전인 1994년 7월 김일성이 사망한 뒤 김정일로의 권력 세습이 아직 마무리되지 않은 때였다. 김정일이 최고지도자로 추대된 것은 1998년 9월이었다. 장황한 이름을 가진 이 '결의대회'의 성격을 짐작할 수 있다.

이 '결의대회'는 '위대한 수령 김일성동지의 통일유훈관철을 위한'이라는 수식어가 붙은 데서 알 수 있듯이 남한이나 해외동포를 포괄할 수 없는 행사다. '범민족대회'는 남과 북, 해외동포의 화해와 협력을 위한 거족적 행사이지 북한 지도자를 떠받들기 위한 모임이 아니기 때문이다. 새 지도자에게 충성을 과시하고픈 북쪽 인사들이, 남과 북, 해외 대표들이 사전에 합의했던 '범민족대회 개막식'과 별도로 북한 내부용 충성대회를 개최했을 가능성이 크다.[4] 이 충성대회에서 나온 결의문 내용에도 이 행사가 북한 내부용이었음을 보여주는 구절이 있다. "우리들은 남조선과 해외의 통일애국인사들과 통일운동단체들의 투쟁을 앞으로도 적극 지지 성원할 것이다"라는 부분이다. 이 문장을 보면, 남쪽과 해외동포는 주체가 아니라 북쪽의 지지와 성원을 받는 객체다. 만약 남쪽과 해외동포 대표가 그 결의문을 두고 사전협의를 했다면 이런 식으로 스스로를 객체화하는 표현을 사용하지는 않았을 것이다.

손형근은 판문점 북쪽에서 열린 당시 행사와 관련해 필자가 《한겨레》신문에 재직할 때 했던 인터뷰에서 "1996년 8월 14일 판문점 북한 지역의 김일성 주석이 글씨를 쓴 비석 앞에서 집회가 열렸는데, 우리는 안내원이 가자고 하니까 손님 된 예의로 참가했을 뿐이다. 특별한 것이 아니었다"라고 말했다.[5] 남쪽이나 해외동포가 능동적, 자발적으로 참여한 것이 아니라 개별행동이 금지된 특수한 지역에서 어쩔 수 없이 행사장에 있게 됐다는 취지다. 손형근은 2009년 4월 인천공항의 국정원 사무실에 끌려가 조사받을 때도 이러한 내용을 진술했다.

서울행정법원이 위법행위라고 판단한 것 중에는 8월 15일 평양 인민문화궁전에서 열린 '조국의 평화와 통일을 위한 96 범민족회의' 내용도 있다. 제7차 '범민족대회'의 본 행사였던 이 회의에서는 남·북·해외 대표들이 사전에 합의했던 「조국의 평화와 통일을 위한 96 범민족회의 공동결의문」 등이 채택됐다. 이 공동결의문에는 다른 해와 대동소이한 내용이 담겼을 뿐 특별한 문구가 없다. 서울행정법원이 문제 삼은 「평화와 민족대단결의 기치 밑에 조국통일의 전환적 국면을 열어나가기 위한 과업에 대하여」라는 결의문이 그날 행사에서 채택됐다는 뉴스는《노동신문》에 있긴 한데 내용은 나오지 않는다. 그런데도 국정원은 그 결의문에 "우리는 「국가보안법」을 철폐하기 위한 투쟁을 계속 힘차게 벌이기 위하여 민족공동위원회를 결성하고 민족적, 국제적 범위에서 철폐투쟁을 확대, 강화해 나갈 것이다"라는 내용이 있다는 자료를 제출했고, 법원은 이를 받아들였다. 그러나 범민족회의 소식을 전한《노동신문》(1996년 8월 16일)에 따르면, 저 문장은 결의문이 아니라 범민련 북쪽 본부 의장 백인준이 회의 때 했던 '보고'에 들어 있다. 출처가 명백히 다르다. 또 법원이 손형근의 유죄 가능성을 뒷받침해준다고 판단한 구호도 모호하다. 이 평양 대회에서 제창됐다는 '민족의 위대한 어버이 수령님의 통일유훈을 기어이 실현하자, 조국통일의 구성이신 김정일 장군님을 받들어 통일위업을 달성하자' 등의 구호를 손형근 등 해외 참석자나 남쪽 대표들이 함께 외쳤는지는 알 수 없기 때문이다.

국정원은 1996년 8월의 판문점과 평양 자료를 당시부터 다 가지고 있었고, 정확한 맥락도 파악했을 것이다. 제7차 '범민족대회'에 참석했던 손형근 등 해외 대표나 남쪽 대표들에게 「국가보안법」의 찬양·고무죄를 묻기 힘들다는 판단도 그때 했을 것이다. 그랬기에 그들은 2004년 말 손형근이 처음 여권을 받을 때, 그 뒤 10여 차례 한국을 오갈 때도 문제 삼지 않았다. 그러던 국정원이 13년이 지난 2009년 4월 뒤늦게 1996년 방북 행적을 빌미 삼아 손형근의 입국을 막았다. 또 행정소송 재판 때는 막후에서 사실관계를 교묘하게 뒤섞고 왜곡해 그에게 여권이 발급되지 않도록 했다.

이명박 정부, 여권법 시행령에
독소조항 신설

손형근뿐만이 아니었다. 이명박 정부가 들어선 뒤부터 다른 한통련 회원의 자유로운 출입국도 가로막히기 시작했다. 이명박 정부 출범 넉 달 만인 2008년 6월 금강산에서 열린 '6·15민족통일대회'에 참가하려던 한통련 회원 일곱 명의 입국이 이유 없이 불허됐다. 이 행사는 2000년 '남북정상회담'에서 합의한 '6·15공동선언'을 민간 차원에서 실천하기 위해 남과 북, 해외 인사로 구성된 「6·15민족공동위원회」가 주최했다. 한국을 거쳐 금강산으로 가려던 한통련 회원들은 할 수 없이 중국과 북한을 거쳐 '6·15민족통일대회'에 참가했다. 이때까지만 해도 한통련은 자신들에 대한 입국 불허나 제한이 일회적인 일이라고 생각했다. 노무현 정부 시기인 2004년 한통련 회원에게 여권이 처음 나온 뒤 자유롭게 조국을 오갈 수 있었기에 보수정권이 들어섰다고 한들 설마 입국이 제한되겠느냐고 여겼던 것이다.

그러나 2009년 4월 손형근의 입국을 막았던 이명박 정부는 그해 10월 초 한통련 회원이 대부분인 「겨레하나재일동포역사기행」팀의 방한을 막았다. 주일 한국대사관 영사부는 역사기행을 추진하는 관계자에게 전화를 걸어 "본국의 문서에 의한 지시"라며 "한통련은 반국가단체이므로 (한국에 가면) 그 회원은 조사를 받을 수 있다"[6]라고 겁을 줘서 방한을 포기시켰다.

정부는 또 한통련 회원의 여권 발급을 까다롭게 하거나 어쩔 수 없이 내주더라도 유효기간에 차별을 뒀다. 5년짜리 일반여권을 2004년에 받았던 한통련 회원의 여권 재발급이 시작됐을 때였다. 일반여권의 유효기간이 2005년부터 10년으로 늘었기에 한통련 회원에게도 다른 국민과 마찬가지로 10년짜리 여권이 발급되어야 했다. 그러나 이명박 정부는 2009년 9월 갑자기 「여권법 시행령」을 고쳤다. 일반여권의 유효기간을 정한 「여권법 시행령」 제6조의 제2항에 다음과 같은 내용의 제5호를 신설했다.

국외에 체류하는 「국가보안법」 제2조에 따른 반국가단체의 구성원으로서 대한민국의 안전보장, 질서유지 및 통일·외교 정책에 중대한 침해를 야기할 우려가 있는 사람: 1년부터 5년까지의 범위에서 침해 우려의 정도에 따라 외교통상부 장관이 정하는 기준에 따른 기간.

즉 반국가단체 구성원에게는 여권의 유효기간을 10년이 아니라 1년에서 5년 사이에서 정부가 마음대로 정하겠다는 것이다. 북한 주민이나 「재일본조선인총연합회」('총련', '조총련')* 소속 동포는 아예 여권 발급 대상이 되지 않기 때문에 국외에 체류하는 반국가단체는 한통련뿐이다. 사실상 한통련 회원을 겨냥한 개정이었다. 시행령 내용이 입법 예고됐을 때 시민단체뿐 아니라 「국가인권위원회」('인권위', 위원장 현병철)도 반대 의견을 냈다. 인권위는 "개정령 안이 사용하고 있는 '안전보장', '질서유지', '통일·외교 정책에 중대한 침해', '야기할 우려'는 불확정 개념으로서 그 모호함의 정도가 지나치게 광범위하여 법집행자의 자의적인 해석과 적용을 가능하게 한다"라고 우려를 표명한 뒤 "현행법인 「출입국관리법」에 의하더라도 법무부 장관은 국가 안전보장, 질서유지를 위하여 광범위한 대상에 대하여 출국 금지 처분을 할 수 있도록 되어 있어 「(여권법) 시행령」 개정을 통한 추가적인 출국 통제가 필요하다고 보기 어렵다"[7]라고 밝혔다.

이러한 반대에도 국무회의에서 「여권법 시행령」을 통과시킨 이명박 정부는 한통련 회원에 대한 여권 발급 차별을 본격화했다. 주일 한국대사관 영사부나 각 지역의 영사관에 여권 재발급 신청을 한 한통

---

* 한국에서는 북한 계열의 「재일본조선인총연합회」를 조총련이라고 약칭하지만, 일본과 「재일본조선인총연합회」 자신들은 '총련'이라고 한다. 이 책에서는 '총련'을 사용하되, 자료를 인용할 경우 '조총련'으로 그대로 둔다.

련 회원은 대부분 1년이나 3년 기한의 여권을 받았다. 곽수호(한통련 중앙본부 고문)와 양병룡(도쿄본부 대표), 김용사(오사카본부 대표)는 1년, 김지영(「재일한국민주여성회」 회장), 김원도(아이치현 사무국장), 한휘언(오사카본부 회원), 백강희(미에현 사무차장) 등은 3년 기한의 여권을 받았다.

여권 발급을 미끼로 한통련 탈퇴를 종용하기도 했다. 한통련 도쿄본부 상임위원 김이혜는 2009년 5월 한국 유학을 가려고 주일 한국대사관에 여권을 신청했다. 며칠 뒤 여권 담당 영사가 그를 불러 "한통련 회원을 계속할 것인지 결정하라"라며 탈퇴를 종용했으며, 이튿날에는 탈퇴확인서 및 서약서를 우편으로 보내라고 요구했다. 김이혜가 이를 거부하자, 영사는 "여권을 발급할 수 없다"라고 통고했다. 이에 한통련과 김이혜가 즉각 기자회견을 열어 공개적으로 항의하고 일본 언론이 이 사안에 관심을 기울이자, 외통부는 뒤늦게 그에게 여권을 내줬다.[8]

여권의 유효기간 차별뿐 아니라 특정 동포에게는 아예 여권 발급을 거부하는 공작도 했다. 그 실태는 《문화방송》의 「PD수첩」이 2021년 6월에 방영한 '국정원과 하얀 방 고문 – 공작관들의 고백'에 잘 나타난다. 일본에서 영사로 일했던 국정원 해외공작관은 방송 인터뷰에서 "원세훈 원장의 지시라고 해서 받았는데, 이런 상황에서 해외 재외동포들이 특정한 후보, 종북좌파 후보에게 투표하게 되면 국정원이 사라질 수 있다"라고 말하면서 여권 발급 공작을 지시했다고 증언했다. 일본에서 이 공작을 진행했던 전직 국정원 간부도 이 방송에서 "원세훈 원장이 취임(2009년 2월)한 이후 국정원의 업무는 좌파 척결이었다"라며 "(좌파 성향의) 동포들은 여권을 받아서 투표하면 야당을 찍을 테니 여권을 없애서 투표를 못 하게 하면 두 표의 효과가 있다는 거죠. 그

이상 좋은 방법이 없다고 해서 계속 그렇게 지시가 내려왔다"라고 말했다.[9] 2009년 「공직선거법」 개정으로 재외국민도 2012년 총선거와 대통령선거에서 투표할 수 있게 되자, 야당에 투표할 가능성이 높은 재일동포에게 여권을 내주지 말도록 했다는 것이다.

재외국민이 투표하기 위해서는 반드시 여권이 있어야 한다는 「공직선거법」 조항[10]을 '활용'한 공작이다. 이 방송 보도에 따르면, 원세훈이 국정원장으로 있던 시기에 재일동포에 대한 여권 발급 거부 건수는 실제로 상당했다. 2009년에 한국적 재일동포 6만 815명이 여권을 신청했으나, 재발급자는 5만 1681명이었고 9100여 명은 거부됐다. 2010년에도 신청자 5만 5369명 중 4만 7711명에게만 여권이 발급됐다. 재일동포 열 명 중 한두 명꼴로 여권 재발급이 거부된 셈이다. 수백 명에 불과한 한통련 회원 수를 감안하면 여권 발급이 거부된 사람의 대부분은 과거 조선적*에서 한국적으로 바꾼 재일동포일 것으로 추정된다.

---

* 일본은 1947년 「외국인등록령」을 시행하면서 과거 식민지 시기 내국인으로 취급했던 재일조선인을 외국인으로 규정했다. 이에 따라 60만 재일동포의 외국인등록증에는 조선반도 출신이라는 의미에서 '조선'이라는 국적이 기재됐다. 한국 정부의 요구로 1950년부터 한국으로의 국적 변경이 가능해졌으며, 1965년 한일수교 이후에는 한국적 취득이 더 활발해졌다. 그러나 한반도 분단 반대 등의 이유로 상당수는 여전히 법률적으로 무국적인 조선적을 유지하고 있다. 일본 법무성에 따르면 2015년 말 조선적은 3만 3,939명이다.

시행령 독소조항 방치한 문재인 정부

한통련 회원의 입국 제한과 여권 차별은 박근혜 정부 5년 동안에도 계속됐다. 2017년 촛불투쟁을 거쳐 문재인 정부가 출범하자, 한통련 사람들은 자신들에 대한 입국 제한이나 여권 차별이 없어지리라 기대했다. 그러나 문재인 정부에서도 한통련 차별은 그대로였다. 한통련 의장 손형근이 2018년 6월에 신청한 여권이 그가 「국가보안법」 위반 혐의 기소중지자라는 이유로 또다시 거부됐다. 또 이정수와 박남인은 1년짜리, 김창범은 3년짜리, 서순자는 5년짜리 여권을 각각 받았다. 이정수는 1996년 제7차 '범민족대회' 때 손형근과 함께 북한을 방문했는데, 그 때문에 2009년 4월 인천공항에서 손형근과 함께 사실상 쫓겨났던 이다. 같은 혐의를 받은 손형근, 이정수 두 사람에게조차 여권 발급을 달리하는 것을 보면 국정원이 얼마나 자의적으로 결정하는지를 알 수 있다.

이에 한통련은 여권 차별은 부당한 조처라면서 2019년 10월 인권위에 진정을 냈다. 인권위(위원장 최영애)는 2021년 4월 "외교통상부는 「여권법」 및 시행령에서 규정하고 있는 제한요건을 엄격하게 심사하지 않고, 단순히 반국가단체의 구성원에 해당하는지 여부만을 형식적으로 판단한 것으로 보이는바, (한통련 회원들에 대한) 이러한 유효기간이 제한된 여권 발급 행위는 (…) 대한민국 입출국 및 해외여행 등 「헌법」 제14조에서 규정하고 있는 거주 이전의 자유를 부당하게 침해하는 것"이라며 "「여권법 시행령」 제6조 제2항 제5호를 적용함에 있어 실체적 요건에 대한 판단 없이 일률적으로 여권의 유효기간을 제한하지 않도록 관련 절차를 마련할 것을 권고"했다. 손형근에 대해서는 여권 발급 거부처분이 있은 지 1년이 지난 사안이어서 진정 대상이 아니라고 각하하면서도 별도의 의견 표명을 했다. 즉 인권위는 손형근에게 여권 발급을 거부한 것은 "진정인 1(손형근)과 같은 정치적 활동을 하는 재외국민의 국내 입국을 막으려는 목적에서 이뤄진 것이라고 볼 여지가 있어 문제의 심각성이 크다"라며 "외교부 장관에게, 재외국민에 대한 여권 발급 거부 조치가 자국민의 국내 입국을 불허하는 수단으로 활용되지 않도록 「여권법」 및 「여권법 시행령」 등 관련 규정을 개선할 필요가 있다는 의견을 표명한다"라고 밝혔다. 한마디로 한통련 간부나 회원이라는 이유로 다른 국민보다 기간이 짧은 여권을 주거나 주지 않는 것은 「헌법」 위반이며, 「여권법」 취지에도 어긋난다는 것이다.

인권위의 결정문을 받아든 손형근 등 한통련 간부 네 명은 그해 6월 주일 한국대사관 영사부에 다시 여권을 신청했다. 손형근의 경우 재발급 요청까지 포함하면 네 번째 여권 신청이었다. 문재인 정부의 외교부는 통상 1~2주 만에 여권을 내주었는데, 이와 달리 이번에는 두 달여 동안 시간을 끌면서 고심을 거듭하다가 9월 초 손형근에게는 기소중지자라는 이유로 또 발급을 거부했다. 그동안 각각 1년과 3년짜리 여권을 가지고 있었던 양병룡과 김지영은 이번에는 5년짜리를 받았으며, 곽수호는 1년짜리 대신 10년짜리 여권을 받았다. 또 그동안 3년짜리 여권을 받았던 김원도(아이치현 사무국장), 한휘언(오사카본부 회원), 백강희도 유효기간 10년의 일반여권을 받았다. 한통련 간부들의 여권 유효기간을 1, 3년에서 5년 정도로 늘려주는 '선심'을 썼지만, 인권위의 권고에는

2021년 6월 22일 도쿄의 한국대사관 영사부에 여권 발급 신청을 마친 한통련 간부들이 신청서 접수증을 들고 사진을 찍고 있다. 왼쪽부터 곽수호 고문, 손형근 의장, 양병룡 도쿄본부 대표, 김지영 「재일한국민주여성회」 회장. 한통련 제공

한참을 못 미쳤다.

　이보다 앞서 도쿄 주일대사관에서는 남관표 대사 주재로 '공관장 회의'가 열려 한통련 여권 문제를 논의했다. 문재인 정부 들어서도 계속되는 여권 차별에 한통련이 민원을 제기하자 대책을 논의하는 자리였다. 대사를 포함해 일본에 있는 공관장 열 명이 모두 참석했지만, 대부분의 공관장은 이 문제에 별다른 관심을 보이지 않았다. 오사카 총영사 오태규가 유일하게 노무현 정부 당시 정책으로 환원할 것을 주장했다. 오태규는 "대한민국 국민이라면 누구에게나 유효기간이 같은 여권을 차별 없이 내줘야 한다. 위법행위가 있다면 그것에 한해 처벌을 하든가 출입국을 제한하면 되지 여권 유효기간 축소로 차별하

손형근 여권 관련 일지

노무현 정부	2003년 9월 여행증명서로 첫 입국 2004년 12월 일반여권 발급
이명박 정부	2009년 4월 인천공항에서 국정원의 조사를 받고 다음 날 출국(1996년 '범민족대회' 방북 관련) 2009년 9월 「여권법 시행령」에 '반국가단체는 1~5년 여권' 조항 신설 2011년 4월 여권 발급 신청, 5월 거부 2011년 6월 손형근, 행정소송 제기 2011년 7월 검찰, 기소중지 처분(1996년 '범민족대회' 방북 관련) 2011년 12월 서울행정법원 "거부 정당" 판결
문재인 정부	2018년 6월 여권 발급 신청했으나 거부 2019년 10월 인권위에 진정 2021년 4월 인권위, "손형근 및 한통련 여권 차별은 부당" 2021년 6월 여권 발급 신청, 9월 거부
윤석열 정부	2022년 12월 여권 발급 신청 2023년 4월 손형근에 "불가" 통보

는 것은 맞지 않는다. 「여권법 시행령」을 이전대로 환원해 다른 국민과 마찬가지로 10년짜리 여권을 내주도록 해야 한다"[11]라고 발언했다. 그 회의가 있은 지 얼마 뒤 서울의 외교부는 국정원 등과 협의를 거쳐 5년으로 기간을 절충하는 선에서 이 문제를 끝냈다.

그러나 문재인 정부는 이명박 정부 때 만든 독소조항인 「여권법 시행령」 제6조 제2항 제5호(해외 거주 반국가단체 구성원에 대한 규정)를 고치려는 노력을 전혀 하지 않았다. 2022년 5월 이명박 정부와 박근혜 정부를 계승한 윤석열 정부가 출범했다. 문재인 정부의 반쪽짜리 '선심'이 윤석열 정부에서 지켜질까? 손형근은 윤석열 정부 첫해인 2022년 12월 8일 주일 한국대사관 영사부에 여권을 신청했으나, 2023년 4월 4일 여전히 '불가' 통보를 받았다.

"국가유공자
보상금도
안 돼"

2010년 6월 30일 《조선일보》 1면에는 '누굴 위한 보훈인가 – 6·25 참전 용사에겐 월 9만 원, 반국가단체 간부에겐 월 100만 원'이라는 제목의 기사가 실렸다. 이 기사의 첫머리는 이렇다.

국가보훈처가 반국가단체인 「재일한국민주통일연합」(한통련) 최고고문인 곽동의 씨를 재일학도의용군에 참가했다는 이유만으로 국가유공자로 인정해 2006년부터 올 6월까지 보훈보상금 529만 원을 지급한 사실이 29일 본지 취재 결과 확인됐다.

일본에 살고 있는 곽씨가 1년에 받은 돈은 1000만~1300만 원으로 매달 100만 원 정도씩 받은 셈이다. 반면 6·25전쟁 등에서 혁혁한 전공을 세운 무공수훈자는 무공영예수당 월 15만 원, 일반 참전유공자는 월 9만 원밖에 안 된다.

기사의 줄거리는 두 가지다. 하나는 반국가단체 간부한테 왜 보훈보상금을 주느냐는 것이고, 다른 하나는 재일학도의용군과 일반 참전유공자에게 주는 보상금이 형평성을 잃었다는 내용이다. 우선 두 번째 사항인 보훈보상금 차이는 법 규정에 따른 것이며, 재일학도의용군의 경우 입대 의무자가 아닌데도 외국에 살다가 자원해서 참전했다는 점이 고려된 액수다. 《조선일보》가 기사에서 전하고자 하는 얘기는 재일학도의용군의 보상금을 깎아야 한다는 것이 아니라, 곽동의에게 주는 보상금을 중단해야 한다는 것이다. 실제로 기사는 「재일학도의용군동지회」 회장(김병익)과 「6·25참전유공자회」 관계자의 말을 빌려 곽동의에게 보훈보상금을 주면 안 된다고 썼다.[12]

《조선일보》의 '고발'에 여당이던 한나라당(현 '국민의힘'의 전신)이 즉각 반응했다. 한나라당은 다음 날 '비상대책위원·중진위원 연석회의'에서 「국가유공자예우법」을 개정해서라도 곽동의에게 보상금을 주는 것을 막겠다고 했다. 하지만 한나라당이 그런 수고를 할 필요도 없이 국가보훈처가 먼저 움직였다. 당시 국가보훈처장은 백범 김구의 손자 김양이었다. 국가보훈처는 보도 다음 달인 2010년 7월부터 곽동의의 보훈보상금 지급을 일방적으로 끊었다. 곽동의는 이후 보상금을 받지 못한 채 2017년 숨졌다.

곽동의는 한민통 창립 주역 중 한 명이기는 했지만, 나이나 경륜에서는 후순위 지도자였다. 한민통 강령 등에 대해 김대중과 최종적인 의견을 조율한 4인 회동(1973년 8월 4일)에 끼지 못했다. 그럼에도 곽동의는 역대 독재정권으로부터 가장 집중적인 색깔 공격을 받았다. 민단 비주류 개혁파의 중추인 청년층에 미치는 영향력이 컸기 때문이다.

재일학도의용군 출전도 왜곡한 정보부

1930년 경남 남해에서 태어난 곽동의는 대구사범학교를 다니다가 해방을 맞았다. 어릴 때부터 의협심과 정의감이 뛰어났다. 고향에 있는 심상소학교 시절 조선어 사용이 금지됐을 때 일화는 이런 면모를 잘 보여준다. 학교에는 우리말을 쓸 때마다 학생한테서 카드를 하나씩 빼앗은 뒤 일주일마다 카드를 검사해 그 수가 모자라는 아이들에게 벌을 주는 벌칙제도가 있었다. 이를 부당하다고 느낀 곽동의는 담임이 없을 때 급우들을 모아놓고 "우리끼리는 조선어를 사용하더라도 벌칙 카드를 빼앗지 말자" 하고 제안했다. 그 뒤 곽동의의 반에서는 벌칙 카드가 모자라는 아이들이 나오지 않았다. 일본인 담임이 그 이유를 뒤늦게 알고는 곽동의를 불러 뺨을 호되게 때렸다.[13]

그는 해방 후 고향으로 돌아와 진주공립농림학교를 졸업하고, 1948년 일본 교토의 리쓰메이칸대학에 유학 갔다. 대학 2학년 때인 1950년 6·25전쟁이 발발하자 재일학도의용군으로 출전했는데, 조국을 지키려고 일본에서 재일학도의용군으로 자원한 642명[14] 중 한 명이었다.

재일학도의용군은 공산군과 직접 싸우겠다는 결의가 충만했으나, 이들을 한국으로 데려간 미군은 후방 순찰 업무나 수송, 병참 등 후방 지원 임무만 부여했다. '제발 총을 들고 싸우게 해달라'는 이들의 요구를 일본계 2세인 지미 고자와(Jimmy S. Gozawa) 중위가 귀담아 듣고는 상부에 건의했고, 1950년 10월 말 마침내 재일학도의용군 323명으로 구성된 3·1독립보병대대(31st INFANTRY BATTALION, '3·1대대')가 창설됐다. 곽동의는 3·1대대 B중대(COMPANY B) 3소대 4분대에 소속됐다.[15] 그러나 훈련을 시작한 지 얼마 안 돼 미군은 이유도 설명하지 않은 채 이 부대를 해산했다. 중공군의 개입으로 북쪽 깊숙이 들어간 미군의 주력부대가 후퇴를 시작할 때였다. 재일학도의용군은 해산 조처에 항의해 하루 종일 침묵시위를 벌였으나, 미군은 결정을 번복하지 않았다. 해산된 재일학도의용군 중 일부는 일본으로 돌아가고 일부는 한국군 부대를 찾아갔다. 또 일부는 원래의 미군 부대로 돌아가는 등 뿔뿔이 흩어졌다. 곽동의는 1951년 2월 일본으로 돌아갔는데, 아마 3·1대대 해산 뒤 원래 미군 부대로 일단 돌아갔던 것 같다. 그는 훗날 "머슴 부리듯 대하는 미군의 차별 대우에 분개해 단식투쟁으로 맞서"다가 "추방당해 일본으로 되돌려 보내졌"[16]고 말했다.

곽동의의 재일학도의용군 출전을 두고 중앙정보부*는 '입북을 위한 의도적 입대'였다고 주장했다. 1980년에 주일 한국대사관의 정낙중이 쓴 영사증명서에는 곽동의가 1950년 총련 요원에게 포섭돼 "재일학도의용군으로 한국전에 참전하여 작전 방해공작 후 월북하라는 지령에 의해 입대"했다고 돼 있다. 1980년 7월 계엄사 합수부**가 김대중을 기소할 때 국내의 주요 신문들도 정보부 자료를 토대로 하여 곽동의가 "군 복무 중 월북을 기도했으나 실패해 재차 일본에 밀항"[17]

---

*   1961년에 설치되었다가 1981년에 국가안전기획부로 명칭이 바뀌었다. 약칭은 정보부, 중정.

**   계엄사령부 합동수사본부. 10·26사태(박정희 시해 사건) 직후 국군보안사령부에서 기안해 만든 조직. 전두환이 합동수사본부장으로서 권력을 찬탈하는 도구로 활용했다.

했다는 식으로 썼다. 모두 근거 없는 설이다. 6·25전쟁 당시 재일동포 우익 청년이 재일학도의용군으로 출전한 데 비해 좌익 청년은 「조국 방위대」를 만들어 일본에서 한국으로 들어가는 미군의 군수물자 이동 을 막는 등 후방 사보타지 활동을 벌였다. 미군의 전쟁 개입을 훼방하 려면 이렇게 일본에서도 얼마든지 가능한 상황에서 전쟁터에 나가 방 해공작을 혼자 수행하라고 지시했다는 것은 설득력이 전혀 없다.

독립적 청년단체로 탈바꿈시켜

1951년 일본으로 귀환한 곽동의는 민단에 들어가 조직 차 장을 맡았다. 재일학도의용군으로 나갔다가 함께 일본으로 돌아온 김 재화(당시 민단 단장)의 아들 김시계의 권유로 민단 활동을 시작했다. 민 단 이전의 조련 시절부터 공산주의자와 싸운 김재화는 청년 곽동의의 됨됨이에 반해 1953년 자신의 둘째 딸 김수미를 그와 결혼시켰다. 곽 동의의 아들로 릿쿄대학 총장을 지낸 곽양춘은 "외할아버지(김재화)는 아버지에게 자기 딸 넷 중 누구라도 마음에 드는 사람과 잘 사귀어보 라고 권하셨대요. 하하. 스물두 살의 젊은 나이에 결혼한 아버지는 어 머니랑 함께 있는 것이 부끄러워 결혼 초기에는 일부러 집에 늦게 들 어가곤 했다고 해요. 어머니가 1996년 폐암 투병 중일 때 아버지는 천 주교 신자인 어머니를 편히 보내드리려고 평생 안 가던 성당에 가서 교리를 공부하고 세례를 받으실 정도로 두 분이 서로 사랑하셨어요"[18] 라고 증언했다.

청년 시절 곽동의는 열혈 반공 청년이었다. 이승만이 만든 어용 반공단체였던 「재일대한청년단」에서 활동하던 그는 1958년 청년단장에 선출됐다. 청년단장으로서 1959년 재일동포 북송 반대투쟁 때는 열차를 막으려고 니가타항으로 들어가는 철길에 드러눕는 등 북송 반대시위를 주도했다. 앞서 그해 5월에는 북송을 허용한 일본 정부에 항의하기 위해 도쿄 외무성 앞에서 과격하게 시위를 벌이다 일본 경찰에 체포되기도 했다.[19] 하지만 곽동의는 이전의 청년단장들과는 출발부터 달랐다.

> 학교에서 공부하려 했는데 몇몇 청년들이 찾아와 「대한청년단」 개혁에 앞장서달라고 부탁했어요. 그래서 1956년 '재건대회'를 소집해 단장을 바꾸고 나는 부단장을 하다 58년 단장에 입후보했는데 누구도 (내가) 당선될지 몰랐습니다. 후보자 연설을 하면서 '권력에 아부하지 말고 금력에 유혹되지 말고 폭력에 굴복하지 말자'고 호소해 많은 표차로 단장을 맡았는데, 당시 스물여덟 살이었습니다.[20]

그는 선거 때 했던 약속을 지켰다. 단장이 된 뒤에 그동안 '주먹'들이 주도했던 「재일대한청년단」을 민주적 조직으로 탈바꿈시켰다. 박정희의 5·16군사정변 이후 반독재민주화투쟁의 선봉에 서게 되는 한청이 탄생하는 순간이었다. 이때부터 권일 등 민단 기득권층은 청년 지도자인 곽동의를 집요하게 겨냥했다. 5·16군사정변을 지지하면서 민단 단장이 된 권일은 박정희의 쿠데타에 반대하는 곽동의를 압박하기 시작해 1962년 4월 그에게 2년간 정권(권리정지) 처분을 내렸다. 권일은 그 이유에 대해 "「대한청년단」은 4·19혁명 후 단장인 곽동의 군의 주장으로「한국청년동맹」으로 개칭하고 강령에도 용공적으로 보이는 통일론을 삽입한 것 외에 그 사람 개인도 국시에 위배하는 언동을 자주 하고 있었는데 5·16 이후에는 그 태도가 점점 더 노골적이 되어 유지간담회 결성의 주도적 역할을 행했던 것"이며 "최후로 대한민국을 지지하는 취지의 간단한 성명이라도 내도록 권유했으나 그는 응하지 않았"[21]기 때문이라고 밝혔다.

그러나 권일이 문제 삼은 한청의 강령 첫 번째 항목은 "우리는 재일 한국 청년의 총력을 결집하여 조국의 완전한 통일·독립을 위하여 헌신한다"라는 것으로, 분단극복과 남북화해에 대한 의지를 표현한 것이다. 이를 용공으로 해석한 것은 어불성설이며, 한때 총련과의 공동행사를 주재하는 등 남북평화통일론을 주장했던 권일의 자기모순에 다름 아니다. 징계 사유 중에는 한청본부에 총련의 지시를 받는 비밀결사가 있으며, 이를 곽동의가 주도한다는 것도 있었다. 홍 아무개와 구 아무개라는 한청 간부 두 명이 1962년 2월 민단 기관지인《한국신문》에 발표한 성명에 나오는 내용이었다. 당시에도 한청은 조작된 내용이라고 반박했는데, 한청 결성 50돌(2010) 자료집에는 해당 간부 두 명이 민단에 매수됐다는 내용이 나온다.

권일 단장은 군사정권의 뜻을 받들어 대사관으로부터 공작 자금 720만 엔을 받아 3대 적론(반권일=반정부=용공)을 펼치면서 한청이나 한학동을 탄압했다. 62년 2월 21일의《한국신문》(민단 기관지)에, 한청 중앙본부에 총련의 지시를 받는 비밀결사가 있다는 선동 성명(홍·구 성명)[*]이 발표되었다. 한청이 재정적으로 핍박한 틈을 노려, 민단 중앙이 한청 간부 두 명을 매수해 호텔로 데려간 뒤 이들을 반감금 상태로 가둬놓고 발표한 것이다. 나중에 그중 한 명이 탈출해 기자회견을 열어 '민단 중앙으로부터 30만 엔을 받고 그들이 요구하는 대로 성명을 냈다. 한청에 미안하다'는 자기비판의 성명을 발표하면서 내막을 폭로했다.[22]

이처럼 용공 운운은 겉으로 내세운 명분일 뿐 곽동의를 징계한 실제 이유는 "우리는 모든 반민주주의적 세력에 반대하여 민주주의의 올바른 발전과 실천을 위하여 노력한다"라는 한청의 두 번째 강령 때문이었다. '모든 반민주주의적 세력'에는 이승만 독재뿐 아니라 박정희의 5·16쿠데타 세력도 당연히 포함되기에 5·16 지지를 표방한 권일에게 한청 위원장 곽동의는 가장 껄끄러운 존재였다. 곽동의를 징계한 뒤 민단이 "(그가) 5·16 이후에도 종전의 태도를 바꾸지 않은 채 북괴의 위장 평화통일론을 신봉해 본국 혁명정부를 반대"[23]했던 것을 주요 이유로 든 것은 이를 잘 보여준다. 즉 박정희 군사정부를 계속 반대하고, 민단 내 개혁파의 모임인 「민단정상화유지간담회」('유지간담회')[**]를 주도하는 한청과 곽동의의 힘을 빼려는 의도였다.

---

[*]   성명을 발표한 두 간부의 성을 따서 부른 명칭.
[**] 권일이 이끄는 민단이 5·16 군사정부를 지지하는 데 반발하는 민단 내 유력인사(유지)들이 민단의 정상화를 내걸고 만든 내부 단체. 훗날 한민통을 결성하는 핵심이 된다.

곽동의가 민단 내 민주 세력의 중심인 유지간담회 활동에 이어 한민통에서도 조직국장으로서 중추 역할을 하자, 민단과 독재정권은 그에 대한 공세 수위를 더 높였다. 1977년에 발생한 김정사 사건 때부터는 곽동의를 아예 북한에서 밀봉교육을 받고 돌아온 간첩이라고 주장했다. 재일동포 유학생 김정사를 간첩으로 조작하면서 증인으로 내세운 자수 간첩 윤효동의 진술이라며 곽동의 간첩설을 퍼뜨렸다. 윤효동은 '1970년 4월 곽동의를 포섭해 하코다테 해안에서 몰래 간첩선에 태워 북한에 보내서 한 달간 교육을 받게 했는데, 그는 북으로부터 가장 신임을 받는 간첩'이라고 주장했다. 곽동의가 북한에 갔다던 그 시기에 민단 도쿄본부 회의에 참석했음을 보여주는 회의록 등 윤효동의 진술을 반박하는 물증을 한민통과 곽동의가 제시했지만, 공안 당국은 모른 척했다.

1980년 김대중 내란음모 사건 때 정보부는 한술 더 떴다. 당시 도쿄 대사관에 나가 있던 정보부 요원 정낙중이 작성한 영사증명서에는 "배동호, 조활준, 김종충 등을 조종해서 김대중과 한민통 일본본부를 결성하도록" 한 사람이 바로 곽동의라고 나온다. 한민통 조직국장인 곽동의가 한민통의 최고 실력자이자 배후 조종자라는 것이다. 배동호와 곽동의의 나이 차(15세)뿐 아니라 민단 개혁파에서 차지하는 배동호의 확고부동한 리더십을 아는 사람들은 코웃음 칠 수밖에 없는 이야기였다.

이처럼 역대 독재정권과 민단은 끊임없이 곽동의에게 색깔 공격을 하면서도 한편으로는 기회가 있을 때마다 그를 회유했다. 어릴 때 부모를 여읜 뒤 할머니 슬하에서 자란 곽동의에게 고국에 남은 유일한

혈육인 누나가 1964년 사망했을 때였다. 주일 한국대사관의 정보부 요원은 곽동의를 불러 한일회담 반대시위를 그만두면 누나 장례식에 참석할 수 있도록 해주겠다고 했으나, 그는 '죽은 사람을 두고 정치 거래를 하느냐'며 그 자리에서 여권을 찢어버렸다. 1971년 3선 개헌 반대투쟁을 할 때도 투쟁을 멈추면 한국에 억류 중이던 장인 김재화를 돌려보내주겠다는 제안을 받았으나, 그는 '그런 일은 장인 역시 받아들이지 않을 것'이라며 단호히 거절했다.[24]

조선일보의 거듭된 '곽동의 때리기'

곽동의는 노무현 정부 때인 2003년에야 귀국이 허용됐다. 입국 직전 건강이 좋지 않아 그해에는 못 들어왔지만, 이듬해인 2004년 대한민국 여권을 받고 입국했다. 당시 국정원은 「국가보안법」 위반 행위가 명백하다고 주장하는 인사 세 명(송두율, 정경모, 김영무)이 입국하면 반드시 조사하겠다고 고집했는데, 곽동의에 대해서는 아무런 토를 달지 않았다. 국정원 차장을 지낸 박정삼은 필자와 가진 인터뷰에서 "정확한 기억은 아니지만, 곽동의 씨의 입국 허용을 놓고 내부에서 큰 반대가 없었다. 찬양·고무 혐의가 있었던 것 같은데 그것도 시효가 지났었다"[25]라고 말했다. 과거 국정원이 그를 간첩으로 본 것이 아무런 근거가 없었다는 얘기다.

첫 입국 때 곽동의가 공항을 나와 가장 먼저 달려간 곳은 그의 인생에 가장 큰 영향을 준 4·19 영령들이 잠들어 있는 국립4·19민주묘지였다. 다음 날에는 김대중의 동교동 자택을 방문했으며, 방한 기간 동안 고향의 부모님 산소도 참배했다. 비로소 조국과의 관계를 복원했다고 여긴 그는 2005년 9월, 재일학도의용군 참전과 관련해 국가보훈처에 국가유공자 신청을 했다. 이듬해 1월 국가유공자로 인정돼 매달 100만 원가량의 보훈보상금을 받기 시작했다. 첫 송금을 받은 날 그는 아들인 곽양춘 부부에게 통장을 보이면서 "애국의 대가라면서 자랑"했다.[26] 재일학도의용군 참전의 자부심은 2010년 이명박 정부에 의해 결국 짓밟히고 말았다.

그러나 곽동의에게 보상금 지급이 중단된 사실은 최근까지 전혀 알려지지 않았다. 국가보훈처가 그 내용을 일체 공개하지 않은데다 곽동의와 그의 가족도 본격적으로 문제를 제기하지 않았기 때문이다. 지리적으로 멀리 떨어져 있는 재일동포로서는 억울한 일이 있어도 한국 정부를 상대로 싸우기가 어려운 탓이다. 곽동의에게 보상금 지급이 중단됐다는 사실은 2023년 2월 김성주 민주당 의원이 국회 정무위원회에서 국가보훈처를 상대로 질의하면서 처음으로 밝혀졌다. 국가보훈처는 김 의원에게 보낸 답변서에서 "「국가유공자법」 제10조(품위 유지 의무)를 위반한 행위에 해당하여 보상을 정지했으며, 보상 내역은 2005년 9월부터 2010년 6월(4년 10개월)까지 보상금 5,229만 원 지급"이라고 밝혔다. 박민식 국가보훈처장*은 곽동의가 품위 유지와 관련해 어떤 위반을 했는지는 밝히지 않은 채 "곽씨는 오랫동안 한민통, 범민련 등 대법원에서 반국가단체와 이적단체로 판시한 조직의 핵심인

---

* 2023년 6월 5일 국가보훈처가 국가보훈부로 격상됨에 따라 처장도 장관으로 승격했다.

물이었기 때문에 대한민국 정통성과 정체성을 부정한 사람"이라거나 "1970년 4월 북한 공작선으로 밀입북해 밀봉교육까지 받은 사람"이라는 등의 근거 없는 주장을 늘어놓았다. 그가 말한 것은 1970년대에 정보 당국이 주장했던 내용 그대로일 뿐, 해오던 보상금 지급을 중단할 만한 새로운 사유가 못 된다.

13년 전 곽동의에 대한 보훈보상금 지급을 사실상 중단시켰던 《조선일보》가 이번에도 등장했다. 김성주 의원의 질의가 있고 며칠 뒤 《조선일보》는 뒤늦게 '반국가 활동한 인사에 보훈 지원 중단… 야 의원 '재심사해야''[27]라는 제목의 기사를 썼다. 논리적으로 앞뒤가 맞지 않는 국가보훈처를 비판하는 게 아니라, 곽동의에게 보상금 지급을 중단한 이유가 뭔지 물은 김 의원을 비판하는 내용이다. 곽동의에 대해서는 박민식 처장의 말을 빌려 "밀입북해 밀봉교육을 받은 사람" 운운하면서 또 색깔론을 펼쳤다.

"한통련 회원과는
거래
안 돼"

"허상, 미안하지만 거래를 이제 끊어야겠어요. 동포 신문에 기사가 나서 시끄러워진 이상 학교로서는 거래를 계속할 수가 없게 됐습니다. 여기서 버티면 다른 것을 가지고 또 떠들 게 분명해요. 그렇게 되면 한국 정부의 지원금이 끊어질 수 있기 때문에 우리도 어쩔 수가 없습니다. 그러니 이해해주세요."

오사카에 있는 '네트리서치'라는 컴퓨터 판매사 대표인 허경민은 2015년 10월 교토국제학원 고위 관계자의 전화를 받았다. 네트리서치는 1999년부터 교토국제학원에 컴퓨터를 납품해왔고, 학생들의 성적관리 등 학교 행정을 전산화하는 교무 시스템 프로그램을 주문받아 개발하던 중이었다. 허경민 자신도 1980년대 후반부터 1990년대 중반까지 교토국제학원 학생들에게 컴퓨터를 가르치는 강사 일을 했기에 교토국제학원과의 관계는 오래되고 깊었다.[28] 학교 쪽의 느닷없는 거래중단 통보는 그에게 마른하늘에 날벼락이나 마찬가지였다.

얼마 전 《통일일보》에 자신과 관련된 기사가 난 뒤 사업에 어느 정도 차질이 있지 않을까 걱정은 했지만, 급작스럽게 계약취소를 통보해 올 줄은 예상하지 못했다. 도쿄에서 발행하는 《통일일보》는 그해 9월 16일 '정부지원금이 반국가단체로?'라는 제목의 기사에서 허경민의 네트리서치와 교토국제학원의 거래를 문제 삼았다.

> 납입업자는 오사카에 있는 N회사로, 대표 H씨는 과거에도 교토국제학원과 거래가 있었다. 한 차례에 거래는 수십만 엔부터 수백만 엔에 이르며, 2010년에는 개인용 컴퓨터를 대량으로 납입했다. (…) 또 하나의 문제점은 H씨가 한국에서 반국가단체로 지정된 한통련 소속이라는 것이다. 그는 한통련 오사카본부에서 간부를 지내는 등 열심히 활동했다.

신문은 H씨, N회사 등 익명을 사용했지만, 그것이 허경민과 네트리서치라는 것을 교민사회에서는 쉽게 알 수 있었다. 사실상 허경민을 꼭 집어 "한국영사관의 정보"라면서 "거래대금이 반국가단체인 한통련으로 흘러들어가는 것이 어렵지 않다"라고 주장했다. 학교 운영비의 일부인 한국 정부지원금이 결국 반국가단체로 흘러들어갈 수 있는 것 아니냐고 썼다.

교토 국제중학교와 교토 국제고등학교를 운영하는 교토국제학원은 2021년 '고시엔'(전국고교야구선수권대회)에서 본선 4강 진출이라는 놀라운 성적을 거둬 유명해졌다. "동해 바다 건너서~"로 시작하는 한국어 교가가 경기 때마다 경기장에 울려 퍼졌다는 뉴스로 인해 한국인

2019년 3월 서울에 온 한통련 오사카본부 간부인 김창오, 허경민, 김용사(왼쪽부터). 두 김씨는 형제다.

에게도 하루아침에 낯익은 이름이 됐다. 1947년 교토조선중학교로 출발한 교토국제학원은 2003년까지는 한국 정부지원금만으로 운영되는 한국계 학교였다. 그러나 학생 수 감소 등으로 운영에 어려움을 겪게 되자, 2004년부터 일본 정부의 지원을 받는 1조교*가 됐다. 교토국제학원은 일본 문부과학성이 정하는 교육과정을 준수해야 하는 학교가 됨에 따라 학교 이름을 교토한국중고등학교에서 교토 국제중고등학교로 바꿨으며, 일본인 학생에게도 문호를 개방했다. 1조교가 된 이

* 　　일본 「교육기본법」 제1조에 규정된 학교로, 일본의 정부지원금을 받는다.

후에도 한국 정부는 교토국제학원에 지원을 계속하고 있지만, 학교 전체 운영비에서 차지하는 비율은 높지 않다.

교육부 감사에서 문제없었건만

교토국제학원은 《통일일보》의 보도가 있기 4개월 전인 2015년 5월에 전반적인 학교 운영과 관련해 한국 교육부의 감사를 한 차례 받았다. 누군가 교육부에 《통일일보》 보도와 같은 내용을 제보한 데 따른 감사였다. 그러나 학교 규정보다 약간 많은 현금을 보유했던 것과 학생용 컴퓨터 한 대를 폐기하면서 교장의 결재를 받지 않았던 것 등 사소한 지적 사항은 있었지만, 부당 거래나 불법 비리 등의 문제는 전혀 나오지 않았다.[29] 교육부 감사는 무난히 통과했지만, 한국계 학교인 교토국제학원으로서는 교민사회에 영향력이 큰 언론 보도가 더 신경이 쓰였다. 결국 학교는 한통련을 차별하는 박근혜 정부를 의식해 허경민과 거래를 중단할 수밖에 없었다.

《통일일보》는 편향적이고 색깔론적인 보도로 유명하다. 2017년 대선 이후에는 투표 조작설 등을 줄기차게 보도하고 있을 정도다. 1959년 《조선신문》이라는 이름으로 창간된 이 신문은 초창기에는 남북의 통일과 화해 등에 역점을 둔 진보 성향의 매체였다. 초대 농림부 장관 조봉암의 비서실장을 지냈던 이영근이 창간 주역으로, 간첩 혐의를 씌워 조봉암을 사형한 진보당 사건이 발생하자 일본으로 망명한 인물이다. 5·16군사정변을 반대하는 등 박정희 정권에 비판적이던 이영근은 1972년 유신 쿠데타를 전후해 독재정권과 친한 관계로 돌아섰다.[30]

이영근의 변신과 함께《통일일보》의 보도도 독재정권과 기득권의 편이 됐다.

《통일일보》의 악의적 보도 이후 허경민은 교토국제학원뿐 아니라 오사카에 있는 한국계 백두학원(건국학교)과도 거래가 끊겼다. 네트리서치가 개발 중인 교무 시스템을 함께 쓰기로 했던 건국학교 관계자는 교토국제학원과 비슷한 시기에 허경민에게 계약 취소를 요청했다. 그는 이 역시 수용할 수밖에 없었다. "본국 정부가 박근혜 정부였으니 어디에다가 부당하다고 하소연할 데도 없었어요. 두 학교 쪽에 계약 이행을 요구할 수도 있었지만, 그러면 여태까지 저랑 사이가 좋았던 학교 사람들에게 닥칠 불이익을 잘 아니까 '알겠습니다'라고 답할 수밖에 없더라고요. 다 포기하고 물러났죠."[31]

네트리서치의 가장 큰 고객인 두 학교와 갑작스레 거래가 끊기자, 허경민은 회사 문을 닫을 수밖에 없었다. 직원 세 명을 다른 회사에 소개한 뒤 그 자신은 한국어 강사로 나섰다. 하지만 수입이 "회사를 운영할 때에 비해 10분의 1밖에 안 돼서" 늘 쪼들린다.

유학생 간첩으로 조작된 형

한통련 회원이라는 이유만으로 오랫동안 이어오던 거래처마저 빼앗긴 허경민의 가족사에는 한국 현대사의 질곡에 끼인 재일동포의 한과 아픔이 농축되어 있다. 일본에 터를 잡은 이는 아버지 허창두였다. 1909년 제주 대정읍에서 태어난 허창두는 가문의 기대를 안고 광주고등보통학교(현 광주일고)로 유학을 갔다. 그는 광주학생항일운동의 도화선이 된 1928년 광주고등보통학교 동맹휴교의 주도자 중 한 명이었다. 이 일로 퇴학당한 뒤 일본으로 건너가 닥치는 대로 일했다. 결혼 후에는 집에 재봉틀 한 대를 놓고 큰 양복점 등에서 주문받은 양복을 만들어 납품하는 일을 하면서 어렵게 살림을 꾸렸다. 그는 해방 직후 첫 재일동포단체였던 「재일본조선인연맹」('조련')*에 참가했다가 좌우 분열로 조련이 깨진 이후에는 단체 활동보다는 생업에 충실했다. 소속은 한국계인 민단이었다. 민족의식이 강했던 허창두는 일본에 살면서도 민족교육에 많은 관심을 쏟았다. 그는 재일동포 자녀가 한글과 한국 문화를 배울 수 있도록 자신이 사는 동네의 일본인 초등학교에 방과 후 교실을 만드는 데 앞장섰다. 허경민은 "어릴 때는 철이 없어 학교가 끝난 뒤에 따로 남아서 한글을 공부하는 게 싫었지만, 아버지가 만든 방과 후 교실이어서 빠질 수가 없었다"라고 말했다.[32]

허창두의 아들 셋과 딸 둘 모두 공부를 잘했다. 특히 둘째 아들 허경조는 컴퓨터가 막 실용화되는 초기에 오사카대학 제어공학과를 졸업한 컴퓨터 엔지니어였다. 1960년대 말과 1970년대 초에 일본에서 컴퓨터 전공자는 인기가 높았지만, 허경조를 채용하려는 공공연구소나 민간기업은 없었다.** 석사학위를 받으면 괜찮지 않을까 싶어 대학원

---

* 1945년 해방 직후 일본에서 좌익과 우익이 함께 만든 조직이다.

** 당시 재일동포가 얼마나 심하게 취업차별을 받았는지는 1974년 박종석 사건이 잘 보여준다. 오사카에 사는 박종석은 재벌기업 중 하나인 히타치(日立)의 입사시험에 합격했음에도 재일동포라는 이유로 입사가 거부되자, 히타치를 상대로 4년 동안 법정소송을 벌였다. 일본 변호사 등의 도움으로 승소하여 재일동포로서는 처음으로 대기업에 입사했다.

까지 졸업했지만, 마찬가지였다. 최신 학문을 공부하고도 일자리를 찾지 못해 우유 배달 등 허드렛일을 하는 둘째 아들에게 아버지는 고국 유학을 권했다.

허경조는 아버지의 권유에 따라 1973년 서울대학교 의과대학에 입학했다. 서른 살 늦은 나이였다. 한국에서 새 꿈을 꾸게 된 허경조는 막냇동생 경민이 1974년 일본에서 고등학교를 졸업하자마자 한국으로 오라고 권했다. 일본에서 아무리 좋은 대학을 졸업해봐야 자신처럼 될 게 뻔했기 때문이다. 경민은 형의 조언에 따라 한국에 건너와, 대학 진학을 위해 거쳐야 하는 서울대학교 부설 재외국민연구소에서 한국어를 1년간 공부한 뒤 1975년 고려대학교 의대에 진학했다.

아들 두 명이 고국에서 의사 예비생이 되자, 아버지는 일본에 온 지 40여 년 만에 처음으로 그동안 쌓였던 한이 어느 정도 풀리는 것 같았다. 그러나 조국은 단란했던 재일동포 가정의 꿈을 깡그리 짓밟았다. 박정희 정권의 정보부는 1975년 10월 허창두의 두 아들을 차례로 연행했다. 서울대학교 의대 본과 1학년이던 허경조가 서울 연건동의 기숙사(왕룡사)에서 남산의 정보부 조사실로 먼저 끌려갔다. 그는 정보부에서 약 20일 동안 매질과 고문을 당했다. 2009년 6월 진실화해위원회 조사에서 허경조가 했던 진술 중 일부다.

수사관들 세 사람이 교대로 몽둥이로 본인을 연거푸 구타해가면서 자백을 요구했다. 구타의 지독한 고통과 긴장하에서 멍하게 되어가는 뇌리에 어느 수사관이 외치는 "작살내! 작살내!" 하는 고함 소리가 들려왔다. (⋯) 벽에 기대어 세워놓고 엉덩이와 복부 밑 부분을 사정없이 구타하였다. 특히 허리 끝 요추 부분을 맞았을 때는 정신이 없고 마비되는 것 같았다. 또 무릎 사이에 각목을 넣고 앉게 하여 고통을 주었다.[33]

허경민도 얼마 뒤 고려대학교 앞의 하숙집에서 남산으로 끌려갔다. 형이 누구랑 만났는지, 형의 친구가 누구인지 등에 대해 집요하게 추궁을 받으면서 무지막지한 구타와 여러 고문을 당했다. 허경민은 5일 만에 풀려났으나, 허경조는 간첩죄라는 무시무시한 죄목으로 구속기소 됐다. '학원침투 북괴간첩단' 21명 중 한 명으로 그의 이름과 얼굴이 세상에 알려졌다. 1975년 11월 22일 정보부 대공수사국장 김기춘이 기자회견을 열어 직접 발표한 이른바 '11·22사건'이었다. 21명 중 12명이 서울대학교와 부산대학교, 고려대학교 등에 재학 중인 재일동포 유학생이었다. 이 사건은 간첩이라고 했던 김삼랑이 아예 존재하지 않는 인물이었던 데서 알 수 있듯이 터무니없이 부풀려지거나 조작됐다. 최종적으로 관련자는 사형 세 명, 무기징역 열한 명 등 중형을 선고받았지만, 2010년부터 시작된 재심에서 속속 무죄판결을 받고 있다.

아들 둘이 정보부에 끌려갔고, 둘째 아들이 간첩으로 기소됐다는 소식을 뒤늦게 들은 일본의 아버지는 충격에 휩싸였다. 다행히 허경민이 풀려난 것을 안 아버지는 아들이 또 무슨 횡액을 당할지 몰라 무조건 일본으로 돌아오라고 했다. 허경민은 학업도 의사의 꿈도 포기한 채 1976년 1월 초 오사카로 돌아갔다. 허창두는 1976년 8월 둘째 아들 허경조의 변호사 비용을 지인들에게 간신히 빌려 한국에 송금하고 귀가한 직후 쓰러져 숨졌다.

1, 2심 법원의 엉터리 재판

　　허경조는 신문과 방송에서 간첩이라며 대문짝만 하게 얼굴까지 공개됐지만, 사건이 1976년 12월 대법원(강안희(재판장), 이영섭, 양병호, 이일규)에서 무죄 취지로 파기환송 된 뒤 1979년 1월 서울고법에서 최종 무죄판결을 받았다. 당시 흔했던 재일동포 유학생 간첩 사건에서 무죄가 나온 매우 드문 경우지만, 내막은 너무나 어이가 없었다. 허경조를 간첩으로 몰아간 근거는 그가 오사카 대학에 다닐 때인 1966년 재일동포 사회단체인 「한국민족자주통일동맹」('한민자통') 일본본부에 가입해 활동한 일이었다. 한민자통은《통일일보》의 창간 주역인 이영근이 만든 단체로, 창립 초기에는 박정희 정권을 강하게 비판하는 등 민주주의와 통일 지향적 노선을 취했다.[34] 그로 인해 재일동포 청년에게 인기를 끌자, 한국 정부와 민단은 한민자통을 적성단체로 낙인찍었다.

　　정보부와 검찰이 덮어씌운 허경조의 죄는 적성단체인 한민자통에 가입한 것이었다. 그에 대한 공소장 내용의 요지는 '조총련과 연계되어 동 단체로부터 자금 지원을 받고 활동 중인 한민자통이 대남 적화 통일을 기본 목표로 설정하고 그 목적 수행을 위해 활동하고 있다는 정과 그 활동이 반국가단체에 이익이 된다는 정을 알면서 동 단체에 가입하여 동 단체의 구성원과 회합, 지령을 수수하고 국내를 잠입 탈출하면서 한국 내에서 수집한 국가기밀을 누설하여 간첩행위를 하였다'는 것이다. 한민자통에 대한 이러한 공격 내용은 2년 뒤 고스란히 한민통으로 바뀐다. 아무튼 1심(허정훈(재판장), 이공현, 김의열)과 2심 재판부(한정진(재판장), 정현식, 김종배)는 정보부와 검찰의 주장을 그대로 받아들여 허경조에게 징역 3년 6월, 자격정지 3년 6월을 선고했다. 그러나 민단은 이미 1972년 4월 한민자통을 적성단체에서 해제했다. 뒤에 서술하겠지만, 민단 지도부에 반기를 든 한청과 「재일한국학생동맹」('한학동') 등을 민단에서 축출하면서 빈자리를 메울 대체재로 한민자통을 끌어들인 것이다.

그런 사실에도 아랑곳없이 정보부는 한민자통 회원이었던 허경조를 간첩으로 몰아갔고, 검찰은 그대로 기소했으며, 1심과 2심 법원은 유죄를 선고했다. 변호사 문인구의 노력으로 대법원에서 뒤늦게 바로잡혔지만, 수사기관의 사건 조작과 법원의 엉터리 재판 때문에 허씨 집안은 풍비박산이 난 뒤였다.

1979년 8월 일본으로 돌아간 허경조는 전공을 살려 한때 컴퓨터 사업을 하기도 했으나 고문 후유증으로 인한 불안 증세에 내내 시달렸으며, 지금까지도 일상생활에 어려움을 겪고 있다. 한국이라는 말만 들어도 악몽을 꾸던 그는 결국 일본으로 귀화했으며, 사건 이후 지금까지 한 번도 한국 땅을 밟지 않았다.

이영근이 주도해 만든 한민자통과《통일일보》는 허씨 집안에 두 번씩이나 불행을 안겨줬다. 둘째 아들은 한민자통에서 활동했다가 간첩으로 조작됐으며, 셋째 아들은 훗날《통일일보》의 보도로 생계가 끊겼다. 아버지 허창두가 한때《통일일보》의 전신인《통일조선신문》*의 오사카지국장을 지냈던 것을 생각하면 지독한 역설이자 악연이다.

---

*   1959년 1월 1일 창간 당시에는 제호가《조선신문》이었다.

양심수 가족이 유일하게 기댄 한민통

의사의 꿈을 접고 일본으로 돌아온 허경민 앞에는 또 다른 가시밭길이 놓여 있었다. 아버지가 갑자기 돌아가신 뒤 결혼한 큰형과 누나들을 대신해 집안을 건사할 책임이 갓 스무 살인 그의 어깨에 떨어졌다. 그는 중국집 음식 배달과 길거리 잡화상, 큰형이 하는 옷가게 점원 등 돈벌이라면 뭐든지 다 했다.

그런 중에도 그에게 가장 중요한 일은 둘째 형을 구원하는 활동이었다. 형이 구속된 초기에는 민단 전신인 조련에서 활동했던 아버지의 경력 덕분에 민단의 주요 간부들이 집으로 많이 찾아왔다. 그들은 허경조가 석방될 수 있도록 힘쓰겠다는 말을 했지만, 그야말로 말뿐이었다. 오히려 민단의 간부와 청년들은 재일동포 정치범 구출을 위한 일본인 구원회가 오사카에서 재일동포 양심수 석방운동을 위한 집회를 열면 찾아와서 방해하기도 했다.[35]

이런 상황에서 허경민이 의지할 곳은 피해자 가족이 모인 「재일한국인정치범 구원을 위한 가족·교포회」('가족교포회')밖에 없었다. 1971년 '서승·서준식 형제 사건'을 시작으로 결성되기 시작한 재일동포 구원회는 처음에는 개별적으로 운영되다가 재일동포 간첩 사건이 연이어 발생하자, 1976년 「재일한국인정치범을 지원하는 모임전국회의」('재일정치범전국회의')에 이어 1977년 가족교포회 등 전국 단위로, 또 일본인까지 참가하는 모임으로 확대됐다. 일본에서 이러한 재일동포 정치범 구원 활동을 가장 열심히 한 단체가 한민통과 한청이었다. 허경민이 한민통 사람들과 친해진 것은 당연한 일이었다. "구원 활동을 하면서 알게 된 한청 사람들이 저한테 한국어 선생이 돼달라고 부탁했어요. 짧지만 한국에서 유학했기 때문에 한국어를 모르는 재일동포 2, 3세들을 가르칠 실력은 됐죠. 한청 활동을 하면서 한민통을 알게 됐고요. 독재정권을 비호하는 데 급급한 민단과 달리 한국 민주화를 위해 애쓰는 한민통 사람들을 보면서 이들이야말로 진정한 애국자라는 생각이 들었죠."[36]

허경민의 바로 위의 누나이자 허경조의 동생인 허경자도 오빠를 구원하기 위해 열심히 활동했다. 피아니스트인 허경자는 감옥에 갇힌 오빠를 그리워하면서 1976년 노래 「재회」를 만들었다. 이 노래는 1970~1980년대 일본에서 구원운동 집회나 민주화 시위 때 한국의 「아침이슬」처럼 널리 불렸으며, 지금도 애창되고 있다. 허경자는 동생 허경조와 재회한 지 얼마 안 돼 1980년 병으로 세상을 떠났다.

허경민은 한민통(한통련) 활동 때문에 오랫동안 한국에 올 수 없었다. 그러다가 한국을 떠난 지 27년 만인 2003년에 처음으로 모국 방문을 할 수 있었다. 2004년 정식 여권을 받은 뒤에는 자유롭게 한국을 오갔다. 2013년 광주를 방문한 허경민은 우연히 광주일고 옆에 있는 광주학생독립운동기념역사관에 들렀다가 사진 자리가 빈 상태로 있던 아버지의 이름을 발견했다. 그 기념역사관은 얼마 뒤 허경민이 일본에서 보낸 사진으로 허창두의 빈 공간을 채울 수 있었다. 이를 계기로 허경민은 국가보훈처에 아버지의 독립유공자 신청을 냈으며, 2019년 11월 허창두는 마침내 독립유공자로 추서되고 대통령 표창을 받았다. 둘째 형 허경조도 2015년 국가를 상대로 낸 배상소송에서 최종 승소한 데 이어, 2021년 서울대학교로부터 명예졸업장을 받았다. 그러

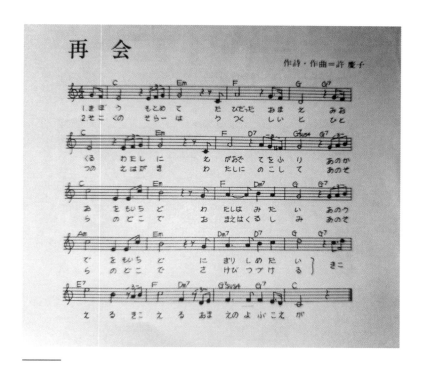

「재회」악보

나 허경민에게는 독재정권 시절 자신의 가족이 겪은 수난이 단지 과거사가 아니다.《통일일보》의 보도와 그 이후 벌어진 사태를 겪으면서, 조국의 비틀린 역사가 일본에 사는 자신들을 여전히 짓누르고 있다는 것을 알기 때문이다.

2

반국가단체
만들기와
굳히기

재일동포 유학생 김정사와는 아무런 관계가 없던
한민통이 반국가단체가 된 것은 검찰 공소장에
슬쩍 끼워둔 단어 몇 개 때문이었다.

김정사
간첩 사건 조작의
비밀

한통련(한민통)에 대한 길고 긴 박해와 차별은 아이러니하게도 한통련과 아무런 상관없이 시작됐다. 박정희 정권이 정치사회적으로 어려운 지경에 처할 때마다 만들어냈던 재일동포 유학생 간첩조작 사건 중 하나가 출발점이었다. 이른바 김정사 사건이다. 서울대학교 법대 1학년에 재학 중이던 재일동포 김정사도 무도한 독재정권이 휘두른 칼날에 인생의 행로가 꺾인 피해자지만, 일본에서 활발하게 한국 민주화운동을 벌이던 한통련은 집단 전체가 하루아침에 반국가단체가 됐다. 그 후 지금까지도 반국가단체라는 낙인과 오명에 시달리고 있다.

김정사 사건은 처음에는 유영수 사건으로 불렸다. 그만큼 김정사의 비중은 낮았다. 사건의 시작은 편지 한 통이었다. 부산대학교 대학원 화학과에 재학 중이던 재일동포 유영수는 1977년 4월 15일 낮 12시쯤 광주 육군포병학교 교장 박승옥 소장의 관사를 찾아갔다. 박승옥은 같은 재일동포 유학생인 한 친구의 이모부였다. 함께 간 그 친구가 잠시 자리를 비운 사이 유영수는 자신이 쓴 편지를 박승옥에게 건넸다. 편지에는 남북 화해와 통일이 되려면 군 고위인사 등이 나서서 대화를 해야 한다는 '순수한' 생각이 담겼다. 북한 방송을 참고해 작성한 편지에는 김일성을 떠받드는 표현이 있는 등 남북한의 현실과 동떨어지거나 6·25전쟁을 겪은 국민에게 받아들여지기 힘든 내용도 있었다.

편지를 꺼내 읽은 박승옥은 "자네가 직접 쓴 건가? 자네 생각도 이런가?"라고 물었다. 유영수가 "그렇다"라고 답하자, 박승옥은 보안대에 전화를 걸었다. 잠시 뒤 광주 보안대 군인들이 나타났고, 박승옥은 "체포해!"라고 명령했다. 2008년 진실화해위원회 조사에서 유영수는 그 편지에 대해 "지금 돌이켜 생각해보면 너무 젊은 혈기에 생각이 모자랐던 일이었고 무모한 점이 있었지만, 그때 심정은 조국의 현실이 너무 잘못되고 있다고 생각해서 내가 이 일을 하지 않으면 안 된다는 강한 의지가 있었다"라고 말했다.[1] 그는 또 "저의 과거 행동이 터무니없게 어마어마한 내용으로 정치적으로 이용당하면서 많은 분들에게 피해와 고통, 그리고 돌이킬 수 없는 상처를 주게 된 데 대해 평생 가슴에 쏟아지는 괴로움을 안고 깊이 반성하고 살아가고 있다"[2]라고 밝혔다.

오사카에서 멀지 않은 와카야마에서 나고 자란 유영수는 교토의 리쓰메이칸대학 화학과를 졸업했다. 일본에서 교사가 되려고 했으나 재일동포에게는 그런 기회조차 없다는 것을 알고 1977년 3월 부산대학교 대학원으로 유학을 왔다. 아버지가 민단 활동을 열심히 했지만, 유영수는 대학에서 「조선문화연구회」('조문연')에 가입해 활동했다. 당시 일본 대학가에는 민단계인 「한국문화연구회」('한문연')*와 총련계인 조문연이 있었는데, 대부분의 동포 학생은 그 차이를 잘 알지 못했다. 우리말을 배우거나 우리 문화를 알기 위해 우연한 계기로 양쪽 중 한 곳을 찾는 경우가 많았다.

악명 높은 보안사 엘리베이터실 고문

조국에 대한 순정만 있었지 한국 사회를 잘 몰랐던 재일동포 청년이 쓴 편지는 그러잖아도 간첩 만들기에 혈안이 돼 있던 보안사에는 넝쿨째 굴러온 호박이었다. 보안사 수사관들은 한양대학교 의예과에 재학 중이던 동생 유성삼을 이틀 뒤 체포했다. 유성삼의 하숙집 책상에서 「김지하 법정투쟁기」와 김명식**의 시 「10장의 역사연구」 등이 나왔다. 박정희 독재와 「유신헌법」을 비판하는 것으로, 일본에서 건너온 것들이었다.

「김지하 법정투쟁기」는 인민혁명당 사건이 고문으로 조작됐다는 사실을 폭로했다가 구속된 저항시인 김지하가 1976년 재판을 받을 때 했던 최후 진술 등 법정 발언을 기록한 것이다. 재야 민주운동가인 김정남이 김지하 구명운동을 위해 국제 여론에 호소할 목적으로 몰래

---

*   한국계 재일동포 학생의 동아리. 이에 비해 북한계 동포 학생은 주로 조문연에서 활동했다.

**   이 시를 쓴 김명식은 긴급조치 9호 위반 혐의로 3년간 징역을 살았다.

「일본가톨릭 정의와 평화협의회」로 보냈고, 이것이 한민통 기관지인 《민족시보》에 전달돼 게재됐다. 「10장의 역사연구」는 박정희 독재를 비판하는 시로, 서강대학교에 다니던 가톨릭 수사 김명식이 썼다. 이 시 역시 《민족시보》에 세 차례에 나눠 실렸다.

여보게
시간이 이렇게 많이 지났는데도
뼈만 아픈 기억이 솟아나데
기억도 병이라 생각하니
아- 그때
그 외치다 외치다
손도 짤리고 발도 어긋나
가슴이 멍든 벗님네
다 어디가고

여보게
그놈들 장안을 점령했다네
그게 사실이요 아니요
전쟁대열은 글방문을 걸어닫고
강의실, 그 한번도 써본 일이 없는
강의실, 그 새하얀 계단을
그놈들이 점령했다네
(하략).[3]

겨울방학 때 일본에 돌아갔던 김정사는《민족시보》에서 앞의 시와
김지하 관련 기사들을 읽고는 하숙집 친구들에게 보여주려고 복사해
가져왔다. 김정사의 아버지는 민단 사이타마본부의 간부여서 그의 집
에는《민족시보》등 동포 신문과 잡지가 여러 개 들어왔다. 한민통은
반정부 활동을 하는 단체이긴 해도 당시까지는 불법단체로 규정되지
않았기에 어지간한 동포의 집에는《민족시보》가 배달됐다.《민족시
보》복사본인 이 자료들을 친구 유성삼이 읽어보겠다면서 빌려갔다.
유성삼의 형이 보안사에 붙잡혀가기 얼마 전이었다.

유성삼을 통해 문건의 출처를 파악한 보안사 수사관들이 4월 21일
아침 일찍 서울 신림동의 김정사가 머물던 하숙집에 들이닥쳤다. 그들
은 유성삼의 여자 친구인 재일동포 유학생 손정자도 체포했다. 김정사
는 유성삼의 친구였을 뿐 그때까지 유영수와는 대화는커녕 얼굴을 본
적도 없었다.

형제와 동생 친구들이라는 것밖에 공통점이 없는 재일동포 유학생
네 명을 간첩 일당으로 만드는 것쯤은 보안사에게는 식은 죽 먹기였
다. 유영수와 김정사 등이 끌려간 보안사 서빙고분실은 서울 남산에
있던 정보부 조사실, 남영동의 경찰 대공분실과 함께 악랄한 고문과
사건 조작으로 악명 높았다. '빙고 호텔'로 불린 서빙고분실은 물고문,
전기고문뿐 아니라 엘리베이터실이라고 하는 특수한 고문실을 갖추
고 있었다. 다음은 김정사의 증언이다.

하루는 너 엘리베이터 타볼래? 그러는 거야. 엘리베이터가 뭔지 알아야
지. 그랬더니 가자 하데. 그 구조가 어떻게 되어 있는지 모르겠는데 넓은

데가 있었어. 근데 엘리베이터 벽이 있어야 하는데 벽이 없는 거야. 그러면서 너 이거 뭔지 아냐, 그러니까 간첩들이, 이북에서 넘어온 간첩들이 여기서 고문하다 죽어서 떨어뜨리면 한강으로 흘러나가 버린대. 그러니까 가끔 그런 불명 사체가 나오는 게 그런 거라는 거야. 겁먹지. 거기 의자에서 먼저 물고문했어. 그렇게 하니까 옷이 젖어버리잖아. 몸이 그러면 전기가 잘 통할 거라면서 거기서 전기고문을 또 하고.[4]

김정사는 구타와 함께 무릎 사이에 각목을 끼워서 압박하는 고문도 당했다. 그때 다리를 다친 그는 오래전부터 지팡이에 의지해 생활하고 있다. 2022년 10월 사이타마현의 한 전철역 카페에서 인터뷰하기 위해 만났을 때 김정사는 거의 걷지 못해 역무원이 미는 휠체어를 타고 이동했다. 유영수가 당했던 고문은 훨씬 심했다.

서빙고 보안사에서 약 30일 동안 매일 여섯 명의 폭한들한테 무자비한 구타, 숨이 끊기고 익사할 정도의 물고문, 잠 안 재우기 고문, 손가락 하나하나와 팔이 찢어지고 심장이 터져버릴 것 같은 전기고문, 옆방에서 고문받는 동생의 비명소리를 듣게 하는 고문, 고문하다가 죽으면 한강에 연결된 지하수도에 시체를 내던져 버릴 수 있다는 엘리베이터 고문을 받았어요.[5]

그는 서대문형무소에 수감될 때 업혀서 들어갔으며, 1978년 2월 2심 공판 때까지도 가슴에 찬 물을 빼냈다. 당시 감옥에서 앓았던 늑막염 후유증으로 "지금도 가슴에 통증이 심하게 남아 있다."[6]

보안사 수사관은 붙잡혀온 사람에게는 누구에게나 그랬듯이 김정사에게 흰 종이와 펜을 주고는 그동안의 행적과 만난 사람을 빠짐없이 다 적으라고 했다. 대학에 입학한 지 두 달밖에 안 돼 아는 이들이 거의 없기도 했지만, 김정사는 한국 친구들에게 피해를 주지 않으려고 그들의 이름 대신에 일본에서 만났던 사람 위주로 썼다. 일본에 사는 사람을 한국 수사기관이 어떻게 하지는 못할 것이라는 생각에서였다. 그중 한 사람이 김정사가 도쿄에서 재수 생활을 할 때 만난 임계성이었다. 1975년 7월 「일본의 대한정책을 바로잡고 한국민주화투쟁에 연대하는 일본연락회의」('일한연대연락회의')가 주최한 한국 정세에 관한 강연회에서 그를 만났다. 일한연대연락회의는 김대중 납치 사건 이후 일본의 지식인이 중심이 돼 김대중 구명운동 등 한국의 민주화를 지원하기 위해 결성한 일본 시민단체였다. 김정사는 도쿄대학의 와다 하루키 교수와 한청본부의 김군부 위원장 등이 연사로 나온다는 강연회 광고를 우연히 일본 신문에서 보고 찾아갔다. 일한연대연락회의가 주최한 그날 강연회에는 김군부 대신에 한청 도쿄본부 부위원장인 임계성이 나왔다. 김정사는 강연회가 끝난 뒤 임계성에게 재일동포 문제와 한국 정권에 대한 의견 등을 물었다. 임계성이 "오늘은 시간이 없으니 나중에 연락하라"라며 명함을 줬고, 그 뒤 두세 차례 그를 만났다. 감출 것도 보탤 것도 없다고 여겼던 이 만남은 보안사에 의해 공작지도원으로부터 간첩 지령을 받고 보고하는 자리로 과장, 왜곡된다.

군사기밀 탐지죄가 된 땅굴 견학

김정사는 고2 때인 1972년 민단의 간부 자녀를 위한 하계 캠프에 참석하기 위해 처음으로 한국에 다녀온 뒤부터 민족의식을 갖기 시작했다. 자신의 정체성을 찾기 위해 재일동포 작가인 김달수가 쓴 『일본 속의 조선 문화』 등 한국과 관련된 책을 사서 읽었다. 민권운동가인 맬컴 엑스의 『자서전』과 알제리 독립운동에 헌신했던 프란츠 파농의 책, 『마르크스 레닌 선집』 등 당시 일본에서 인기 있었던 진보 서적을 혼자서 섭렵했다. 특히 재수생 시절 도쿄 서점에서 김지하의 번역 시집을 만난 것은 그에게 큰 충격이자 감동이었다. 김지하 시인을 존경하게 된 그는 '훌륭하고 대단한 시인을 가두는 박정희 정권을 타도하는 데 일조하겠다'는 결심을 했다.[7] 와세다대학 토목과에 합격했음에도 아버지를 설득해 한국 유학을 선택한 이유였다.

오사카 출신의 임계성은 한민통의 청년조직인 한청에서 본부 부위원장 겸 조직부장을 맡고 있었다. 한청은 원래 민단 산하의 청년단체였으나 독재정권의 하수인 노릇을 하는 민단 지도부를 비판했다가 1972년 7월 산하단체에서 제명됐다. 1973년 한민통 창립 주역 중 하나였으며, 그 뒤 줄곧 한국 민주화운동에 앞장선 단체다.

한국 국적의 재일동포 2세인 임계성 역시 북한과는 직접적 관계가 없는 인물이었다. 임계성의 이름은 1974년 8월 박정희 대통령의 부인 육영수 피살 사건 때 잠깐 등장한 적이 있다. 범인인 재일동포 문세광이 '74년 2월 입원해 있던 병원에 임계성이 찾아왔다'는 진술을 했던 것이다. 둘은 오사카 출신에 나이도 비슷해 오랫동안 친하게 지냈으며, 문세광이 1973년 9월 한청을 탈퇴하기 전까지 함께 활동했다. 문세광의 이 진술을 바탕으로 중앙정보부는 육영수 피살 사건 초기에 한민통을 문세광의 배후로 지목하기도 했지만, 수사가 진전됨에 따라 이 사건에 한민통이나 한청은 아무 관련이 없음이 밝혀졌다. 임계성은 문세광 사건과 관련해 "저격 사건 이후 한국 수사기관 또는 일본 경시청의 조사를 받았다거나 감시를 당한 적이 없고, 내가 문세광 저격 사건에 연관되어 있다는 것은 한국의 언론 보도를 보고 알게 되었다"[8]라고 말했다.

하지만 보안사는 임계성을 김정사의 배후 인물인 '공작지도원'으로 만들었다. 김정사가 임계성의 지령에 따라 한국에 들어와서 간첩활동을 했다는 시나리오였다. 그 간첩활동의 내용은 기껏해야 「김지하 법정투쟁기」 등 두 문건을 한국에 가지고 온 것, 함석헌이 만든 잡지인 《씨알의 소리》 세 권을 서울에서 사서 일본으로 가져간 것, 재외국민연구소 교육생들과 함께 땅굴 견학을 다녀온 일 등이다. 「김지하 법정투쟁기」를 갖고 온 것은 「헌법」 폐지 비방 내용의 표현물을 소지한 죄, 《씨알의 소리》를 가져간 것은 남한 국민이 벌이는 반정부운동의 심도를 탐지한 행위, 땅굴 견학은 군사기밀 탐지 활동으로 부풀려졌다.

그런데도 1심 재판부인 서울지법 제6부(허정훈(재판장), 정용인, 김황식)는 유영수와 김정사에게 무기징역형을 선고했다. 서울고법(오석락(재판장), 이철환, 김성만)은 유영수에게 무기징역, 김정사에게 징역 10년을 선고했으며, 대법원은 1978년 6월 이를 확정했다. 보안사와 이들의 수사를 넘겨받아 추가 수사 및 기소를 담당한 검찰, 재판을 진행한 법원이 조국의 민주화를 바란 것밖에 없는 김정사를 무시무시한 간첩으로 만들고 말았다.

유영수와 김정사 등은 1심 재판정에서부터 보안사의 고문으로 허위자백을 할 수밖에 없었다면서 자신들에게 들씌워진 간첩 혐의를 전면 부인했다. 김정사는 항소이유서에서 "임계성으로부터 공산주의에 관한 교양을 받은 바도 없고 또 간첩 지령을 받은 바도 없으며 그에게 국가기밀을 제보한 사실이 없는데도 수사기관에서 조사 중 견디기 어려운 신체적, 정신적 사정이 있어서 사실 아닌 허위자백을 하였으므로 이를 토대로 한 공소사실은 너무 억울하다"라고 밝혔지만, 재판부는 귀를 막았다.

2심 때 김정사의 형량이 무기징역에서 10년형으로 낮아진 것은 재판부 덕분이라기보다는 아버지의 로비 결과라고 김정사는 생각한다. 일찍 건설 회사를 만들어 자수성가하고 한국대사관으로부터 표창도 받았던 김정사의 아버지는 아들이 끌려간 뒤 아들을 구명하기 위해 백방으로 뛰어다녔다. 그는 건설업을 하면서 지역구 의원인 자민당의 아라후네 세주로(荒船清十郎)와 아주 친했는데, 아라후네 세주로가 당시 실세였던 김종필에게 연락해서 아들의 행방을 알려주기도 했다고 한다. 이처럼 권력을 배경으로 가진 김정사의 아버지에게 보안사는 서빙고분실에서 이례적으로 아들과 면회하도록 허용하기까지 했다. 아버지가 돌아가신 뒤 어머니는 김정사에게 "너희 아버지가 당시 돈 1억 엔을 로비 자금으로 썼다. 하루는 6,000만 엔을 현찰로 박스에 담아서 아주 큰 집에 가져다줬다"[9]라고 말했다.

김정사는 구속 2년 4개월 만인 1979년 8월 광복절에 석방돼 일본으로 돌아갔다. 요란했던 사건의 주인공이 의외로 빨리 석방된 것은 아버지의 힘이기도 했지만, 공안 당국에게 김정사 개인은 더 이상 중요하지 않았기 때문이다. 이들에게는 김정사 개인보다 그 사건으로 얻은 '공안 수확물'이 훨씬 더 중요했다. 그게 무엇인지는 1심 판결 직후의 《조선일보》 보도에 잘 나타난다.

> 한민통은 우리 정부가 정책적으로는 반국가단체로 규정해왔으나, 이제까지는 법원 판결에 의한 법률상 반국가단체로 인정되지 않았기 때문에 한민통의 지령을 받고 국내에 들어와 반국가 행동을 벌여도 간첩활동 등을 하지 않는 한 기소할 수가 없었다.[10]

앞으로 한민통과 엮기만 하면 재일동포를 쉽게 간첩으로 만들 수 있는 길이 열린 것이다.

공소장에 슬쩍 끼워 넣은 '반국가단체'

김정사와는 아무런 관계가 없던 한민통이 김정사의 구속과 재판을 거치면서 반국가단체가 된 것은 검찰 공소장에 슬쩍 끼워 둔 단어 몇 개 때문이었다.

> 1975년 7월 초순경 도쿄도 소재 진정회관에서 개최한 '한청의 역사와 현상'이란 주제의 강연회에 가서 북괴 및 「재일조선인총연합회」의 지령에 의거 구성되어 그 자금 지원을 받아 그 목적 수행을 위하여 활동하고 있는 반국가단체인 재일 「한국민주회복통일촉진국민회의」의 간부 겸 대

남 공작지도원인 도쿄도 아다찌구 아야세 거주 공소 외 임계성 당 27세의 강연을 듣고, 동인과 인사 교환하여 위 한민통의 간부인 것을 알게 되고….

김정사가 일본에서 임계성과 만나는 과정을 설명하는 공소장의 내용이다. 이미 한민통을 반국가단체로 단정했다. 「국가보안법」 제2조에 따르면, 반국가단체는 '정부를 참칭하거나 국가를 변란할 것을 목적으로 하는 국내외의 결사 또는 집단*'을 말한다. 대표적인 반국가단체는 북한과 총련이다. 반국가단체로 규정되려면 그들이 정말 정부를 자처하는지, 또 국가를 뒤엎을 계획을 하는지 등이 구체적이고 명확하게 드러나야 한다. 그러나 김정사에 대한 공소장에는 한민통이 정부를 참칭하는지, 대한민국 전복을 목적으로 삼는지를 뒷받침하는 내용이 하나도 없다. 심지어 한민통의 지향이나 특성을 파악할 수 있는 강령이나 규약에 대한 조사나 분석도 없다. 물론 한민통의 강령이나 규약에는 그러한 '불온한' 내용이 없다.

공소장에 쓰인 "북괴 및 「재일조선인총연합회」의 지령에 의거 구성되어 그 자금 지원을 받아 그 목적 수행을 위하여 활동하고 있는 반국가단체인 재일 「한국민주회복통일촉진국민회의」"라는 이 67개 글자에 엄청난 비밀이 들어 있다는 사실을 아는 사람은 공안 당국자 말고는 아무도 없었다. 김정사는 구치소에서 공소장을 받고야 자신이 간첩죄로 기소됐다는 사실을 처음 알았다. 재판정에서 검사가 한민통

---

* 1991년 개정 이후 "집단으로서 지휘통솔 체제를 갖춘 단체"로 바뀌었다.

이니 반국가단체니 하고 말할 때도 그게 무슨 뜻인지 전혀 감을 잡지 못했다.

언론도 몰랐다. 김정사가 구속되고 기소될 때는 전혀 보도가 없다가 1심에서 무기징역형이 선고된 뒤에야 일제히 첫 보도가 나왔다. 기사의 제목이나 초점은 유영수가 아니라 곁가지인 김정사였다. 게다가 한민통이 반국가단체로 규정됐다는 소식이었다. 대법원 선고가 끝난 뒤 같은 내용이 또 모든 신문과 방송에 등장했다. 특이하게도 대법원 (정태원(재판장), 민문기, 이일규, 강안희) 때는 판결(1978년 6월 13일)이 있은 지 일주일 후에야 보도가 나왔다. 게다가 대법원 판결문에는 한민통이라는 단어가 단 한 차례도 없이 "원심의 판단은 정당"하다며 피고인들의 상고를 기각한다는 내용이 다였다. 누군가가 그 재판 결과가 어떤 의미인지를 뒤늦게 설명해줬음에 틀림없다. 《동아일보》 기사에 그 흔적이 남아 있다.

> 대법원이 한민통을 반국가단체로 인정한 근거를 검찰의 한 공안 관계자는 ▲한민통의 조직 자체가 북괴의 지령에 의한 것이고 ▲한민통의 의장 김재화(75) 등 구성원의 성분이 북괴에 가서 지령을 받은 공작원이거나 조총련의 조종을 받은 자들이며 ▲공작금도 김일성의 직접 지시에 의해 거액을 지원받고 있으며 ▲활동 면에서도 각종 반한 규탄대회 등에 공공연히 조총련과 공동으로 활동하고 있는 점 등의 증거가 드러났기 때문이라고 19일 설명했다.[11]

다른 신문은 자신들이 판결문을 직접 본 듯이 기사를 썼지만, 《동아일보》는 "검찰의 한 공안 관계자"라고 출처를 밝혔다. 재판 과정에서 화제가 되지 않도록 조용히 관리하다가 재판을 마친 며칠 뒤에야 숨겨둔 의미를 부각한 이 공안 관계자는 누굴까? 언론플레이를 한 것은 검찰이었지만, 한민통을 반국가단체로 만드는 중대하고 치밀한 계획을 공안 검찰이 처음부터 다 짰을까? 당시 검찰의 위상이 정보부 등 정보기관에 비해 현저히 낮았던 점을 감안하면 검찰 소행으로 보기는 어렵다. 그렇다면 '보이지 않는 손'은 누굴까?

김정사를 수사했던 보안사, 간첩 사건을 총괄했던 정보부, 기소와 공판을 담당했던 검찰 이 세 기관이 연관돼 있어 관련자가 많은데다가 당사자들이 입을 열지 않는 한 현재로선 꼭 집어내기 어렵다. 사건의 흐름을 따라가면서 자세히 살펴볼 수밖에 없다.

보안사가 김정사를 간첩으로 만드는 단계에서는 대남 공작지도원으로 설정한 임계성의 신분을 어떻게 할 것인지가 최대 고민이었다. 보안사가 중앙정보부장에게 보낸 「간첩검거 조사보고」(1977년 4월 29일)에 첨부된 '범죄사실'에는 "신세이 회관에서 개최한 한청 강연회에 참석, 강사인 한청 동경 중앙본부 조직부장 임계성을 지실하게 되어 동인으로부터 (…) 김일성 찬양 등 교양을 수하고, 75년 12월경 동인으로부터 조국통일을 위한 대남 활동에 함께 일하자는 요청을 받고 이에 응낙, 한청 비밀 맹원으로 가입함으로 포섭됨"이라고 하여 임계성의 신분을 한청 간부 겸 북한 공작지도원이라고 적었다.

보안사는 자신들의 직속상관인 육군참모총장과 정보참모부장에게 올린 「간첩검거 보고」(1977년 5월 24일)에서도 "75년 7월 한청 동경본부 강연회에 참석 연사인 임계성에게 포섭되었고, 75년 12월 한청 비밀

맹원으로 가입했으며, 임계성은 재일 공작지도원으로 한청 조직부장"
이라고 했다. 아무런 근거 없이 임계성을 재일 공작지도원이라고 설정
하기는 했지만, 한민통에 대해서는 특별한 언급이 없었다. 그러나 보
안사가 한청 간부 임계성을 간첩 배후 인물인 공작지도원으로 억지로
만드는 것은 심지어 공안 세력 내부에서조차 제동이 걸렸다. "김정사
는 한청 소속 지도원으로부터 지령을 받고 침투한 자로서 한청은 반
한단체일 뿐 반국가단체가 아니라는 이유로 구속영장 신청 시 고충이
많았다"[12]라고 보안사 스스로 『대공30년사』에서 고백했을 정도다. 김
정사를 조사했던 보안사 수사관 고병천이 「국방부과거사진상규명위
원회」('국방부과거사위')[*] 조사에서 한 진술도 당시 보안사 내부의 분위기
를 잘 보여준다.

> 보안사 수사 단계에서는 유영수가 핵심이었고, 김정사는 곁가지였다. 고
> 무·찬양 정도였다. A급은 아니었다. A급은 입북 또는 입북을 권유받은
> 사람인데 그런 건 아니었다. 김정사 건은 처음에 사건이 된다 안 된다 논
> 란이 있었다. 사건 초기, 검찰에 가서 의견을 들었는데 한민통이 반국가
> 단체가 아니라서 사건이 안 된다고 해서 실망하기도 했었다. 결국 문제
> 는 한민통이 반국가단체인가 여부였다. 당시 김정사의 혐의는 고무·찬양
> 정도였고, 그 정도 선에서 수사가 이루어졌다.[13]

---

[*]   군 관련 과거 의혹 사건의 진상을 규명하기 위해 2005년 5월부터 2007년 말까
    지 활동한 민관 합동 위원회.

이런 정황을 보면 보안사령관 진종채나 대공처장 김학호 등 보안사의 고위 간부들이 한민통을 반국가단체로 만드는 공작을 구상해서 추진한 것 같지는 않다. 그런 아이디어가 보안사에서 나왔다면 보안사는 박정희 정권 시절인 1978년에 펴낸 『대공30년사』에서 자신들의 '공로'라며 자랑했을 것이다.

김정사와 유영수 등의 신병이 1977년 5월 30일 보안사에서 검찰로 넘어갈 때 거짓이 하나 더 보태졌지만, 한민통은 아직 등장하지 않았다. 보안사는 송치의견서에 "「재일조선인총연합회」 대남 공작지도원이며 위 「한국청년동맹」 간부로 침투, 암약 중에 있는" 사람이라며 임계성의 소속을 북한과 연결된 총련의 비밀 회원으로 '승격'했다. 한청 소속만 갖고는 '사건이 안 된다'는 지청구를 들은 보안사가 급기야 임계성을 총련 소속으로 조작한 것이다. 민간인 수사권이 없는 보안사 대신에 정보부 수사관의 이름으로 송치의견서가 작성되기는 했지만, 통상적으로 송치의견서에는 수사를 담당했던 곳, 즉 보안사의 의견이 대부분 반영됐다.

김기춘-안경상-정경식 공안 검사 3인방

한민통이 등장한 것은 그해 6월 18일 작성된 검찰 공소장이다. 그것도 "반국가단체인 한민통"이라며 아예 반국가단체로 규정한 표현이었다. 그런데 공소장 작성 이틀 전에 일본에 있는 정보부 요원이 「대일 사실조사결과 통보」라는 제목으로 쓴 임계성에 대한 조사 보고서를 보내왔다. 김정사를 취조하던 보안사가 임계성을 공작지도원으로 만들기 위해서 정보부본부를 통해 한 달여 전 일본 현지에 의뢰해 나온 보고서였다. 이 보고서에는 임계성에 대해 "반한단체인 베트콩 계열 분자로 70년 4월부터 불순단체인 베트콩 행동단체인 한청 간부직을 역임하고 있는 자로 개인적으로 조총련과의 연계 및 기타 불순단체 가입 사실 확인할 수 없음"[14]이라고 적혀 있었다. 민단 개혁파를 일컫는 베트콩이니 불순단체니 하는 수식어를 붙이긴 했지만, 간첩의 배후로 의심받는 인물에 대한 뒷조사를 요청받은 주일 한국대사관의 정보부 요원은 "총련과의 연계를 확인할 수 없음"이라고 답했다. 정상적인 검사라면 이 보고서를 토대로 김정사에 대한 기소 자체를 포기했어야 한다.

임계성은 실제로도 한청에서 온건파였다. 1950년 오사카에서 태어난 임계성은 1960년대 말 오사카의 히가시요도가와(東淀川)고교를 다니면서 학생운동을 했다. 당시 일본은 유럽에 번진 68운동의 영향으로 대학뿐 아니라 고등학교에서도 진보적 학생운동이 활발했다. 그는 1969년 고교를 졸업한 뒤 한청 하계학습회에 참가하면서부터 민족운동을 시작했다. 활동적인데다 글을 잘 쓴 임계성은 1970년 한청 오사카본부의 문화교육부 차장을 맡으면서 본격적인 활동가가 됐다. 1974년 한청 도쿄본부의 상근 부위원장 겸 조직부장이 됐으며, 1978년부터는 한청 중앙본부 상근 부위원장을 지낸 뒤 1980년에 한청을 그만뒀다. 한청 시절 임계성은 한청이나 한민통의 중심인물들과는 노선이나 활동 방향에서 생각이 달랐다고 한다. 배동호, 곽동의 등 한민통 지도부는 정치투쟁에 역점을 뒀지만, 임계성은 문화활동에 중점을 둬야 한다고 생각했다. 그를 잘 아는 한통련 의장 손형근은 "한청 위원장이나 한민통 지도부는 당시 민주화뿐만 아니라 자주화와 통일운동에도 무게중심을 뒀어요. 그런데 임계성 씨는 김대중 씨처럼 민주화운동을 우선해야 한다는 입장이었죠. 그래서 1979년 카터 미국 대통령의 방한을 앞두고 지도부와 갈등을 겪기도 했지요. 한청이나 한민통 간부들은 카터 방한이 박정희한테 힘을 실어줄 수 있다면서 반대운동을 했는데, 임계성 씨는 카터가 와서 박정희를 비판하면 오히려 민주화운동에 도움이 되는데 왜 반대하느냐고 했죠. 그런 갈등이 생기면서 1980년에 임계성 씨는 스스로 한청을 관뒀어요.”[15]라고 증언했다.

주일 한국대사관의 정보부 요원이 만든 임계성에 대한 「대일 사실조사결과 통보」는 진실에 가까운 객관적 보고서였던 셈이다. 그러나 검찰은 이를 무시하고 오히려 한민통을 반국가단체라고 명시한 공소장을 법원에 보냈다.

공소장을 쓴 이는 서울지검 공안부 검사 정경식이었다. 정경식은 오제도-한옥신-정경식-황교안으로 이어지는 「국가보안법」 해설서 『신국가보안법』을 집필한 대표적인 공안 검사다.[16] 그는 잠깐 법무부에 파견돼 근무한 것을 빼고는 1969년부터 1986년까지 서울지검 공안부에서 근무한 공안통이다. 이 기간에 그는 사형제 폐지에 대한 글 '어떤 조사'를 《여성동아》에 쓴 인권변호사 한승헌을 「반공법」 위반으로 구속하는가 하면, 김승효(1974)와 진두현(1974) 등 재일동포 유학생 간첩조작 사건의 기소를 담당하는 등 정보부를 비롯한 독재 권력의 주문에 충실히 따랐다. 10·26사태 이후에는 합수부에 파견돼 계엄사령관 정승화에 대한 1차 수사를 담당하고, 김대중 내란음모 사건 등 여러 군사재판의 법률적 자문 역할을 했다. 이도성은 1993년《동아일보》에 연재한 '남산의 부장들'에서 "광주의 상황을 김대중 씨와 연계시키는 '작전'"에는 "보안사 수사 총책인 이학봉 대령을 필두로 김근수 중정 안전국장, 검찰의 이종남, 정경식 검사 등이 동원됐다"[17]라며 정경식을 김대중 내란음모 사건 조작의 장본인 중 한 사람으로 지목했다. 또 정경식은 전두환이 5·17군사쿠데타 이후 만든 「국가보위비상대책위원회」('국보위')의 사회정화위원회 위원으로 활동하면서 삼청교육대 설치와 운영에도 관여했다.

1980년 5월 정경식은 신군부의 주요 인물 중 하나인 보안사 준위 이상재와 함께 그해 5·16민족상 안보 부문 수상자로 뽑혔다. 공적서에는 "간첩 등 공안사범 225명(46건)을 비롯한 「반공법」 위반자 등 기타 공안사범 176명(104건)을 검거 처리하는 한편, 보안 처분 대상자를 면밀히 분석 분류하여 사회 혼란 요소의 미연 방지와 국민 총화의 일익에도 기여하였"[18]다는 등 두루뭉술하게 표현되어 있지만, 그 전해의 수상자가 전두환과 또 다른 공안 검사 안경상이었던 것으로 봐서 정경식이 얼마나 권력의 총애를 받았는지를 짐작할 수 있다.

전두환, 노태우 정권 때 TK 검사의 대표 주자였던 그는 1992년 대통령선거 직전에 김기춘이 부산 지역 기관장들을 불러서 김영삼 후보 당선을 위해 지역감정을 부추기도록 요구하고 다짐했던, 이른바 초원복집 사건에도 관련됐다. 당시 모임 참석자들은 "믿을 곳은 부산 경남이 똘똘 뭉치는 것밖에 없다. (…) 하여튼 민간에서 지역감정을 좀 불러일으켜야 돼"(김기춘 전 법무장관), "이거 양해라뇨. 제가 더 떠듭니다"(박일룡 부산경찰청장)라는 등 지역감정을 자극하자고 앞다퉈 말했다. 이 모임에서 부산지검장이던 정경식은 "검찰총장이 어제 그제, 좌담회 와 가지고 득표에 아주 도움이 됐답니다"라면서 검찰이 여당 후보 득표 운동을 하고 있다는 식으로 자랑했다. 정경식은 김영삼 정부 출범 이 듬해인 1994년, 시민단체와 야당의 강한 반대에도 헌법재판관에 임명 됐다.

정경식이 김정사를 기소하는 등 한민통을 반국가단체로 만드는 주체로 일한 것은 맞지만, 그가 이 아이디어를 낸 실질적 주모자인지는 의문이다. 김정사의 증언에 따르면, 기소 전까지 정경식은 한민통을 한 번도 입에 올리지 않았다. 김정사는 필자에게 "검사실에 가서 여러 번 조사를 받았는데 정경식 입에서 한민통이라는 이름이 한 번도 등장하지 않았다. 보안사에서 거짓 자백한 내용에 대해 부인하면 이 새끼 하면서 주먹으로 뺨을 때리긴 했지만, 한민통에 대해서는 전혀 묻지도 않았다"[19]라고 말했다.

담당 검사가 조사 때 관심을 보이지도 않았던 한민통에 대한 중대한 내용이 공소장에 들어간 것은 이를 논의하고 지시한 상부가 있었다는 의미다. 업무상으로 가장 관련성이 깊은 사람은 정경식의 직속상관인 서울지검 공안부장이다. 대법원 판결 뒤 기자들을 불러서 판결의 의미를 설명한 '검찰의 한 공안 관계자'도 공안부장일 가능성이 높다. 관행적으로 검찰에서 출입 기자를 불러서 익명을 전제로 브리핑하는 사람은 부장검사다.

당시 서울지검 공안부장은 안경상이었다. 정경식과 함께 공안 검사로 이름을 날린 사람이다. 특히 그가 가는 곳마다 공안조작 사건이 많이 일어났다. 1971년에서 1974년까지 정보부 대공수사국장으로 있는 동안 일어난 울릉도 간첩단조작 사건과 서울대학교 법대 최종길 교수

자살조작 사건, 재일동포 김승효 간첩조작 사건 등이 대표적이다. 그는 유신정권 말기인 1977년 2월부터 2년 동안 서울지검 공안부장으로 일하면서 민주화운동가를 대거 구속했다. 그 공로로 1979년 5·16 민족상을 받았다. 그의 '공적 내용'은 "공안사범, 긴급조치 위반사범에 대해 철저한 수사로 엄단"함으로써 "사회 공안질서 확립에 기여한 공이 지대하다"[20]라는 것이었다.

"반국가단체인 한민통"이라는 단어가 들어간 공소장을 공안부장 안경상이 승인한 것은 분명하지만, 이 내용을 서울지검 공안부 차원에서 자발적으로 집어넣었다는 것은 말이 안 된다. 이 내용은 수사기관인 보안사에서 올라오지도 않았고, 검찰이 보완 수사 과정에서 밝혀낸 사실도 아니기 때문이다. 오히려 검찰보다 힘이 센 곳의 요구와 지시가 있었을 가능성이 높다. 정경식은 이에 대해 국방부과거사위 조사에서 이렇게 말했다. "보안사 직원들 입장에서는 추후 수사 내용을 모르니까 사건이 확대된 것으로 이야기할 수 있다. 검찰청에 별도의 정보도 없었고, 참여 서기 외에 수사 인력이 없었기 때문에 수사기관의 송치 내용 외에 추가 조사를 하기 어려운 조건이었다. 추가 조사가 이뤄졌다면 새로운 증거가 발견되었을 것이다. 새로운 증거가 수사기관에 의해 제출됐을 것인데 중앙정보부에서 자료가 왔을 것이다. 윤효동에 대한 조사도 그렇게 이뤄졌을 것이다."[21]

윤효동에 관한 긴 얘기는 일단 미뤄두자. 한마디로 한민통의 반국가단체 부분을 김정사 공소장에 넣은 것은 자신이 수사한 결과가 아니라 정보부에서 자료가 넘어와서 그렇게 처리했다는 말이다. 당시 검찰 위상 등을 감안하면 정경식의 말이 사실일 가능성이 높다. 당시에는 정보부가 보안사는 말할 것도 없고 검찰보다 훨씬 막강했다. 공안 사건을 총괄 지휘하는 곳은 정보부였으며, 검찰은 피의자를 기소하고 재판하는 절차를 대행하는 기관에 불과했다. 1980년 김대중을 직접 조사했던 정보부 대공수사국 수사관 이기동이 남긴 회고는 정보부와 공안 검찰의 관계를 잘 보여준다. 이기동에 따르면, 당시 대공 사건을 종결해 검찰로 넘길 때는 담당 검찰 공안부에 "송치 피의자들의 구형량을 미리 적은 쪽지"가 함께 전달됐는데 만약 검사의 구형이 "남산에서 주문한 구형과 달랐을 때 그 해당 검사는 남산을 한 번 다녀가야 했고, 잠시 출세에 지장을 받은 분들도 있었다"[22]라고 말했다. 대부분의 공안 검사는 정보부의 요구에 순응했다고 한다. 정경식이나 안경상이 승승장구하며 출세한 것으로 봐서 이들 역시 정보부의 지침을 잘 따르는 검사였던 것 같다. 정보부에서 새 증거가 왔을 것이라는 정경식의 주장을 뒷받침해주는 첫 번째 정황은 정보부가 임계성에 대한 영사보고서 작성을 일본에 파견된 정보부 요원에게 지시한 점이다. 보안사가 요청해 정보부 직원이 썼던 「대일 사실조사 보고」를 팽개치고 새로 영사증명서를 지시한 것은 정보부본부에서 김정사 사건에 대한 판단과 방향을 보안사와 다르게 내렸다는 의미다. 보안사와 같은 판단이었다면 굳이 새 영사증명서가 필요하지 않았을 것이다. 다음 장에서 살펴보겠지만, 자수 간첩 윤효동을 그 나름의 시간표에 맞춰서 등장시킨 것도 정보부였다. 김정사 사건을 계기로 한민통을 반국가단체로 만드는 판단과 결심을 정보부의 누군가가 내린 것이다.

정보부에서 간첩 사건 등 공안 업무를 담당했던 곳은 대공수사국이다. 당시 대공수사국장은 역대급 공안 검사인 김기춘이었다. 김기춘은 안경상의 뒤를 이어 1974년 9월, 35세에 대공수사국장이 된 인물이다. 그가 파격적으로 젊은 나이에 대공수사국장이 된 것은 1974년 8월 육영수 피살 사건의 범인인 문세광의 입을 열게 하는 공을 세웠기 때문이라고 하지만, 사실 그는 그보다 2년 전인 1972년에 박정희의 장기 집권을 위한 「유신헌법」의 초안을 법무부 장관 신직수와 함께 작성해 박정희의 눈에 이미 쏙 들었던 상태였다. 박정희는 두뇌 회전이 빠른 김기춘을 똘똘이라고 불렀다 한다.[23] 1973년 말부터 중앙정보부장으로 있던 신직수 역시 가는 곳마다 김기춘을 데리고 다닐 정도로 그를 신임했다.

최고 권력자의 총애를 받은 김기춘은 정권 보호를 위해 간첩 조작도 서슴지 않았다. 1975년 11월 22일 김기춘이 직접 기자회견을 열어 '학원침투 북괴간첩단'이라고 발표한 재일동포 유학생 간첩 조작 사건인 11·22사건이 대표적이다. 공안 검사 김기춘-안경상-정경식 3인 사이에 어떤 논의가 오가고 어떻게 역할 분담이 이뤄졌는지는 알 수 없다. 하지만 처음에 보안사와 검찰조차 '사건이 안 된다'고 고민하던 김정사 사건을 이용해 한민통을 반국가단체로 만드는 과정에 이 세 사람이 깊이 연루돼 있음은 분명하다.

보안사의
고문
기술자들

보안사에서 하는 고문이 중앙정보부나 대공 경찰에서 하는 그것보다 훨씬 강하고 모질었다는 게 피해자들의 대체적인 증언이다. 수사기관은 피의자를 연행한 후 우선 기를 꺾기 위해 마구 구타했는데, 보안사에서는 20대 사병을 동원했기에 매질의 강도가 엄청나게 셌다고 한다. 본격적인 고문도 보안사가 더 심했다. 군 방첩기관인 육군특무부대('특무대')*의 인맥과 수사 방식이 고스란히 전해졌기 때문이다.[24]

보안사에서도 가장 악명 높았던 수사관이 고병천이다. 고병천은 1977년 김정사뿐 아니라 이종수(1982), 박박(1982), 윤정헌(1984) 등 많은 재일동포 유학생과 사업가 등을 고문해 간첩으로 만들었다. 이들 피해자 모두 재심에서 무죄판결을 받았다.

---

* 1949년 육군본부 정보국 산하에 설치한 방첩부대. 국군보안사령부(보안사)와 국군기무사령부(기무사)의 전신이다.

악명 높았던 보안사 수사관 고병천(왼쪽).《프레시안》서어리

"가장 기분 나쁜 존재 고병천"

고병천의 이름은 재일동포 유학생 출신 김병진이 쓴 『보안사』가 1988년 국내에 번역, 출간되면서 처음 알려졌다. 연세대학교 의과대학 대학원에 다녔던 김병진은 1983년 보안사에 끌려가 고병천에게 모진 고문을 받았다. 그러나 우리말을 잘했던 김병진은 보안사의회유 대상으로 분류돼 공소보류를 받는 대신 1984년부터 1985년까지 2년간 보안사의 대공처 수사과에서 문관으로 근무하면서, 재일동포를 간첩으로 만드는 일을 지켜봤다. 그는 1986년 초 보안사의 손아귀에서 벗어나자마자, 일본으로 돌아가 자신이 보고 겪은 보안사의 간첩 조작 실태를 폭로하는 『보안사』(일본어판은 1987년 출간)를 썼다. 책에는 고병천 등에게 당했던 서빙고 분실의 악명 높은 엘리베이터실 고문의 모습이 자세하게 나온다.

수사관은 나를 철제 의자에 앉혔다. 옷을 벗겼고 몇 번씩이나 저항했지만 양손과 양발을 그 의자에 묶어버렸다. 의자는 위아래로 움직일 수 있는 것 같았고 철제로 만든 의자기 때문에 대좌는 불안정했다. 지치지도 않는지 험담과 욕설을 되풀이하던 수사관들은 '죽여버리겠다'고 소리치며 어떤 스위치를 눌렀다.

몸이 의자에 묶인 채 밑으로 떨어졌다. 캄캄했다. 주위 윤곽마저 파악할 수 없는 칠흑 같은 곳이었다. 순간, 숨이 멎을 것 같은 공포를 느꼈다. (…) 어둠 속에서 별안간 물소리가 들렸고 물이 내 몸을 적시더니 주르륵 아래로 흘러내려갔다. 수사관들이 머리 위에서 물을 퍼붓고 있었다. 수사관들이 말한 대로 발밑에 하수구가 있었다. 한기가 들었다. 몸을 적시고 떨어진 물소리가 아직도 멀었다는 것을 알려줬다.

엘리베이터 의자가 자꾸만 밑으로 내려갔다. 내게 공포심을 주고, 다시 어둠 속으로 당겨 물을 붓고, 수사관들이 희망하는 사악한 추측에 그렇다고 대답하기를 요구했다. 그런 행위가 몇 번씩이나 되풀이되자 내 목소리는 쉬고 말았다.[25]

김병진은 보안사에서 2년 동안 목격했던 고문 실태와 보안사 간부 및 수사관의 죄상을 빠짐없이 기록했다. 김병진의 눈에 고병천은 "가장 기분 나쁜 존재"[26]이자 "인간 백정"[27]이었다.

진급용 간첩 조작 위해 '고사'까지

남영동 경찰청 대공분실의 고문 기술자인 이근안을 연상케 하는 고병천은 1966년 육군 방첩대(보안사의 전신) 군무원으로 출발한 뒤 줄곧 보안사에서만 일했다. 준위였던 그는 대공처에서 가장 핵심인 수사과의 제2계 소속이었다. 보안사는 민간인 수사가 금지돼 있었지만 수사과 제2계에 학원반을 차려놓고 재일동포 유학생을 겨냥했다. 그 학원반 반장이 바로 고병천이었다. 김병진은 "2계의 대상은 원칙적으로 재일교포 유학생"이라며 "그들은 1984년도의 새로운 성과를 올리기 위해 매일같이 치안본부(현 경찰청) 신원조사과에 발을 들여놓곤 했다"[28]라고 밝혔다. 재일동포가 여권을 만들 때 제출하는 신원 서류를 뒤져보면서 이른바 배후가 불온한지 등의 특이 사항을 찾기 위해서였다. 김병진처럼 우리말을 잘하거나 일본 학교에서 서클 활동을 했거나 가족 중에 총련계가 있으면 '특이 사항'으로 기록하고 '적당한' 때에 보안사로 끌고 갔다. 보안사가 당시 역점을 뒀던 "재일교포 모국유학생 위장간첩 근원 발굴계획"에 따른 활동이었다. 지금은 극우 진영의 선동가가 됐지만, 젊었을 때는 사실에 충실한 민완 기자로 이름을 날렸던 조갑제가 《월간조선》에 보안사가 어떻게 생사람을 간첩으로 만들었는지에 대해 쓴 적이 있다.

간첩 수사에서 고문과 조작 등 무리를 빚게 하는 가장 큰 이유는 수사기관끼리의 경쟁의식이다. 경찰이나 안기부가 간첩 검거 발표로 대통령의 칭찬을 받으면 보안사령관은 아래로 압력을 넣게 된다. 대공처장 등 간부들은 간첩 수사 실적에 따라 승진에 큰 영향을 받게 되므로 실적을 올리는 데 열심일 수밖에 없다. 여기에다가 간첩 체포자에 대한 포상제도가 미끼로 작용한다. 이 포상금은 형이 확정되기 전에 지급된다. 수사관들의 과욕과 강박관념은 무리한 수사로 발전하게 되는데 이를 견제해주는 것은 안기부와 검찰의 통제, 국회와 언론의 감시다. 5공 때는 보안사의 힘 때문에 이런 견제는 전무 상태였다. 역대 군사정권 관리층에서는 반정부운동이 강화되면 간첩 사건을 적기에 터뜨려 찬물을 끼얹어야 한다는 생각을 갖고 있었다.

1970~81년의 5공 출범기, 1984~86년의 민주화운동 시기에 간첩 사건 발표가 많았던 것도 그런 맥락에서다. 간첩이 그렇게 타이밍을 맞춰 잡혀주지 않는 한 간첩 수사의 정치적 의도는 조작의 토양이 된다. 궁여지책으로 이미 잡아놓은 간첩을 그런 정치적 타이밍에 맞추어 발표하는 예도 많았다. 냉전논리 속에서 '간첩은 고문해도 괜찮다'는 생각이 우리 사회에 널리 확산돼 있었다는 것도 보안사의 무리한 수사 풍토를 온존시켜온 중요한 조건이었다.

수사관 입장에서는 간첩이 아닌 사람도 일단 간첩으로 몰아놓으면 무리를 할 수 있었고, 언론이나 야당의원들까지도 간첩 혐의자가 받았다는 고문에 대해서는 관대하였다. 문제는 수사와 재판을 해봐야 간첩인지 아닌지를 알게 된다는 점이다. 그러니 간첩을 고문하는 게 아니라 (간첩임이 확실하면 고문할 필요가 없다) 간첩 비슷한 사람을 고문하게 되는 것이다.[29]

김병진의 책에는 보안사 간부들이 승진과 포상을 위해 간첩 조작에 혈안이 됐던 모습이 적나라하게 나온다.

생각하면 1984년의 유학생 간첩 세 명은 수사과의 사정상 그렇게 만들어질 수밖에 없었다. 그때 오희명 과장의 진급 문제가 세 외근계를 간첩 조작에 광분하게 압력기로 작용한 것이다. 오희명 과장은 내근 사무실에 수사과 전체를 모아 "제군의 상사는 누군가. 이 오희명 중령을 대령으로 부르게 하기 위해 제군들은 무엇을 해줄 것인가"라고 공개수사에 들어가기 전에 일장 연설을 떠벌리고 있었다. 그리고 재일 한국인 유학생 세 명이 간첩으로 조작되려고 할 즈음 분실 강당에 제단을 차려놓고 고사까지 지냈다.[30]

수사과장 오희명은 1977년 수사2계장 때 김정사와 유영수 등을 간첩으로 만든 장본인이었다. 1984년에 오희명의 대령 진급을 위해 제물이 된 재일동포 유학생 세 명은 윤정헌, 조일지, 조신치였다. 훗날 셋다 재심에서 무죄를 받았다.

진실 규명 방해에도 앞장

『보안사』 책이 나온 뒤에도 고병천은 1995년 퇴직 때까지 대공처 수사과에서 근무했으며, 정년 후에도 2004년까지 수사과 연구관으로 있었다. 대공 업무와 관련해 여러 차례 훈장을 받은 고병천은 고문행위와 관련해 2018년 뒤늦게 징역 1년형에 처해졌다. 고문 피해자의 명예 회복과 상처 치유를 적극적으로 방해한 죄과였다. 간첩 조작 피해자 윤정헌이 재심(2010)을 할 때 고병천은 법정에 증인으로 출석해 "윤정헌에게 구타나 고문 등 가혹행위를 한 적이 없다"라고 거짓말을 했다. 증인으로 신청된 다른 보안사 수사관들이 법정 출석을 꺼리던 것과 대조적이었다. 그는 앞서 진실화해위원회가 이종수, 윤정헌, 박박 등에 대한 간첩 사건이 조작됐다는 결론을 내자, 이에 대해 이의신청을 하기도 했다. 보안사 베테랑다운 '대담한' 행동이었지만, 스스로의 발목을 잡는 자충수가 됐다. 윤정헌이 그를 위증죄로 고소했고, 미적대던 검찰이 막판에 기소함으로써 고병천은 심판을 받았다.

고병천 외에 과거 고문행위와 관련해 실형을 받은 보안사 수사관이 한 명 더 있다. 서울 양천구청장을 지낸 추재엽이다. 추재엽은 2010년 3선을 위해 선거운동을 하던 중 자신의 과거 고문 전력을 폭로한 상대 후보와 김병진이 거짓말을 한다고 도리어 큰소리쳤다가 2012년 무고와 위증죄 등으로 1년 3월의 징역형을 선고받았다. 가혹행위를 했던 고병천과 추재엽이 뒤늦게나마 처벌을 받을 수 있었던 것은 실명으로 정확한 기록을 남긴 김병진의 『보안사』 덕택이었다.

정보부의 조작 카드,
영사증명서와
윤효동

공안 세력이 짠 김정사 사건의 시나리오는 그가 한민통 간부의 지령을 받고 간첩활동을 했다는 것이다. 간첩행위라고 해봐야 별것도 아니지만, 김정사 사건이 이전의 간첩 사건과 완전히 달랐던 것은 새로운 유형의 공작지도원이 등장하기 때문이다. 이전 사건에서 공작지도원은 북한 인물이거나 재일동포일 때는 주로 총련 사람이었다. 그런데 김정사 사건에서는 한국계 단체인 한민통의 간부가 공작지도원이 됐다. 애초 보안사는 '한민통에 침투한 총련 스파이'라는 식의 익숙한 스토리를 짰지만, 공소장에 등장한 시나리오는 '한민통 간부=공작지도원'이었다.

정보부나 보안사 등의 공안기관은 김정사 사건 이전부터도 한민통을 반국가단체로 엮고 싶어 했다. 주일 한국대사관이나 민단에서는 한민통이 만들어질 때부터 이적단체니 반한단체니 하면서 적대시해왔다. "당시 한민통은 언제, 누구라도 반국가단체로 만들어야 했었다. 유학생 사건 및 우회간첩 사건에서 한민통이 자주 등장했다. 김정사 사건을 통해 반국가단체가 될지 기대만 했었다"[31]라는 고병천의 진술은 당시의 이런 분위기를 잘 보여준다.

그러나 김정사 재판 속에는 한민통을 반국가단체로 만드는 사기극이 감춰져 있었다. 겉으로는 김정사와 유영수 등 재일동포 유학생 네 명이 간첩이냐 아니냐를 다투는 것이었지만, 실제로는 한민통이라는 재일동포단체가 「국가보안법」에 따른 반국가단체가 되느냐 마느냐 하는 중요한 사건이었다. 「국가보안법」에 따라 반국가단체가 되면 그 대표는 최고 사형 또는 무기징역, 간부는 사형에서 징역 5년, 일반 구성원도 징역 2년형 이상의 무거운 처벌을 받는다. 당시 국내외를 통틀어 가장 강력하고 조직적으로 반박정희 운동을 벌이던 한민통을 억누를 수 있게 되며, 장차 재일동포를 손쉽게 간첩으로 만들 수 있는 수단이 하나 더 생기는 일이었다. 이와 관련해 보안사가 1978년에 자랑스레 펴낸 『대공30년사』에는 "송치 후 한청이 북괴 지령하에 활동하는 반국가단체란 증거 수사를 끈질기게 행하여 추송함으로써 김정사는 간첩으로 기소되었고, 본 사건으로 인해 결국 한민통은 반국가단체로 규정지은 관례를 남김으로써 앞으로는 한민통에서 공공연하게 침투활동하는 것을 합법적으로 색출 처단할 수 있는 기틀을 마련한 것이다"[32]라고 평가했다.

이렇게 중대한 의미를 지닌 재판이었지만, 소송이 진행되는 동안에는 그런 내용을 아무도 몰랐다. 당사자인 김정사는 물론이고 실질적 피해자가 될 한민통 사람들은 더더구나 몰랐다. 재판 과정을 언론에 공개하지 않았기 때문이다.

공소장에 맞춘 영사증명서

'한민통은 반국가단체'라는 법원의 판시를 받으려면 형식적이나마 재판에서 한민통이 반국가단체라는 최소한의 증명 절차를 거쳐야 했다. 이를 위해 정보부와 검찰이 준비한 카드는 영사증명서와 윤효동의 증언 두 가지였다. 둘 다 김정사의 배후 인물인 임계성은 한민통 간부이며, 한민통은 북한의 지령을 받는 반국가단체라는 거짓 주장을 담은 것이었다. 하지만 이 두 가지는 1심부터 3심까지 아무런 의심이나 문제 제기 없이 증거로 채택됐다.

먼저, 영사증명서는 말 그대로 대사관에서 일하는 외교관 중 한 명인 영사가 자기 이름을 내걸고 작성한 문서다. 이름을 건다고 어떤 사안을 사실로서 '증명'할 수 있는 것은 당연히 아닌데도 당시에는 영사증명서가 마치 신성불가침의 문서인 것처럼 취급됐다. 더구나 영사증명서를 작성하는 사람은 상명하복에 철저하고 비밀리에 움직이는 정보기관원이었다. 지금도 그렇지만, 대사관이나 영사관에는 영사나 서기관 또는 참사관, 공사 등 외교관 직함으로 파견된 정보기관원이 많았다. 내부적으로는 정보관 또는 정보영사라고도 하는데, 이런 사람을 화이트(White)라고 한다. 이에 비해 교민이나 상사원 등 일반 교포로 위장해서 활동하는 정보기관원은 블랙(Black)이라고 한다.

이들 정보영사는 주재국의 자국 국민을 보호하는 일을 하는 일반 영사와 달리 정보 수집이나 외교 공관의 보안 업무를 담당한다. 업무

지시나 보고도 외교부가 아니라 본국의 정보기관에 바로 한다. 영사인 정보관은 외교관 서열로는 가장 아래지만, 실질적 파워는 막강했다. 관계 기관 협의라는 명목 아래 여권이나 비자 발급 권한을 막후에서 행사하거나 다른 공관원에 대한 정보 보고를 하기 때문이다.

과거 정보영사의 파워가 어느 정도였는지를 보여주는 일화가 있다. 정보부 제3국장(정치 담당)과 보안차장보, 오사카 총영사 등을 지내고 10대와 11대 국회의원까지 했던 조일제의 회고록에는 1975년 3월 신칸센을 타고 오사카 총영사로 부임할 때의 얘기가 나온다. 그가 신칸센으로 도쿄에서 오사카에 도착했을 때였다. 오사카 총영사관의 정보부 영사 김권만이 역에 마중을 나왔는데 조일제가 하급자인 그에게 "자네 그동안 별고 없었는가?"라고 하대하며 인사를 한 것이 "교포사회에서 화제가 되었"다. 그럴 정도로 "교포사회에서는 김 영사의 파워가 이만저만이 아니었"고 "그런 그에게 '자네 별고 없었는가' 하고 반말로 인사를 했으니 이를 지켜본 교포들이 놀랄 만도 했을 것"[33]이라고 조일제는 적었다.

김권만은 1973년 김대중 납치 사건에 관여했던 정보부 요원 김기도다. 일개 영사가 이 정도였으니 조일제가 총영사로 현지에서 누린 호사를 짐작하기는 어렵지 않다. 스스로 책에서 밝힌 바에 따르더라도 그는 오사카에서 일본 최고 부자들이 사는 동네의 30평짜리 고급 맨션과 독일제 벤츠 승용차를 교포들로부터 제공받았다.[34] 정보영사의 파워는 본국에서도 통했다. 그들이 작성한 영사증명서라는 문서가 유무죄를 치열하게 다투는 법정에서 권위 있고 당연한 증거로 인정받았기 때문이다. 영사증명서만 있으면 간첩 만들기는 일도 아니었다.

김정사 사건의 영사증명서는 정보부가 주일 한국대사관 정보영사에게 요구해 작성됐다. 보안사가 정보부를 통해 영사 증명을 의뢰하는 경우도 있지만, 김정사 사건에서는 그러한 영사 증명을 요청한 서류가 남아 있지 않은 걸로 봐서 정보부가 직접 나선 것으로 보인다. 영사증명서를 작성한 정낙중은 국방부과거사위와 진실화해위원회 조사 때 참고인으로 나와, 정보부본부로부터 임계성에 대한 영사증명서 작성을 요청받았다고 밝혔다.

주일 한국대사관의 일등서기관 겸 영사였던 정낙중은 1977년 8월 24일 임계성에 대한 영사증명서를 작성했다. 이 영사증명서는 8월 31일 검찰을 통해 재판부에 추가로 제출됐다. 기소 시점(6월 18일)에서 한 달이 더 지난 때였다. 영사 정낙중은 1980년 김대중 내란음모 사건 때도 영사증명서를 발급했던 인물이다. 그는 해방 직후 경찰에 입문해 일하다가 1961년 정보부가 창설되자 그쪽으로 자리를 옮겼다. 동백림 사건* 등 여러 사건에서 그의 이름이 수사관으로 나온다.[35] 1977년부터 1981년까지 주일 한국대사관에 있다가 본부로 돌아온 뒤 1983년 퇴직했다.

정낙중이 쓴 임계성에 대한 영사증명서는 크게 인적 사항과 조사 결과의 두 항목으로 이뤄진다. 인적 사항에는 이름과 주거지 정보 등

---

* 1967년 정보부가 독일과 프랑스 등에 유학 중이거나 거주하던 200여 명을 붙잡아 와서 간첩단이라고 발표한 사건. 이들 중 일부가 동베를린의 북한대사관을 드나들었던 데서 사건 이름이 붙여졌으나, 최종적으로 간첩죄로 인정된 사람은 한 명도 없었다.

임계성에 대한 영사증명서

을 담고 있으며, 조사 결과에는 학력 및 경력, 가족 사항, 신원 성분 등
이 적혀 있다. 핵심은 신원 성분 항목이다. 그 내용은 다음과 같다.

1) 임계성은 70년 4월부터 불순 계열인 베트콩의 행동단체인 구한청 중
앙본부 선전부장에 취임한 이래 동 단체의 조직부장과 동 동경본부 부위
원장직을 요임하면서 한편 소위 「한국민주회복통일촉진국민회의」(약칭
한민통)의 조직원임과 동 간부로 활동 중임

2) 따라서 동인은 반국가단체인 「재일조선인총연합회」와 비밀리에 연계
하여 활동하고 있으며, 특히 북괴를 직접 왕래하면서 간첩 활동 중인 곽

동의 조종하에 반국가 활동을 주도하고 있음

3) 77년 7월 5일 18:00 동경도 천대전구 오차노미즈 3 소재한 전전통(全電通)노동회관 내에서 간첩 곽동의 등의 지휘하에 반한 집회를 주동하는 등 반국가단체에서 지도적인 위치에 종사하고 있음(별지 77년 7월 16일자 한국 신문 및 집회 참석자 현장 사진 사본 등 참조)

4) 8·15사건으로 사형된 문세광이 적부동병원에 입원하여 사상 교양과 음모 당시 동 병원을 출입한 바 있었다는 첩보도 있어 확인 중이고

5) 직접 북괴 지역으로 탈출하여 간첩 교육을 수하고, 일본으로 잠입하였다는 설이 있으므로 구체적인 사실은 계속 내사 진행 중임

위의 사항은 사실과 상이 없음을 증명함[36]

얼핏 봐도 논리가 부실하고 근거가 없다. 내용은 더 엉성하다. 1)에서 임계성이 한청 간부라고 해놓고 곧이어 2)에서는 아무런 근거나 증거 제시도 없이 "따라서 동인은 총련과 비밀리에 연계해서 활동"한다고 적었다. 한청 간부는 자동으로 총련과 비밀리에 연계되어 있다는 식이다. 한민통의 주요 인물인 곽동의에 대해 "북괴를 직접 왕래하면서 간첩 활동 중"이라고 쓴 대목도 대단히 심각한 내용이지만, 아무런 근거를 제시하지 않는다.

'반국가단체'라는 용어도 정확한 기준 없이 사용한다. 총련을 반국가단체로 칭한 것은 「국가보안법」 규정에 따른 것이라 하더라도 3)에서 임계성이 "반국가단체에서 지도적인 위치에 종사하고 있음"이라고 한 것은 자의적이다. 여기서 반국가단체는 문맥상 한청이나 한민통을 지칭하는 것일 텐데, 일개 정보부 직원이 재판도 하기 전에 한민통을

반국가단체로 규정한 것이다. 결국 법원은 한 정보부 직원의 허술하고 악의적인 판단을 그대로 추인한 꼴이 됐다.

일본에서 일하는 정보원이라면 알고 있었을 내용도 사실과 다르게 적었다. 임계성을 한청 간부이면서 동시에 한민통의 간부라고 한 부분이다. 한청은 한민통을 만든 주요 단체이긴 해도 당시 한민통과는 엄연히 별개로 운영되는 조직이었다. 진실화해위원회에서 진술한 임계성의 다음 발언은 이를 잘 보여준다.

> 한청에서만 활동했고 한민통이나 한통련에서 활동한 적은 전혀 없다. 한청과 한통련은 분명히 다른 조직이다. 한청은 재일 한국 청년들의 민족의식을 고취시키는 활동을 하는 곳이었고, 한민통은 박정희 정권을 반대하는 활동을 주로 하는 다소 정치적인 조직이었다. 한때 두 단체가 한국의 민주화운동에 대해서는 뜻과 행동을 같이한 적도 있지만, 한청과 한민통은 성격이나 결성 경위, 역사가 확연히 다르고 두 단체가 서로 상하관계나 협력 관계도 아니었다.[37]

한민통의 핵심인물이던 곽동의도 국방부과거사위 조사에서 임계성에 대해 "한청 중앙본부 부위원장을 했고, 상근자였기 때문에 역할이 컸다"라면서도 "임계성이 한민통 간부를 역임한 사실은 없다"[38]라고 말했다. 또한 영사증명서에는 임계성이 북한에서 간첩 교육을 받았다는 등 그야말로 설에 불과한 내용이 버젓이 적혀 있다. 임계성이 한청에서 활동할 때 문화운동에 주력했던 점 등을 감안하면 그런 설이 당시에 진짜로 있었던 게 아니라, 주일 한국대사관의 정보부 요원들이 임계성을 공작지도원으로 만들기 위해 만들어낸 설일 가능성이 높다.

더구나 이 영사증명서는 철저한 조사는커녕 최소한의 사실 확인도 없이 작성됐다. 정낙중은 국방부과거사위와 진실화해위원회 조사에서 자신이 직접 조사한 내용이 아니라 대사관에 있던 자료나 당시 신문 보도 등을 참조해서 작성했다고 말했다. "영사 증명 내용은 자료를 참고해서 직접 작성했다. 자료는 대사관에 존안되어 있었다. 언론, 자체 수집, 대외기관 협조(일본 공안청, 내각조사실, 경찰 외사과 등)를 통해 입수된 자료들이었다."[39] "영사증명서 기재 내용의 출처와 근거에 대하여 일본에서는 수사행위를 하지 못하였기 때문에 영사증명서의 기재 내용은 직접 조사하거나 확인하지 못하였다."[40]

앞장에서 살펴봤듯이 정낙중이 쓴 영사증명서는 두 달여 전 주일 한국대사관이 정보부를 통해 보안사에 보낸 문서 「대일 사실조사결과 통보」와 내용이 다르다. 6월 16일에 작성된 이 통보서는 임계성에 대해 "조총련과의 연계 및 기타 불순단체 가입 사실 확인할 수 없음"이라고 했다. 이 통보서도 업무 성격상 주일 한국대사관의 정낙중이 썼을 가능성이 높다. 그러나 이 통보서는 검찰 공소장의 내용과 너무 달랐기 때문에 한민통을 반국가단체로 몰아가는 데 사용할 수가 없었다. 그래서 정보부가 「대일 사실조사결과 통보」를 밀쳐두고 정낙중에게 새로 임계성에 대한 영사증명서를 써 보내라고 주문했던 것이다.

「대일 사실조사결과 통보」 이후 두 달여의 추가 조사 기간이 있었지만, 정낙중이 쓴 영사증명서에는 임계성에 대한 새로운 사실이나 증거가 없다. 검찰 공소장 내용에 맞춰서 한민통은 반국가단체라는 식으로 단정하는 내용만 담겨 있다.

공소장 그대로 베낀 판결문

이렇게 근거를 갖추지도 못하고 내용도 부실한 영사증명서였지만, 1심부터 3심까지 주요 증거로 채택됐다. 1심(재판장 허정훈)은 피고인들에 대한 신문조서와 영사증명서 등을 증거로 열거한 뒤 "종합하여 인정할 수 있으므로 그 증명이 충분하다"라고 밝혔다. 2심(재판장 오석락)도 "당원이 인정하는 범죄사실과 증거 관계는 원심 판결의 그것과 같"다고 했으며, 대법원(재판장 정태원) 역시 "영사증명서 판결 등에 의하여 범죄사실을 넉넉히 수긍할 수 있고 그 과정의 증거 취사에 아무런 잘못이 있다 할 수도 없"다고 밝혔다.

특히 서울형사지법의 1심 판결문은 보는 이의 눈을 의심케 한다. 피고인들에 대한 선고 내용을 담은 주문인 맨 앞부분과 법률 적용을 설명한 맨 뒷부분을 빼면 판결문은 검찰 공소장 그대로다. 검찰 공소장의 '공소사실'이 판결문에서는 재판 선고의 '이유범죄사실'로 이름만 바뀌었다. 공소장 내용을 글자 하나 바꾸지 않기가 민망했는지 반복적으로 나오는 연월일을 '동년' '동월' '동일'로 바꾸고, 혐의를 열거하는 번호를 가, 나, 다 대신에 1, 2, 3으로 바꿨을 뿐이다.[41]

1심 재판장 허정훈은 1975년부터 1978년까지 서울형사지법 부장판사로 있으면서 긴급조치 9호 사건 40여 건과 재일동포 간첩 사건 10여 건의 재판에서 모두 중형을 선고한 대표적 정치 판사였다. 그가 주관했던 재판은 재심에서 속속 무죄로 판결되고 있다. 이 때문에 그는 판사 중에서는 드물게 '반헌법행위자열전*'의 대상자로 꼽혔다. 「반헌법행위자열전편찬위원회」는 그에 대해 "부장판사 허정훈이 재판장으로 판결한 10여 건의 재일교포 간첩조작 사건 또한 모두 공안 당국의 고문 등 가혹행위에 의해 조작된 사건으로 증거재판주의에 의거하지 않고 공소사실을 그대로 인정하여 사형, 무기징역 등 중형을 선고하여 모국 유학의 꿈을 가지고 한국에 온 재일교포 유학생 또는 재일교포 사업가 등을 감옥에 보내어 그들의 희망과 미래를 유린하는 반인륜적 행위를 저질렀다"[42]라고 평가했다. 허정훈은 특히 검찰 공소장을 또박또박 베껴서 판결하는 것으로 유명해 "또박 ○○이"**라는 별명으로 불렸다고 한다.[43]

재일동포 유학생 간첩 조작 피해자 대부분은 1심에서는 조작된 혐의사실을 시인했다. 한국 실정을 잘 모르는데다가 수사기관에서 고문을 받은 두려움 등이 남아 있었기 때문이다. 그러다가 2심 때부터 정신을 차려 법정투쟁을 벌였다. 이에 비해 김정사와 유영수 등은 보안사에서 고문당해 허위자백을 했다면서 1심에서부터 검찰의 기소 내용을 정면으로 부인했다. 하지만 1심 재판부는 이들의 주장에 귀를 막았다. 배석 판사 중 한 명인 김황식은 대법관과 감사원장을 거쳐 이명박 정부 때 국무총리까지 올랐다. 김정사는 이러한 일에 더 놀랐다. "수사관도 들어와 있던 그 법정에서 용기를 내어 '고문을 받았다'고 호소했는데, 아무런 반응이 없었어요. 판사 셋이 눈빛 하나 변하지 않았

---

*   정부 수립 이후 인권탄압 등 대한민국 「헌법」을 유린한 핵심인사에 대한 역사 기록 작업. 한홍구 등 역사학자가 중심이 돼 2015년 7월부터 자료 조사와 검증 작업을 진행하고 있다.

** 속어여서 그랬는지 기사 원문에도 가림 처리가 돼 있다.

습니다. 아직도 그 표정이 생생합니다. 그때 좌배석 판사가 지금의 김
황식 국무총리입니다. 판사들은 '어떻게 고문받았느냐'고 묻지도 않았
습니다. 전 그때 쇼크 받았습니다."[44]

정보부가 주문 생산한 정낙중의 영사증명서는 2011년 9월 김정사
재심 때에야 비로소 증거로서 효력을 잃었다. 다음은 영사증명서의 증
거능력을 배척한 대법원 판례(2007)[45]에 기초해 서울고법 재판부(황한
식(재판장), 황순교, 황의동)가 쓴 판결문의 일부다.

위 영사증명서는 당시 중앙정보부 수사국 소속으로 주일 대사관에 파견
되어 있던 정낙중이 작성한 것인데, 그 목적이 증명에 있다기보다는 상
급자 등에 대한 보고에 있는 것으로서 엄격한 증빙서류를 바탕으로 하여
작성된 것이라고 할 수 없으므로, 위와 같은 내용의 사실 확인 부분들을
「형사소송법」 제315조 제1호에서 규정한 '호적의 등본 또는 초본, 공정
증서등본 기타 공무원 또는 외국 공무원의 직무상 증명할 수 있는 사항
에 관하여 작성한 문서'라고 볼 수 없고, 또한 같은 조 제3호에서 규정한
'기타 특히 신용할 만한 정황에 의하여 작성된 문서'에 해당하여 당연히
증거능력이 있는 서류라고 할 수 없다.
위 영사증명서는 공판준비나 공판기일에서 그 작성자인 정낙중의 진술
에 의하여 그 성립의 진정함이 증명되지 않았으므로 「형사소송법」 제313
조에 의하여 증거능력이 인정될 수 없고, (…) 정낙중을 법정에 출석하게
할 수 없는 사정이 있다고 볼 자료가 없고, 위 영사증명서의 작성이 특히
신빙할 수 있는 상태하에서 행하여진 것이라고 볼 자료도 없다. 결국, 위
영사증명서는 어느 모로 보나 그 증거능력이 인정되지 않는다.[46]

법정 증언 5개월 전의 윤효동 기자회견

영사증명서가 마법의 지팡이로 통하던 시절에도 김정사를 간첩으로 만드는 데 영사증명서만으로는 부족했다. 임계성을 김정사의 공작지도원이라고 설정하면서 그의 소속과 직위를 한민통 간부라고 했는데, 한민통이나 한청은 그때까지 법률상 반국가단체가 아니었기 때문이다. 아무리 검찰 공소장을 그대로 옮겨 판결문을 쓰는 것으로 유명한 재판장이라 해도, 정보부나 검찰로서는 형식적으로라도 임계성이 속한 한민통이 왜 반국가단체인지를 법정에서 주장할 필요가 있었다. 이 목적 달성을 위해 법정에 등장시킨 인물이 자수 간첩이라는 윤효동이다.

윤효동은 경남 김해가 고향이다. 일제강점기 말인 1943년 징용으로 끌려가 일본제철소에서 일하다 해방 후 귀국했으나, 고향에서 생활하기가 어려워 1947년 친구 네 명과 함께 밀항선을 타고 다시 일본으로 건너갔다. 총련계 조선대학교의 전신인 조선인사범전문학교 1기생(1955)으로 입학해 이듬해 조선초중급학교 교원자격증을 받고는 동경조선인재일초중급학교 교원으로 일했다. 이후 그는 민단으로 소속을 바꿔 한때 도쿄 인근에 있는 이바라키현의 민단 현 본부 의장을 지내기도 했으며, 민단 개혁파의 모임인 유지간담회에서 활동하기도 했다.

윤효동은 1심 선고 직전인 1977년 10월 22일 증언대에 섰다. 그는 법정에서 '한민통이 북한과 조총련의 지령에 의해 조직되어 활동하고 있다', '한민통 조직국장 곽동의를 내가 포섭해 1970년 4월경 입북시켰는데 그가 주동이 돼 한민통을 만들었다', '한민통에 대한 공작 자금은 요청하는 대로 우선적으로 지원해주라는 김일성의 교시가 있었다는 말을 북한에 갔을 때 들었다'고 말했다.

윤효동이 증언대에 등장했을 때 김정사는 배가 산으로 가는 재판이라고 생각했다. 윤효동의 증언 내용은 전부 한민통에 대한 얘기였기 때문이다. 김정사는 2022년 필자와 만나 그때의 심정을 이렇게 말했다.

> 우리 재판인데 자수 간첩이라는 사람이 왜 증인으로 나오는가 의아했죠. 더구나 그는 나의 배후 인물이라는 임계성을 알지도 못한다고 말하더라고요. 나도 한민통과 아무런 상관도 없잖아요. 그런데 왜 윤효동이라는 재일동포가 재판정에 나와서 한민통이 어떻고 곽동의가 어떻고 하는지 이해가 가지 않았어요.[47]

윤효동의 등장은 치밀한 사전 정지작업을 거친 뒤에 이뤄졌다. 정보부는 김정사의 신병이 보안사에서 검찰로 넘어가기 이틀 전인 1977년 5월 28일에 윤효동을 거물 자수 간첩이라면서 카메라 앞에 세웠다. 그는 기자회견에서 '한민통은 북한과 조총련의 조종을 받는 반국가단체'라고 주장했다. 정보부는 아예 한민통을 북한 노동당의 하부 조직으로 그린 도표를 만들어 언론에 배포했다. 그러고는 별도 자료에서 "(한민통 등) 이 단체들은 명백한 북괴의 재일 간첩 조직으로 국가를 변란키 위하여 조직된 반국가단체임을 통찰하시고 이들의 활동에 부화뇌동하거나 현혹되는 일이 없도록 각별한 경각심을 가지고 국가 안보에 협력 바람"이라고 당부했다. 느닷없는 윤효동 기자회견은 효과 만

점이었다. 모든 신문과 방송은 윤효동의 주장을 그대로 전하면서 한민통은 반국가단체라고 대서특필했다. 다음 날《조선일보》기사는 이렇게 시작된다.

중앙정보부는 28일 재일 민단계 교포로 위장하고 북괴 김일성의 초청을 받아 노동당 제5차 전당대회에 참석하는 등 네 차례나 북한을 왕래하면서 재일 공작 책임자로 간첩활동을 해오던 윤효동 씨(51·일본 공영상사 대표)가 지난 5월 1일 자수해왔다고 발표했다. 중앙정보부는 윤씨의 자수로 일본에 있는 반국가단체인「한국민주회복통일촉진국민회의」,「김대중구출위원회」,「통일혁명당재일한국인연대위원회」등의 단체들이 북괴의 지령과 배후 조종에 의해 활동하고 있는 간첩 집단임이 명확히 드러났고, 조총련과는 표면상 관계없는 것같이 위장하면서 적화통일이라는 동일 목적을 위하여 활동하고 있는 대남 공작 기구임이 입증됐다고 밝혔다.[48]

윤효동의 이 기자회견은 몇 달 뒤 있을 김정사 재판을 겨냥한 포석이었다. 법정 바깥에서 미리 '한민통=반국가단체'라는 프레임을 굳히면 재판이 쉬울 거라는 판단을 했을 것이다. 물론 정보부와 공안 검찰의 극소수 인사 말고는 아무도 윤효동 기자회견이 김정사 재판과 연관돼 있을 거라고 생각하지 못했다. 윤효동의 등장이 치밀한 계산에 따른 것이라는 점은 그가 최소한 1년 이상 '묵은' 간첩이라는 사실에서도 알 수 있다. 정보부는 윤효동이 1977년 5월 1일 자수했다고 밝혔으나, 실제로는 1976년 4월 3일 입국해 4월 19일 진술서를 작성했다.[49] 오래 묵혀뒀던 사람을 뒤늦게 활용한 것이다.

정보부 간부와 친했던 '양다리' 간첩

기자회견 내용도 법정 증언에 대비해서 짜 맞춘 것이었다. 즉 윤효동의 기자회견 내용은 1년 전 정보부에서 했던 첫 진술서의 내용과 크게 달랐다. 그때의 진술서에는 네 차례 북한에 갔던 상세한 얘기, 자신의 하부망이라고 하는 강○○, 정○○ 등에 대한 얘기, 북한 지도원한테 강○○은 정보부와 연결된 인물이라면서 오히려 추궁당한 일 등 자신의 과거 행적이 주로 담겨 있다. 한민통이나 「김대중선생구출대책위원회」('김대중구출대책위') 등에 대해서는 전혀 언급이 없었으며, 곽동의에 대해서만 자신이 포섭해 북한에 보낸 하부망원이라는 등의 진술이 일부 나왔을 뿐이다. 이는 기자회견에서 자신이 곽동의를 조종해 한민통을 만든 막후 인물인 것처럼 얘기한 것과 분위기가 크게 다른 것이다. 진술서에 나오는 네 차례 방북 일시도 기자회견 보도 참고 자료에 있는 날짜와 모두 다르며, 특히 4차 방북 시기(1973년 11월 27일~12월 24일)에 그는 남한에 체류(1973년 5월 3일~1975년 4월 24일)하고 있었다.[50]

윤효동의 발언에서 가장 중대한 대목인 한민통 조직국장 곽동의의 입북 관련 내용도 기자회견과 진술서의 것이 달랐다. 정보부에서 처음 진술했을 때는 '1969년 4월 자신의 상부인 하경윤에게 인계하여 곽동의를 입북시켰다'고 했으나, 기자회견과 법정 증언 때는 '1970년 4월 자신이 직접 보냈다'고 주장했다. 시기도 바뀌었고, 북에 보냈다는 과

정도 달라졌다.

윤효동의 기자회견 직후 한민통은 의장 대행인 김재화와 김대중구출대책위원장 정재준의 공동담화를 통해 이를 정면에서 반박했다. 공동담화는 "곽동의 한민통 조직국장은 (…) 70년 4월 10일에는 민단 동경지부 제8회 '지방위원회'와 곧이어 열린 민단 동경본부 제31회 대회에 대의원으로 참가했다. 또 4월 19일에는 한청 주최의 '4·19기념대회', 5월 10일부터 11일의 2일간에 걸쳐 상근(하코네) 고아키원에서 열린 민단 네리마지부 총회에서는 부단장으로 활동 보고를 한 사실이 기록으로도 남아 있다"[51]라고 밝혔다. 실제로 곽동의가 참석해서 발언했던 1970년 4월 10일 민단 도쿄본부 회의록 등은 아직도 남아 있다. 윤효동의 주장은 증거와 사실에 의해 당시 이미 정면으로 비판을 받았던 것이다. 그러나 정보부와 검찰은 윤효동을 김정사 재판정에 세웠고, 그의 발언은 법정에서 그대로 증거로 채택됐다.

한민통은 '김재화·정재준 공동담화'에서 윤효동의 기자회견이야말로 정보부가 꾸민 공작이라고 주장했다.

윤효동은 중앙정보부 제7국장 정홍진과 각별한 친구 사이다. 지난 4월 하순에 서울에 간 것도 정홍진의 유인에 의한 것이다. 정과 윤은 서로 왕래하면서 자주 만나 항상 고급 요정에서 호유한 사실이 명백하게 드러나고 있다. 또 윤은 자기의 친구들을 정에게 소개하여 여러 번 술자리에서 회식한 것도 판명되고 있다. 이 사실은 중앙정보부가 한민통 조직을 파괴하기 위하여 장기간에 걸쳐 치밀한 계획을 세우고 그 계획에 따라 정이 윤을 의식적으로 공작해왔다는 사실을 말해준다.[52]

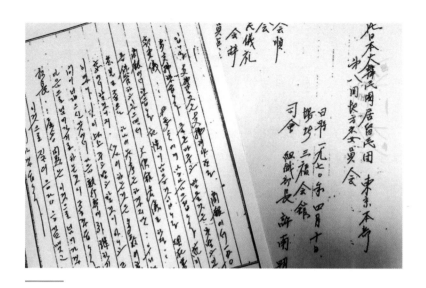

곽동의 발언이 기록된 1970년 4월 10일의 민단 도쿄 회의록

　정보부의 공작 내용을 자세히 알 수는 없지만, 윤효동이 남한의 발전상에 감복하거나 과거 자신의 잘못을 뉘우쳐 자수한 것이 아님은 확실하다. 남북한에 양다리를 걸치고 싶어 주일 한국대사관과 정보부의 정홍진 국장에게 접근했다는 얘기가 그가 쓴 진술서에도 나온다.

　같이 (조선초중급학교) 교원으로 종사하던 하경윤이라는 친구가 나타나서 조국통일 사업을 하자고 해서 2~3일간 생각해본 결과 하경윤의 말이 옳다고 판단하고 동인에게 포섭되어 네 차례나 입북하던 중 중앙당 비서로부터 2, 3년이면 곧 통일이 되니 통일이 되면 윤 동지도 남조선에 가서 한자리 해보아야지 하는 감언이설에 빠져 김일성을 위하여 열심히 일해야겠다고 생각했습니다. 그러나 본인도 나이가 들고 고향 형제자매의 생각이 간절하여 신분만 보장된다면 국내에 출입하면서 형제자매를 만나보고 싶은 일념이 생겼으나 그렇다고 다년간 조직 생활을 한 본인으로서는 조직을 배반할 수 없고 하여 자수하면 신분보장을 받게 될 것이라고 착각하여 허위로 주일 한국대사관이나 정홍진 국장에게 입북 사실 등을 고지하고, 국내 출입의 토대를 구축하고 양다리를 걸고 유리한 쪽에 붙기 위하여 암호 문건을 은닉해두고도 소각했다고 거짓 진술하고, 1976년 4월 3일 입국하여 수사 시 수사관들의 추궁에 곽동의, 김치산, 이봉근을 포섭하여 입북시켰다는 사실과 조직원으로서는 생명과 같은 암호 문건은 어떠한 일이 있어도 자백지 않으려고 결심하였으나 일주일 후 수사관들의 충성된 모습에 감명을 받아 양심에 가책을 느껴 고백하였습니다. 본인은 조직 생활 시 여러 가지 일을 한 것은 사실이나 지금 잘 기억나지 않아 본의 아니게 수사관들에게 의심을 받게 하였습니다. 그러나 본인의 대죄를 대한민국에서 관대하게 처리해주신다면 생명이 다하도록 대한민국을 위하여 기억을 더듬어 조직과 연계된 모든 사실을 차차 기억하여 조금이라도 국가에 도움이 될 수 있는 보람된 길을 찾겠으며 귀일하게 되면 동서 집에 은닉해놓은 암호 문건을 발굴하여 제출하겠으며 또한 조직 활동 시 메모한 노트도 집에 있는 것 같으니 그것도 찾아 도움이 되면 제공하겠습니다. 본인이 수사 기간 중 허위 진술한 죄에 대하여 진심으로 사과하고 참된 인간으로서 새 출발할 수 있는 길을 열어주시기 바라마지 않겠습니다.[53]

그는 자신의 입북 전력을 자백하는 대가로 한국을 자유롭게 오갈 수 있기를 기대했는지 모르지만, 오히려 정보부의 먹잇감이 됐던 것 같다. 게다가 암호 해독 문건 소재에 대한 진술과 관련해 정보부 수사관들에게 자수의 진위를 의심받는 상황에 빠지게 되자, 그는 '참된 인간으로 새 출발할 기회를 달라'는 식으로 두 손을 들었다. 이로써 정보부로서는 언제 어디서든 요긴하게 써먹을 수 있는 카드 하나를 확보했다. 윤효동의 쓰임새는 이듬해 나타났다. 정보부 등 공안기관이 오랫동안 꿈꿔온 '한민통 반국가단체 만들기' 작업이 그것이었다. 윤효동은 기자회견에서 정보부가 바라는 대로 한민통에 색깔을 칠하는 진술을 해줬고, 그 대가로 간첩죄를 '용서'받았다. 즉 정보부는 8월 5일 윤효동에 대해 "범증이 충분하나 과거 죄과를 깊이 뉘우치고 일본에서 귀국 자수하였을뿐더러 개전의 정이 현저한 자이므로 기소유예 처분하심이 타당하다고 사료"된다는 의견서를 서울지검 검사장에게 제출했다. 그로부터 두 달 뒤 윤효동은 김정사 재판정에서 기자회견과 똑같은 내용을 주장했다.

그 대가로 윤효동은 기소를 면했을 뿐 아니라 자유통행권도 얻었다. 1977년 5월 기자회견 뒤부터 1979년 말까지만 해도 열 번이나 한국을 오갔으며, 약 1년간 머물다 나간 때도 있었다. 그는 1980년 김대중 내란음모 사건 재판 때도 증인으로 출석했다. 그의 증언이 김대중 사형선고의 중요한 증거로 사용되자, 당시 일본 의회에서는 윤효동의 행적이 논란이 됐다. 이때 밝혀진 윤효동의 출입국 기록에 따르면, 그는 기자회견 당일인 1977년 5월 28일 일본으로 돌아가서 다음 날인 5월 29일부터 7월 4일까지 일본 경시청에서 10여 차례 조사를 받았다. 윤효동은 경시청 조사에서도 네 번 정도 북한에 밀입국한 사실을 실토했다고 한다.[54] 그런데도 윤효동은 일본에서 「출입국관리령」 위반으로 처벌받았다는 소식이나 흔적이 전혀 없다. 한국에서는 간첩죄를 범하고 일본에서는 「출입국관리령」을 위반한 윤효동이 아무런 제약 없이 한국과 일본을 자유롭게 오간 것은 한일 양국의 공안기관 사이에 긴밀한 협조가 있지 않고는 불가능한 일이었다.

취재도 않고 한민통에 색깔 칠한 특파원들

영사증명서와 윤효동의 증언 말고도 한민통을 반국가단체로 만드는 데 중요한 밑자락을 깔아준 것은 언론 보도였다. 언론은 김정사가 보안사에서 수사를 받고 있을 때부터 한민통을 색깔론으로 비방하는 보도를 대대적으로 했다.

1977년 5월 3일 주요 신문은 도쿄 특파원이 쓴 한민통 관련 기획기사를 일제히 실었다. 《조선일보》는 이날부터 '일본 속의 반한 베트콩'이라는 제목의 연속 기사를 네 차례나 내보냈다. 허문도 특파원이 쓴 이 기사는 한민통을 '북한 노동당 지령에 따르는 간첩'이라고 아예 단정했다.

베트콩파란 한마디로 조총련이 민단 조직 내에 엄밀히 잠입시킨 제5열[*] 분자들이다. 말하자면 민단 조직의 파괴를 목표로 한 간첩들이다. 이들의 계보와 활동 양상은 칡덩굴처럼 복잡다단하다. 그러나 한 가지 분명한

[*] 내부의 적을 일컫는 말이다.

것은 이들을 움직이는 지령과 자금의 정상이 김일성을 당수로 하는 북괴 노동당이라는 점이다.[55]

《경향신문》 역시 같은 날 게재한 '재일 반한 앞잡이… 베트콩파'라는 제목의 기사에서 한민통에 대해 "조총련의 배후 조종으로 조총련에 포섭"된 사람들이 주축이 돼 "반정부 반민단 활동을 하는 집단"[56]이라고 단정했다. 《한국일보》와 《서울신문》도 동일한 내용의 한민통 관련 기사를 같은 날 도쿄 특파원의 이름으로 실었다. 각 기사에 실린 한민통 활동 일지나 조직 도표도 거의 똑같았다.

도쿄발 기사는 현지 대사관에 나가 있는 정보부 요원이 준 자료로 작성한 것이었다. 한날한시에 보도가 이뤄진 것으로 봐서 특파원들을 대사관으로 불러서 일종의 브리핑을 하고 기사화를 부탁했을 것이다. 당시 정보부가 통상적으로 어떻게 언론 보도를 주문하고 생산하는지에 대해서는 정보부 수사관을 지낸 이기동의 회고록에 잘 나온다. 당시 정보부는 대공 수사가 종결되고 사건이 검찰에 송치되어 언론에 발표될 즈음에는 남산 대공수사국 강당으로 각 언론사 기자를 불러 모았고, 연락받은 언론인은 한 명도 빠지지 않고 모두 참석했다고 한다. "강당에 기자들이 모이면 대공수사국 총무국장이 '엠바고'라 쓰인 대공 사건 개요 소책자를 그들에게 돌려 간단한 사건 설명을 하고 곧바로 봉투를 서열(?)별로 나누어주면서 신문지면 1면 기사화를 정중히 부탁하곤 했"는데, 당시 야당지였던 《동아일보》만 기사를 "2면 우측이나 하단에 싣곤" 했고 나머지는 정보부 요청대로 따랐다고 한다.[57]

주일 특파원을 지낸 인사들도 당시 도쿄발 한민통 기사가 정보부의 요청에 따른 것임을 시인했다.《서울신문》도쿄 특파원이었던 신우식은 2009년 진실화해위원회 참고인 진술에서 "중정(정보부)에서 파견 나와 있던 대사관 직원이 제공한 내용을 바탕으로 작성한 것으로, 당국에서 제공하여 믿을 수 있는 내용으로 생각하였고, 당시에는 시대 상황이 그런 일들이 당연시되었던 때로 큰 부담감 없이 제공된 내용에 따라 기사를 작성한 것"이라고 밝혔다. 그는 또 "이런 사람들(한민통)과 접촉하는 것은 금기시되어 있어 특파원으로 나가 있던 기자들이 직접 이러한 내용을 취재할 수가 없었다"라고 덧붙였다.《한국일보》특파원을 지낸 조두흠도 같은 진술에서 "제 명의로 되어 있으나 이 기사는 제공받은 자료로 작성하였을 것"이라며 "한민통 조직이나 활동에 대해 직접 취재한 사실은 없고, 개인적으로 한민통 구성원과 만난 적도 없었다"라고 말했다.[58]

'한민통은 총련의 조종을 받는 반한 집단'이라는 도쿄 특파원발 기사들은 3주 뒤에 있을 윤효동의 기자회견 내용과 짝을 이루는 것이었다. 일본에 있는 특파원이 한민통을 미리 '고발'하고, 이어서 한민통을 잘 안다고 주장하는 자수 간첩이 이를 '확인'하는 모양새가 연출된 것이다. 김정사 사건에서 한민통을 반국가단체로 만들기 위한 정보부의 시나리오가 이때부터 가동됐던 것이다.

출세한 도쿄 특파원 허문도와 정남

특파원이 정보부에 일방적으로 이용당하기만 했던 것은

아니다. 한민통 때리기를 했던 《조선일보》의 허문도와 《경향신문》의 정남은 전두환 군부 집단이 1979년 12·12쿠데타를 일으킨 뒤 권력 실세가 됐다. 허문도는 전두환 중앙정보부장 비서실장에 이어 전두환 정권에서 문화공보부 차관, 대통령비서실 정무수석을 지내면서 언론통폐합을 주도했고, 이후 국토통일원 장관까지 지냈다. 정남은 1981년부터 민정당 공천으로 서울 강동구에서 국회의원을 두 번 했다.

당시 대부분의 신문은 정보기관에서 불러주는 대로 기사를 쓰곤 했지만, 《조선일보》는 공안기관보다 한발 앞서가는 등 행보가 남달랐다. 첫 공격은 도쿄의 허문도가 시작했다. 그는 1977년 4월 14일 '주일 한국대사관 폭파 위협'이라는 기명 기사에서 한청을 범인으로 단정했다. 약 보름 뒤 《조선일보》는 '재일 반한단체 그 정체는 무엇인가'라는 제목의 좌담 기사(1977년 4월 28일)에서 한민통에 대해 '민단을 위장하고 있지만, 경비는 북괴로부터 나온다'고 주장했다. 한민통을 북한과 연계한 첫 보도였다. 도쿄발 좌담 기사의 진행자나 작성자를 밝히지는 않았지만, 허문도였을 것이다. 김정사 재판이 진행 중이던 그해 8월 21일에도 《조선일보》 논설위원 송지영[59]은 '꼭두각시와 앵무새'라는 제목의 칼럼에서 "소위 한민통이라는 집단이 조총련의 조종을 받아 움직이고 있다는 것은 벌써부터 널리 알려져 온 것이니 새삼 거론치 않더라도 북쪽의 괴뢰집단과 직결되어 있음에 의심할 여지가 없다"라고 썼다.

한민통에 대한 언론의 이러한 적극적인 빨간색 칠하기야말로 공안기관이 손쉽게 한민통을 반국가단체로 만들 수 있게 해준 최고의 원군이었다.

김정사 사건의 변질과 한민통의 반국가단체화

1977년 4월 21일	보안사, 유학생 김정사 체포
1977년 4월 29일	보안사, 중앙정보부장에게 보내는「간첩검거 조사보고」 - "강사인 한청 동경 중앙본부 조직부장 임계성을 지실하게 되어."
1977년 5월 24일	보안사, 육군참모총장과 정보참모부장에게 올린「간첩검거 보고」 - "임계성은 재일 공작지도원으로 한청 조직부장."
1977년 5월 30일	송치의견서 - "(임계성은) 조총련대남 공작지도원이며 한청 간부로 침투 암약 중."
1977년 6월 16일	주일 대사관 정보부 요원「대일 사실조사결과 통보」 - "(임계성은) 한청 간부직을 역임하고 있는 자로 조총련과의 연계 및 기타 불순단체 가입 사실 확인할 수 없음."
1977년 6월 18일	검찰 공소장 - "북괴 및「재일조선인총연합회」의 지령에 의거, 구성되어 그 자금 지원을 받아 그 목적 수행을 위하여 활동하고 있는 반국가단체인 재일「한국민주회복통일촉진국민회의」의 간부 겸 대남 공작지도 원인 도쿄도 아다찌구 아야세 거주 공소 외 임계성 당 27세의 강 연을 듣고."
1977년 8월 24일	영사증명서 - "(임계성은) 한청 조직부장과 동경본부 부위원장. 반국가단체인 조총련과 비밀리 연계 활동."

마법의 지팡이
영사증명서

「국가정보원 과거사건 진실규명을 통한 발전위원회」('국정원과거사위',
위원장 오충일)는 해외와 관련된 간첩 사건에서 영사증명서는 "만병통치
약"이자 "마법의 지팡이"였다고 평했다.

　간첩으로 몰린 재일동포나 내국인이 일본에서 만난 정체불명, 신원미상
의 사람이 북한 공작원인지 여부가 확실하게 밝혀진 적은 거의 없다. 그
러나 주일 대사관에 나가 있는 중앙정보부-안기부의 직원이 발행하는
영사증명서 또는 신원확인서는 법정에서 이 문제를 해결하는 만병통치
약이 된다. 영사증명서는 문제의 인물을 북한 공작원으로 단정하는데, 북
한 공작원이라면 정확한 소속이나 북한 당국과의 지시·명령 관계가 명
확하게 밝혀져야 한다. 그러나 영사증명서는 이러한 점을 명확히 밝히지
않은 채 영사 개인의 단정적인 견해를 서술하거나, '일본 공안 당국의 통
보에 의하면'이라는 식으로 매우 애매하게 처리하고 있다. 그런데 문제
는 뒤의 차풍길 사건의 영사증명서에서 자세히 살펴보겠지만, 일본 공안

당국의 통보와는 정반대의 내용이 기재되어 사실을 심하게 왜곡하는 경우도 있었다는 점이다. 이렇게 많은 문제를 내포한 영사증명서는 당시의 법원에 의해 그대로 증거로 채택되고, 유죄의 결정적인 증거로 기능하였다. 영사증명서라는 마법 지팡이가 없었다면 그 수많은 일본 우회간첩 사건이란 존재할 수 없었다고 해도 과언이 아니다.[60]

재일동포 유학생이나 사업가 등 일본 관련 간첩 사건에서 가장 쉽게 사용됐던 영사증명서는 법령에도 없는 정체불명의 문서다. 영사는 영사협약에 따라 주재국에서 다양한 정보를 수집해 본국에 내부적으로 보고할 수는 있지만, 영사증명서처럼 법정 증거를 작성할 수 있도록 하는 국제법이나 관례는 없다. 물론 국내법에도 없다. 국내법에서 영사가 공식적으로 발급할 수 있는 문서는 「재외공관 공증법」이 정한 '영사확인'과 '영사인증' 두 가지뿐이다. 원래는 공증 권한을 가진 법률가가 해야 하는 공증 업무지만, 해외에서는 예외적으로 그 권한을 외교관인 영사에게 부여한다. 이에 따라 영사는 주재국이 발행한 공문서나 사문서 등을 확인(영사확인)해주거나, 해외 거주 국민이 작성한 차용증이나 계약서 등 사적 문서를 그 작성자 앞에서 확인(영사인증)해줄 수 있을 뿐이다.

그런데 정보부(안기부)에서 파견된 영사는 법적 근거도 없는 영사증명서를 본부가 요구하는 대로 남발했다. 김정사 사건의 임계성에 대한 영사증명서처럼 '그렇다더라'는 소문과 첩보, 대사관에 쌓여 있던 근거 불명의 자료, 언론 보도, 일본 공안기관 종사자에게 들은 얘기 등을 마치 확인되고 증명된 사실인 것처럼 단정적 표현으로 작성해 재판정에 제출했다. 몇몇 사례만 봐도 영사증명서가 얼마나 엉터리였는지 잘 알 수 있다.

광주에 사는 김양기는 재일동포 삼촌을 만났다가 1986년 군 보안사에 의해 간첩으로 조작됐는데, 이때 제출된 영사증명서에는 김양기가 만난 적도 없는 재일동포 김철주가 공작지도원이라고 돼 있었다. 김양기의 변호인이 꼼꼼하게 사실 확인을 한 결과 허위 내용임을 밝혀냈다. 즉 영사증명서에 적힌 신원 사항대로라면 김철주가 겨우 여덟 살 때 총련의 산타마본부 선전부장을 지냈어야 했다. 이처럼 말도 안 되는 내용이 드러나자, 안기부는 김철주의 경력 부분만 다시 고친 「영사증명 정정확인서」라는 이상한 문서를 만들어 다시 법정에 제출했다.[61]

현지 조사와 다른 내용으로 주문 생산

차풍길은 아버지의 초청으로 일본을 오가다가 1982년 간첩으로 조작됐다. 안기부는 그를 간첩으로 몰면서 현지에 파견된 정보영사의 조사 결과와 전혀 다른 내용을 주문해 영사증명서를 만들었다. 처음에 안기부의 일본 파견관은 차풍길이 공작지도원(요시무라)을 만났다는 일본 회사의 사장(가가와)에 대해 현장 조사를 한 뒤 '가가와는 일본 사람이고 특이점이 없고, 차풍길의 공작지도원이라는 요시무라는 그 회사에 근무한 적이 없다'고 여러 차례 본부에 보고했다. 그러나 안기부는 첨부확인서(영사증명 양식)를 파견관에게 보내면서 "첨부확인서(견본) 내용과 같이 영사증명을 작성 송부"할 것을 지시했다. 결국

"재판에 증거로 제시된 '영사증명'의 내용은 영사가 직접 확인한 내용들에 의해 작성되었다기보다는, 안기부 수사 과정에서 확인한 내용을 직접 확인한 것처럼 '증명'해준 것"이었다.[62] 즉 안기부의 시나리오에 짜 맞춘 영사증명서가 본부의 요구대로 작성돼 법정에 제출된 것이다.

이처럼 정보기관 마음대로 작성해도 법정에서 그대로 통했던 영사증명서에 제동이 걸린 것은 이른바 「일심회」 간첩 사건*에 대한 2007년 대법원 판결[63]에서였다. 이 사건에서 서울지검 공안부는 주중 대사관의 국정원 파견 영사가 작성한 영사증명서를 피고인의 간첩행위를 증명하는 증거로 제출했는데, 대법원(이홍훈(재판장), 김영란(주심), 김황식, 안대희)은 영사증명서의 증거능력을 처음으로 배척했다. 대법원이 든 논리는 두 가지였다. 하나는 영사증명서는 "목적이 공적인 증명에 있다기보다는 상급자 등에 대한 보고에 있는 것으로서 엄격한 증빙서류를 바탕으로 하여 작성된 것이라고 할 수 없"다는 이유였다. 다른 하나는 비록 외국에 거주하는 영사라 할지라도 법정에 출석해서 진술하지 않은 진술서는 증거로 삼을 수 없다는 것이었다. 새로운 논리의 개발이나 법 신설에 따른 판결이 아니라 기존에도 있었던 「형사소송법」을 규정과 취지대로 엄격하게 해석한 결과였다. 영사증명서를 이용한 숱한 피해자가 나올 때까지 수십 년 동안 법원은 대체 무엇을 하고 있었는지 되묻고 싶은 대목이다.

그러나 2007년의 대법원 판례 역시 미흡하다는 비판이 나온다. 대

---

* 재미동포 사업가 장민호와 민주노동당 내부 관계자들이 2006년 당 주요 인물의 성향분석 보고서 등을 북한에 넘긴 사건으로, 민주노동당 분당의 원인이 됐다.

법원 판결대로라면 영사증명서를 작성한 영사가 법정에 나와서 그 내용을 진술하면 진술서로 인정할 수 있다는 얘기인데, 그렇게 되면 소송의 기본 구조가 무너진다는 것이다. 즉 '영사는 독립된 제3자가 아니라 수사기관의 일부 또는 수사 보조자로서 기소 권력의 일부이고, 소송의 한 당사자다. 그러기에 그가 작성한 문서는 기본적으로 피고인 아닌 자의 진술서가 아니라 수사기관이 작성한 의견서 또는 공소장의 일부에 지나지 않는다'[64]는 것이다. 앞으로 또다시 영사증명서가 법정에 증거로 등장하기는 쉽지 않겠지만, 영사증명서에 대한 판례가 아직 완성됐다고 보기는 이른 듯하다.

'DJ 내란음모'
각본 재판의
희생양

1978년 김정사 사건 때 슬며시 반국가단체가 된 한민통은 1980년에 법적, 사회적으로 불온단체로 깊이 낙인찍힌다. 1978년의 반국가단체 규정이 해외에서 활발하게 반박정희 활동, 민주화운동을 하던 한민통을 억누르고 옥죄기 위한 것이었다면, 1980년에는 정치군인 전두환이 집권을 위해 김대중을 죽이려는 과정에서 다시 한민통이 악용됐다. 3년 만에 두 번이나 반국가단체의 멍에를 뒤집어쓴 한민통은 이후 오랫동안 한국 정부의 박해를 받을 뿐 아니라, 조국의 동료 시민에게서도 외면을 받거나 거리 두기를 당하는 처지가 됐다. 한민통 사람과 만나거나 접촉하는 것 자체가 탄압의 빌미가 됐기 때문이다.

1979년 박정희의 갑작스러운 퇴장으로 생긴 권력의 진공상태를 전두환을 우두머리로 하는 신군부 세력이 차지했다. 하지만 나라를 지켜야 할 군인이 권력의 전면에 나서기 위해서는 그 나름의 명분이 필요했다. 혼란한 사회를 안정시키기 위해 어쩔 수 없이 군이 나왔다는 시나리오였다. 박정희의 5·16군사정변 명분과 똑같았다. 전두환 일파는 이를 위해 김대중을 희생양으로 삼았다. 1980년 상반기에 봇물처럼 터진 민주화 요구 시위를 김대중의 선동 때문으로 몰고 갔다. 김대중이 학생과 노동자 시위로 정부를 뒤엎은 뒤 정권을 탈취하려 했다는 이른바 김대중 내란음모 사건이다.

조사 첫날부터 DJ에게 한민통 질문

하지만 김대중은 1980년의 서울의봄 기간 동안 의회민주주의자답게 신중하게 행동했다. 그는 학생들이 서울역으로 진출하는 등 시위 규모를 키워가자 군부의 등장을 우려하면서 시위 자제를 여러 차례 호소했으며, 대규모 집회 개최를 계획하는 재야인사에게도 신군부에 빌미를 주는 행동이라면서 강하게 반대했다.[65] 5월 15일 서울역으로 쏟아져 나왔던 학생들도 군부의 움직임을 심상치 않게 여겨 대표자회의 끝에 16일부터 학교로 돌아가기로 결정했다.

그러나 전두환 일파는 토요일인 17일 낮 '전군지휘관회의'를 연 데이어 같은 날 밤 국무회의까지 압박해서 비상계엄령을 전국으로 확대했다. 학생 시위도 잦아드는 상황에서 헌정을 중단한 쿠데타이자 내란이었다. 이날 밤 신군부는 보안사와 정보부, 경찰을 동원해 김대중과 김영삼, 김종필 등 유력 정치인과 재야인사, 학생 지도자, 민주화운동가를 대거 체포했다. 전두환의 권력 기반이었던 보안사는 '시국 수습방안'이라며 예비 검속자 명단을 미리 짜놓았다.[66]

신군부의 칼끝은 김대중을 향했다. 17일 밤 11시 반, 대검을 총구에 꽂은 군인 10여 명이 김대중의 동교동 집에 들이닥쳐 그를 남산 정보부로 데려갔다. 김대중의 동생 대현과 아들 홍일을 비롯해 김대중과 친분이 있는 100여 명도 남산으로 끌려갔다. 김대중을 자신들이 짜놓은 시나리오 속으로 엮어 넣기 위해서였다. 물론 총 지휘자는 5·17군사쿠데타를 일으킨 전두환이었다. 전두환은 김대중이 끌려온 지 몇 시간도 안 돼 남산에 나타나 취조실 모니터를 통해 김대중의 모습을 지켜봤다. 김대중을 직접 조사했던 정보부 수사관 이기동에 따르면, 전두환은 수시로 정보부를 찾아 담당 국장인 김근수에게 "지금 뭐하고 있는 거야. 그 내란음모 뭐 해야지. 법에 빨리 해 갖고 잡아넣는 조서 작성 안 하고 지금 뭐하고 헛소리를 하고 앉아 있냐" 하며 독촉했다.[67] 계엄사 합수부에 포진한 신군부나 공안 세력인 정보부는 처음부터 김대중의 한민통 경력에 초점을 맞췄다. 헌병을 인솔해 동교동 집에서 김대중을 체포해온 뒤 수사를 담당했던 이기동은 회고록에서 "내 관심은 6·25전쟁 당시 김대중 씨의 행적과 한민통과의 관계였다"라며 첫 취조 때의 모습을 적었다. 그는 이어서 "(5월 18일) 아침 6시 수사관 전체회의까지는 약 네 시간이 남아 있는데 무엇을 할 것인가? 이리저리 궁리 끝에 나는 김대중 씨에게 제안했다. '…지금부터 아침 6시까지는 약 세 시간 30분이라는 공백이 있습니다. 그동안 선생님께서 목포상고를 졸업하신 시기부터 오늘에 이르기까지의 인생 역정을 이야기해주시면 어떨까요? 선생님과 연관이 있는 한민통 사건이라든가 하는 문제는 지난날 저희 수사과에서 오랫동안 수사를 해오다 종결했습니다만 의문 나는 점이 많았습니다'라고 하자, 김대중 씨는 내 제의에

흔쾌히 응한 후 책상 위에 자신의 시계를 풀어 세워놓고, 특유의 전라도 억양으로 이야기를 시작했다"[68]라고 회고했다.

김대중이 체포된 지 5일 만에 계엄사 합수부가 '김대중과 관련인들에 대한 수사 과정에서 드러난 범죄사실'이라며 내놓은 중간 수사 발표에도 김대중의 한민통 활동은 비중 있게 들어갔다. 이기동에 따르면, 아직 조서 한 장 작성하지 않은 상태에서 합수부가 경찰 쪽의 "허위 사실" 등을 토대로 일방적으로 한 발표였다.[69]

이 중간 수사 발표의 틀이나 내용 전개는 '김대중 일당의 내란음모 사건'이라는 이름을 붙인 최종 수사 결과(7월 4일)와 거의 같다. 즉 중간 발표는 '김대중의 의도와 목표'가 "대중 선동 → 민중 봉기 → 정부 전복"이었다고 먼저 규정한 뒤 '범죄사실'로 대학생과 재야인사의 민주화 시위를 나열했다. 김대중이 배후 조종한 행위라는 것이었다. 그리고 마지막 부분인 '김대중의 사상 배경' 항목에서 한민통 활동을 적었다. 발표문 47쪽과 참고 자료 32쪽으로 구성된 방대한 분량의 최종 수사 결과문 역시 내란음모의 '동기 및 목표'에 이어 '투쟁 방법', '내란음모 활동 개요', '구체적 투쟁 활동 사실' 등의 항목으로 혐의 내용을 자세하게 나열했다. 그리고 발표문 맨 마지막의 '김대중의 사상 성분 및 배경'이라는 항목에 한민통 관련 사항을 적어놓았다. 이 부분은 일종의 참고 사항인 것처럼 포장했다.

사건 이름도 혐의 내용도 내란음모인 것처럼 해놓고는 막상 8월 14일 첫 재판에서 공개된 공소장에서는 순서를 바꿔서 한민통과 관련된 「국가보안법」 위반 혐의를 내란음모 혐의보다 앞세웠다. 김대중의 목숨을 노리는 무기가 무엇인지 그제야 분명히 드러났다.

내란을 모의했다는 내란음모죄에 대한 처벌은 「형법」상 3년 이상의 유기징역이나 유기금고형만 있을 뿐이다. 100년 정도의 유기징역이라면 사실상 무기징역형이지만, 법 조항으로는 유기징역형만 가능했다. 신군부가 노린 '김대중 사형'을 끌어내려면 다른 게 필요했고, 그것이 바로 한민통이었다. 1977년 반국가단체로 판시된 한민통의 대표자에게는 「국가보안법」에 따른 반국가단체 수괴로서 사형이나 무기징역형이 가능하기 때문이다.

'내란음모'는 합수부의 속임수

김대중은 1973년 8월 일본에서 해외 민주화운동의 거점으로 한민통을 만들기로 한국계 동포들과 합의했지만, 결성대회 일주일 전인 8월 8일 박정희 정권에 의해 도쿄에서 납치됐다. 한민통은 납치된 김대중을 구출할 목적으로 그를 의장에 추대했다. 그 뒤 김대중은 자신이 단체의 의사결정에 참여하지도 못하는 상황에서 의장으로 있는 게 부담스러운데다가 한민통에 대한 국내 언론의 색깔론 공격이 거세지자, 여러 차례 의장을 교체해달라고 요구했다. 고향인 하의도 출신 친구이자 한민통의 주요 인물이던 김종충에게 전화로 또는 편지로 요구했고, 이태영 변호사 등 일본에 가는 인편을 통해 그런 뜻을 전달하기도 했다. 그러나 일본의 한민통 회원들은 1980년 초 서울의봄이 올 때까지 김대중을 의장으로 계속 유지했다. 전두환의 신군부는 이처럼 이름만 의장일 뿐 실제 활동은 한 적 없는 김대중을 반국가단체 수괴로 본 것이다.

계엄사 합수부에는 10·26사태 직후부터 여러 판·검사가 파견을 나가서 법률 조언을 하고 있었다. 검사로는 이건개, 이종남, 정경식, 변진우 등 서울지검 공안부와 특수부에서 일곱 명이 파견됐다. 이 가운데 정경식은 1977년 한민통을 반국가단체로 만든 담당 검사였다. 계엄사 합수부가 김대중을 사형으로 옭아맬 수 있는 한민통 사안을 잘 알 수밖에 없었다.

그런데도 신군부가 내란음모 사건인 것처럼 마지막까지 속임수를 쓴 것은 일본과 외교 마찰을 일으킬까 봐 우려해서였다. 박정희 정권이 김대중 납치 사건을 일으켰을 때 한일 양국은 철저한 진상 조사와 원상회복을 하는 대신에 뒷거래로 수습했다. 즉 '일본 정부는 주권 침해를 받은 데 대해 한국을 더 추궁하지 않고, 한국 정부는 김대중이 일본에서 했던 언동에 대해서는 문제 삼지 않는다'는 정치 '결착'으로 마무리한 것이다. 이를 위해 박정희 정부가 대통령 친서와 함께 다나카 가쿠에이 총리의 측근에게 4억 엔을 전달했다는 증언이 일본 시사 잡지 《문예춘추》 등에 보도되기도 했다.[70]

한민통 결성이나 의장 추대와 관련해서 김대중을 처벌하면 이 외교 협정을 위반하게 된다. 김대중 사건에 대한 최종 수사 결과와 공소장이 공개된 뒤 일본 의회와 언론에서는 한국 정부가 외교 합의를 깨고 있다고 비판하는 목소리가 높았다. 이 때문에 신군부는 김대중을 「국가보안법」에 따른 반국가단체 수괴 혐의로 기소한 사실을 감추기 위해서 일본 쪽에 전달하는 공소장 내용을 변조하기도 했다. 법정 공소장에는 일본에서 한 활동과 국내에 끌려온 뒤의 언행이 함께 붙어 있었지만, 미국 및 일본 대사관과 외국 기자단에게 배포한 「공소사실, 피고인 김대중 등 24명 내란음모 사건」이라는 제목의 책자에는 김대중이 일본에서 한 활동과 국내에서 벌인 언행을 따로 떼어 기술했다.[71] 국내에서 한 언행만 기소하는 것처럼 보이게 한 것이다. 심지어 신군부와 전두환 정권은 내란음모 사건에 대한 대법원 판결문을 일절 공개하지 않았다. 판결문은 1990년 대법원이 펴낸 『대법원 전원합의체 판결문(형사편 78~87년)』에서 처음 공개됐다.[72] 1980년 8월 18일부터 시작된 사실심리(2차 공판) 때 검찰관은 김대중에게 내란음모에 대해서는 아예 제쳐두고 한민통과 관련한 내용만 집중 질문했다. 이날 김대중은 기소 내용에 항의하는 뜻에서 검찰관의 신문에 일절 답하지 않는 묵비권을 행사했으며, 이후 변호인 허경만의 신문 차례가 돼서야 기소 내용을 적극적으로 반박했다.

일본 정부는 법정을 참관한 대사관 직원을 통해 기소 내용과 법적 쟁점이 무엇인지 잘 알았지만, '일본에서 한 언동이 아니라 귀국 후의 내용을 문제 삼고 있어서 한국 국내법 문제'라며 한국 정부의 합의 위반에 대해 눈을 감았다. 한민통과 관련된 기소는 한일 간의 정치 결착을 위반한 것이기에 "일본에서 나의 활동을 문제 삼는 신군부의 행태는 반드시 일본 정부가 문제 삼을 것이라 생각했"던 김대중의 실망은 이만저만이 아니었다. 김대중은 "그저 정부 차원의 '우려 표명' 등의 시늉만 냈을 뿐"인 일본에 대해 "소위 민주 국가라는 일본이 이렇듯 인권에 둔감하고, 약속을 중시하지 않는 일에 분개하고 낙담"하고, "'일본은 피 흘리며 민주주의를 쟁취하지 않았기에 인권 문제에 이렇듯 허약한 나라가 아닌가' 하는 생각도 했다"[73]라고 자서전에서 밝혔다.

쪽지 군법회의 진행한 재판장은 출세

비상계엄을 핑계로 군사재판으로 진행한 1심과 2심은 서울 육군본부 대법정에 설치한 육군본부 군법회의장에서 열렸다. 목표를 '김대중 사형'으로 정해놓은 채 군인들이 하는 재판은 어차피 요식 행위에 불과했다. 1심(계엄보통군법회의)과 2심(계엄고등군법회의)의 검사역이나 판사 역 모두 육군참모총장이 임명한 군인이었다. 1심에서 기소는 정기용 중령 등 군검찰관이 맡고, 재판관은 소장 문응식 등 장군 네 명과 중령 한 명이 맡았다. 2심 기소는 1심 때와 마찬가지로 정기용 등이 그대로 맡았고, 재판관은 유근환 소장 등으로 바뀌었다. 2심 재판관은 유근환 등 장군 두 명, 중령 세 명으로, 1심 재판관들보다 계급이 낮았다.

전두환 등 신군부의 핵심들은 공판 때마다 육군본부 2층에 마련된 별도의 모니터실에서 지켜봤으며, 뒷문을 통해 쪽지를 수시로 재판정에 전달했다.[74] 김대중 재판에 앞서 열린 10·26사태의 김재규에 대한 군법회의 장면을 보면 당시 합수부가 군법회의를 어떻게 진행했는지를 잘 알 수 있다. 김재규를 변호했던 국선변호인 안동일의 얘기다.

대법정 옆방에 있는 법무감실에서 나를 불러들였다. 당시 합수부에는 검사, 판사들이 다 파견 나와 있었다. 들어가 보니까 한 열 명이 쭉 앉아 있었고 담배 연기가 자욱했다. 하루 종일 재판 과정을 모니터링하는 곳이었다. 보안사 장군이 딱 버티고 앉아서 내게 훈계하더라. '국선변호사가 눈치 없이 재판을 뭘 그리 열심히 하느냐. 너 손 좀 봐줘야겠다'고 위압

적으로 말했다. 그 방에선 재
판부와 검찰관에게 일일이
쪽지를 넣어 재판을 보안사
입맛대로 끌어 나가고 있었
다.[75]

신군부의 지시대로 김대중
재판을 진행한 군검사와 군판
사는 이후 "계엄 유공"을 이
유로 포상을 받고 승승장구했
다. 계룡산 점쟁이를 찾아가
장군이 될 운명인지 묻곤 하
던 중령 정기용은 이후 장군
이 돼 군법무감까지 지냈다.[76]
1심 재판장 문응식은 재판이

김대중 사건 2심 군법회의 재판장이었던
유근환은 그 공로로 민정당 국회의원이
됐다. 1988년 13대 총선 포스터.
중앙선거관리위원회 도서관 선거자료

끝난 후 별 셋의 중장으로 승진해 군수기지 사령관이 됐으며, 1983년
예편해서는 국가안전보장회의 비상기획위원회 부위원장(차관급)에 임
명됐다. 2심 재판장이었던 유근환은 11대와 12대 국회 때 두 번이나
연속해서 민정당 추천으로 전국구* 의원을 지냈다. 1981년 11대 때 그
의 공천 순위는 민정당 전국구 당선자 61명 중 무려 15번이었다. 포철

* 　2000년 「공직선거 및 선거부정 방지법」(현 「공직선거법」) 개정 이전의 비례대표
　　의원을 일컫는 용어.

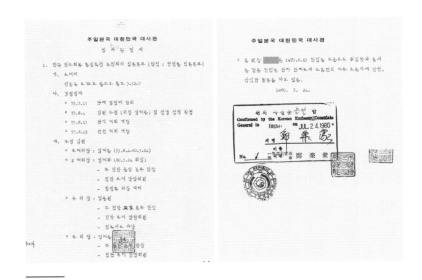

1980년 영사증명서. 정낙중의 서명이 보인다.

(현 포스코) 회장 박태준(17번)과 신군부 실세인 이춘구(20번), 전두환의 친구 김윤환(28번)보다 위였다. 그는 군사재판장 경력을 감췄다. 김대중의 측근이었던 한화갑, 설훈 등은 최근까지도 재선 국회의원이었던 유근환이 군법회의 재판장 출신인 줄 모르고 있었다. 그는 국회의원직을 마치고는 한국가스공사 이사장도 한 차례 했다. 신군부가 아니었던 그의 벼락출세는 김대중에게 사형선고를 내린 군법회의 재판장 경력을 빼고는 설명할 수 없다.

결론이 정해진 재판이긴 했지만, 유력한 정치지도자에게 최고형인 사형선고를 내리려면 왜 한민통이 반국가단체인지를 '증거'하는 형식논리를 어느 정도는 갖춰야 했다. 1977년 김정사 재판 때와 똑같은 방법을 사용할 수밖에 없었다. 법정에서 쓸 수 있는 카드는 그때처럼 영사증명서와 윤효동이었다.

김정사 재판 때는 김정사의 배후 인물이라는 임계성에 대한 영사증명서였지만, 이번에는 한민통이 어떤 단체인지를 도쿄에 파견된 정보기관원이 좀 더 자세하게 '증명'해야 했다. 이 영사증명서 작성자는 공교롭게도 김정사 재판 때도 등장했던 영사 정낙중이었다. 일등서기관 겸 영사 정낙중의 이름으로 작성돼 군검찰관을 거쳐 재판부에 제출된 영사증명서는「재일 한국민주회복통일촉진국민회의 일본본부 영사증명서」(7월 24일 작성)와「한민통 일본본부 기관지《민족시보》영사증명서」(7월 24일 작성),「한민통 일본본부 중요간부 영사증명서」(8월 11일 작성) 셋이었다. 이 영사증명서들은 한민통이「국가보안법」에 따른 반국가단체임을 증명하는 주요 증거로 법정에서 채택됐다.

한민통에 대한 구체적 내용이 없었던 1977년의 것과 달리 1980년의 영사증명서에는 한민통 결성 배경, 결성 과정, 활동 상황, 자금 관계, 중요 구성원의 성분, 산하 여섯 개 단체의 성격 등이 상세하게 적혀 있다. 큰 줄거리는 '김대중과 함께 한민통을 결성한 곽동의, 배동호, 김재화, 정재준, 김종충, 조활준 등은 민단 비판 세력으로 위장하고 있으나 실은 조총련의 조종을 받는 북의 간첩·친북 인사들'이라는 것이다. 모두 다 구체적인 증거나 물증 없이 영사가 여기저기서 들은 얘기나 첩보, 일본 공안 쪽의 추정, 현지 교민 신문의 보도 등을 끌어 모아놓은 것이었다. 예를 들어 "조총련과 연대투쟁 체제를 구축하고 북괴의 목적 사항 실현을 위해 각종 행사를 공동 개최하는 등 대한민국 전복과 적화통일을 위하여 공동투쟁을 전개하고 있음"이라며, 한민통이 총련과 공동집회를 일상적으로 하는 것처럼 적었다. 하지만 김대중이 자서전에서 밝혔듯이 이는 전혀 사실이 아니었다.

한민통 결성에 즈음해서 나는 미국에서 주장한 '대한민국 절대 지지'와 '선민주 회복, 후통일' 외에 '조총련과 선을 그을 것'을 덧붙였다. 그리고 8월 15일로 예정된 조총련과의 경축 행사도 중지토록 했다. 이에 대해 도쿄 민단 일부에서 강력히 항의했다. 본국에서도 북한과 통일을 협의하는 데 문제될 것이 없다는 투였다. 그러나 그것은 박 정권이 언제든 악용할 소지가 있었다. 한국의 현행법에 위배되기 때문이었다. 나는 내 요구가 관철되지 않으면 함께할 수 없다며 회의장을 나와버렸다. 그렇게 강하게 밀어붙여 관철시켰다.[77]

한민통 결성 직전까지는 1972년 '7·4남북공동성명' 뒤의 화해 분위기에 따라 일본 동포 사회에서도 남과 북의 동포가 화합하는 움직임이 있었다. 가령 한민통 결성의 주축인 민단 개혁파는 6·25전쟁 이후 처음으로 일부 지역에서 1973년 초 신년회와 '3·1절 기념식'을 총련과 공동으로 열었다. 이에 김대중은 한민통 결성의 조건으로 이런 공동행사 중지를 요구해 관철했다. 한민통의 중심인물이었던 상임고문 배동호도 여러 차례 이런 사실을 확인했다.

1973년 8월 4일 나를 비롯한 재일 민주 세력 관계자 네 명과 김대중 씨와의 사이에 의견의 일치를 본 3대 원칙, 즉 '① 대한민국의 입장을 견지한다, ② 반독재운동은 반정부 활동이지 반국가 활동이어서는 안 된다,

③ 공산주의와는 거리를 둔다'는 운동의 기본이며 우리들은 이 기본을 한 번도 일탈한 일은 없다.[78]

김대중의 요구에 따라 총련과의 거리 두기를 실천해왔다는 것이다. 실제로 1973년 8월에 한민통이 결성된 이후 한민통과 총련의 공동행사나 연대는 1990년 제1차 '범민족대회' 때까지는 없었다.

그런데도 정낙중의 1980년 영사증명서 역시 본부에서 요구하는 대로 별 근거 없이 작성됐다. 정낙중은 진실화해위원회 조사에서 "본국의 요청에 의해 대사관 기록 등을 참고하여 한 것"이라며 "한민통이 북한이나 조총련과 직접 관련되었다는 구체적인 증거를 가지고 있지는 못한 내용으로 기억합니다. 다만 이 사람들이 조총련보다 더 나쁘다고 생각합니다. 조총련은 내놓고 활동하지만 이 사람들은 아닌 것처럼 하고 실제로 반한 활동을 하기 때문입니다"라고 말했다.[79]

주일 정보공사 최세현의 용기 있는 증언

신군부는 김정사 재판 때와 마찬가지로 이번에도 윤효동을 공판에 내세웠다. 고등군법회의 심리를 마무리하기 직전인 1980년 10월 29일 오전 육군본부 대법정 증언대에 윤효동이 만 3년 만에 다시 등장했다. 계엄사의 보도지침에 따라 신문과 방송에는 여홍진이라는 가명으로 보도됐지만, 법정에서는 윤효동으로 소개됐다.[80] 재판을 참관한 가족들이 남긴 기록을 보면 윤효동의 법정 증언은 한 편의 코미디였다. 법정에 선 윤효동이 자신은 북한을 네 차례 다녀온 간첩으

로, 민단에 위장 침투해 파괴공작을 하는 것이 임무였다고 자기소개를
한 뒤 증언을 시작했다. 그는 김재화, 배동호 등이 총련 간부들과 긴밀
한 접촉을 가졌다고 주장하고, 자신이 곽동의를 포섭하여 이북에 보내
밀봉교육을 했으며, 그를 통해 한민통 결성도 보고받아왔다고 말했다.
이어 김일성의 통일 3대 전략과 한민통의 관계를 장황하게 설명해 나
갔다. 이때 피고인석에 있던 김상현이 참지 못하고 그를 제지하고 나
섰다.

김상현: 흥분하여 손들고 일어나 "재판장님, 증인에게 주의를 주시오. 우
리는 퇴정할 테니 검사 혼자 공산주의자와 얘기하라. 여기가 공산당 교
육장인 줄 아느냐." 이를 기점으로 흥분한 많은 피고들과 가족들이 일제
히 일어나 고함치기 시작하자,
재판장: "잠시 휴정함."
증인은 검찰 출입문으로 황급히 퇴정.
휴정된 약 20분 동안 방청석에서는 이해찬 부친의 "반공은 대한민국의
국시여! 어디 빨갱이가 증언을 혀. 나도 6·25 때 3개월을 잡혔다가 죽다
살아난 사람이여", 조성우 모친의 "6·25 때 남편 잃고 성우 하나 업고 살
아난 사람이야! 공산당이라면 지긋지긋해" 등을 포함하여 항의 소리 고
함소리 들림. (…)
(휴정이 끝나고) 여홍진이 입정하자, 가족석 술렁임. "저놈이 또 나와?" "나
가자" 등등. (…) 증인이 설명해 나가자, 피고 가족들 대부분 퇴정. 문익환
처가 퇴정했다가 다시 입정하여 "가족들은 증언을 들을 수 없어 전부 퇴
정했어요" 하고 소리치고 퇴정하자, 사복 정리요원들이 달려들어 퇴정한

가족들의 팔, 다리를 들어 폭력으로 버스에 강제로 태워 영외로 끌고 나
감.[81]

어수선하게 윤효동의 증언이 마무리됐지만, 어차피 내용은 중요하
지 않았다. 윤효동은 증언 하루 전 남산에 있는 퍼시픽 호텔 객실에서
군검찰관 정기용을 만나 한민통과 관련해 진술서와 진술조서를 각각
작성했다. 진술서와 진술조서는 1977년 기자회견 때 했던 내용, 주일
한국대사관의 정보요원 정낙중이 쓴 영사증명서와 내용이 같았다. 윤
효동이 작성한 이 두 문서도 법정에 제출됐고, 그대로 증거로 채택됐
다. 1980년 11월 3일 유근환 재판장은 1심과 같이 김대중에게 사형을
선고했다.

김대중을 한민통과 엮어 우리 사회에서 영구히 배제하려고 할 때,
전두환 일파가 꾸미는 음모의 근거를 부정하는 공개 증언이 나왔다.
주일 한국대사관의 2인자인 주일 공사로 있었던 최세현의 인터뷰였
다. 《아사히신문》과 미국에 있는 《US 아시아 뉴스(US Asian News Ser-
vice)》가 공동으로 했던 이 인터뷰는 내란음모 사건 공판이 시작된 직
후인 그해 8월 17일 자 신문에 실렸다. 뉴욕시립대학 심리학과 교수
출신의 최세현은 정보부에서 심리전국장을 하다가 1979년 2월 주일
공사로 부임했다. 김재규의 손윗동서인 그는 10·26사태 후 미국에 망
명했다.[82]

최세현은 인터뷰에서 "내가 아는 한 김대중과 북이 연계됐다는 근
거는 하나도 없었다. 김대중이 일본의 한민통과 관계가 있고, 한민통
은 반정부 활동을 했다는 사실을 가지고 혐의를 만들고 있는 것에 지

나지 않는다. 또 한민통의 배동호, 김종충 등이 일본과 북한을 왕래했다고 하지만, 왕래했는지 아닌지는 일본 정부의 수사 당국이 확실하게 알 수 있을 것이다. 일본의 정보 제공이 없으면 한국 정부로서는 알 길이 없는데 적어도 내가 아는 한 그들의 행적에 관한 정보를 일본 정부로부터 제공받은 것은 없다"라고 말했다. 또 "김대중과 북의 관계는 일본에 있는 중앙정보부가 오랫동안 조사했으나 증거를 찾지 못했다. 내가 재임하는 동안에 증거가 없으니까 증거를 보충하라는 지시가 내려왔었는데, 그것으로도 (그 점은) 확실하다"라고 밝혔다. 최세현은 "김대중을 만난 적도 없을 뿐만 아니라 호감도 갖고 있지 않아서 아무 말도 하지 않을 작정이었다"라면서 "그러나 광주 사건을 보고, 아무런 죄도 없는 한 사람의 정치인이 영구히 사라지는 것을 좌시할 수 없게 됐다"라며 인터뷰에 응한 이유를 설명했다.[83]

"DJ 사형" 전원일치로 신군부에 부역한 대법원

김대중이나 한민통이 총련 쪽과 어떤 관계인지 잘 알 수 있는 사람의 실명 증언이었다. 그러나 짜놓은 각본에 따라 재판을 진행하는 군법회의나 사법부의 귀에는 전혀 들리지 않았다. 3심인 대법원은 1981년 1월 23일 "원심이 원용하고 있는 증거들을 기록에 대조하여 살펴보면 피고인들에 대한 이 사건 공소범죄사실이 모두 인정되고 원심의 법률 적용 또한 정당하다. 그리고 원심 판결에는 증거 없이 범죄사실을 인정하였거나 채증 법칙을 위배하여 범죄사실을 인정한 허물이 없다"라며 조작된 기소와 형식적 군사재판 결과를 그대로 추인했다. 특히 '김대중 사형'의 주요 근거인 반국가단체 수괴 혐의와 관련해서 대법원은 「한국민주회복통일촉진국민회의」(한민통) 일본본부는 정부를 참칭하고 대한민국을 변란할 목적으로 불법 조직된 반국가단체인 북괴 및 반국가단체인 「재일조선인총연합회」의 지령에 의거 구성되고 그 자금 지원을 받아 그 목적 수행을 위하여 활동하는 반국가단체라 함이 본원의 견해로 하는 바이요"라며 '한민통=반국가단체' 규정에 다시 한 번 대못을 박았다.

이영섭 대법원장이 재판장을 맡은 대법원 전원합의체(주심 윤운영)에서 만장일치로 나온 결론이었다. 1980년 1월 김재규 재판 때도 대법원 판사* 열네 명 가운데 여섯 명이 소수 의견을 냈던 것을 감안하면, 쿠데타 군인들이 조작한 사건에 단 한 명의 소수 의견도 없었다는 것은 놀랍다. 물론 여기에는 약간의 배경이 있긴 하다. 김재규 재판을 기억하는 신군부는 김대중의 상고심이 다가오자, 소수 의견을 낸 대법원 판사 교체 작전에 들어갔다. 사표 종용에도 소수 의견을 낸 판사들이 버티자, 대법원 판사 양병호를 악명 높은 보안사 서빙고분실에 연행해 고문한 뒤 강제로 사표를 쓰게 했다. 며칠 뒤 소수 의견을 냈던 판사 네 명도 스스로 사표를 내는, 의원면직 형식으로 법복을 벗었다. 대신 대통령 전두환은 서울고등법원장으로 있던 윤운영 등을 대법원 판사에 새로 임명했다. 새로 들어간 윤운영은 김대중 재판 주심을 맡아 신군부 쪽의 요구를 충실히 이행했다. 여섯 명의 소수 의견 판사 중

* 사법부의 격을 낮추기 위해 대법원 법관을 박정희 정권부터 전두환 정권까지는 대법원 판사로 호칭했다. 1987년 민주화 이후 대법관 호칭으로 복귀했다.

정태원만 사표를 내지 않고 버텼으나, 이미 기가 꺾였던 탓인지 김대중 재판 때는 그도 다수 편에 가담했다. 그럼에도 정태원은 김대중 재판 석 달 뒤인 1981년 4월 대법원이 재구성될 때 재임명에서 탈락했다.[84] 그런 상황을 목격한 대법원 판사들로서는 김대중 재판에서 당당히 소신을 밝히는 것이 두려웠을 것이다. 또 김대중에게 사형선고를 내리면 곧바로 감형될 것이라는 언질도 신군부 쪽에서 받았을지 모른다. 그랬기에 대법원은 엉터리 군법회의 결과를 전원일치로 추인하지 않았을까. 하지만 정의와 인권의 최후 보루인 대법원이 '한민통=반국가단체'라는 1978년의 판시를 근거로, 죄 없는 김대중에게 사형을 선고한 것은 어떤 이유로도 합리화될 수 없다. 대법원의 부끄러운 판결로 인해 김대중은 감형은 됐으나 부득이 망명 생활을 해야 했다. 게다가 당시까지 한국 민주화운동 말고는 달리 한 게 없었던 한민통은 대법원의 김대중 판결 이후 한국 사회로부터 사실상 추방당하는 피해를 입었다.

언론은 신군부의 나팔수 역에 충실

대법원이 아무런 저항 없이 '한민통 반국가단체 굳히기'를 통한 '김대중 죽이기'에 가담했던 것은 신군부의 강압 때문만이 아니라 언론이 전두환 정권의 나팔수가 돼 그런 분위기를 조성한 탓도 컸다. 1977년에 이어 1980년에도 언론은 한민통에 대한 색깔 칠하기에 나섰다. 이번에도 《조선일보》와 《경향신문》*이 앞장섰다. 석간인 《경향신문》은 계엄사 합수부가 '김대중 내란음모 사건'이라며 수사 결과를 발표한 7월 4일 당일 사회면에 '한민통의 정체: 북괴-조총련 지원받는 반국가단체'라는 제목으로 장문의 기사를 실었다. 다음 날 조간인 《조선일보》도 똑같은 제목의 기사를 2면에 길게 실었다. 둘 다 내용은 '한민통은 북한 및 총련과 연계돼 있으며, 자금 지원을 받고 있다. 주요 인물들이 북한을 다녀왔다'는 것이다. 두 신문의 기사는 김재화, 정재준 등 주요 인물 일곱 명에 대해 확인되지 않은 약력을 나열했는데, 인물의 거론 순서마저 일치할 뿐 아니라 기사에 덧붙인 '한민통 일본본부 기구표'라는 도표까지도 똑같았다. 《중앙일보》와 《서울신문》도 앞서거니 뒤서거니 하며 한민통을 비방하는 기사를 썼다. 신군부 세력이 공식 수사 발표 때 준 한민통 비방 자료를 토대로 했음이 분명하다.

이게 끝이 아니었다. 김대중 재판이 개시된 8월 14일을 전후로 또다시 한민통 '때리기'에 일제히 나섰다. 1977년 김정사 사건 때처럼 이번에도 도쿄발 한민통 비방 기사가 쏟아졌다. 당시 정부 기관지였던 《서울신문》과 국영방송 KBS가 먼저 동원됐다. 《서울신문》은 8월 2일 자에 '앞의 적보다 뒤의 적이 더 무섭다'라는 좌담 기사와 '한민통의 검은 손길'이라는 기사를 실었다. 이날 저녁에는 KBS가 「한민통의

---

* 이승만 정권 때 야당지였던 《경향신문》을 박정희 정권이 친정부 신문으로 만들었으며, 이러한 성격은 1998년 사원들이 주인인 독립신문으로 새 출발을 하기 전까지 계속됐다.

정체」라는 특집 방송을 내보냈다.《한국일보》도 같은 날 '북괴의 충실한 나팔수 한민통 그 정체를 벗긴다'라는 기사를 실었다. 이어《동아일보》의 '북괴의 전위조직 한민통',《경향신문》의 '한민통과 김대중 그 정체를 벗긴다',《중앙일보》의 '조총련의 행동조직 한민통'이라는 비슷비슷한 기사가 8월 4일 지면에 동시에 실렸다. 현지의 정보부 요원에게 주문받은 청부 기사가 아니고는 있을 수 없는 일이다. 이어 첫 공판이 열리기 하루 전날인 8월 13일에는《조선일보》의 '한민통·통일혁명당의 '민주화' 속임수', 1심 선고 6일 전인 9월 11일에는《문화방송》의 특집 방송「김대중과 한민통」등 모략 기사 및 방송이 연달아 쏟아졌다. 모두 신군부의 김대중 죽이기 계략에 맞장구친 보도였다.

언론의 이러한 무책임하고 무분별한 보도로 인해 김대중에게는 용공분자와 빨갱이라는 이미지가 깊게 덧씌워졌다. 그로 인해 대중 정치인인 김대중은 오랫동안 유권자 곁으로 다가가는 데 어려움을 겪어야 했다. 1997년 대선 때 '뉴DJ플랜'이라는 이미지 쇄신 작업을 하고, 5·16군사정변의 주역인 김종필과 손을 잡고 나서야 색깔론의 굴레를 서서히 벗어날 수 있었다. 그러나 한민통은 아직도 그때 낙인찍힌 반국가단체 족쇄를 벗지 못하고 있다.

3

개혁파의
홀로서기와
찬란한 투쟁

한민통의 열과 성을 다한 김대중 구출운동은
일본 시민사회를 동조 세력으로 끌어냈으며,
전 세계 여론을 움직였다.

베트콩파의
탄생

1961년 5월 16일 육군 소장 박정희가 군사정변을 일으킨 날, 일본 도쿄에서는 민단 대회가 열렸다. 민단 단장과 의장, 감찰위원장까지 3기관장*을 뽑는 날이었다. 대회장은 본국에서 들려온 쿠데타 소식에 분위기가 뒤숭숭했다. 표결 끝에 단장에는 만주국 판사 출신인 친일파 권일이 뽑혔다. 권일은 곧바로 3기관장 회의를 열어 쿠데타 대책을 논의했으나 여러 견해가 나와서 의견 합치가 되지 않았다. 주일 대표부**도 본국 상황에 대한 태도 표명을 보류해달라고 요청했다. 그

---

* 당시 민단은 집행부를 담당하는 단장, 의회에 해당하는 중앙위원회 의장, 사법부 역할의 감찰위원장이라는 삼권분립 체제로 운영됐다.
** 1965년 국교 수립 이전에 도쿄에 설치했던 외교기관으로, 대사관보다 격이 낮았다.

러나 권일이 지지 성명을 즉시 내야 한다며 강하게 주장해 성명문이 작성됐다. '군사혁명은 신흥국가에서 있을 수 있는 일이며, 혁명 공약을 지지한다'는 내용이었다.[1]

오후 대회에서 의장 김광남이 5·16군사정변 지지 성명서를 낭독하고는 "찬성하시는 분은 박수쳐주세요"라고 말했다. 참석자 대부분이 박수를 치는 분위기에서 "반대요!"라고 하는 고함이 들렸다. 소리 나는 쪽으로 시선이 쏠렸다. 한청 위원장인 곽동의가 손을 들고 있었다.[2] 장차 다가올 민단의 갈등과 분열, 한민통의 탄생을 예고하는 장면이었다.

민단은 1946년 10월 박열(단장)과 이강훈(부단장), 원심창(사무총장) 등 독립운동가를 중심으로 결성됐다. 해방 직후 좌우가 함께 모였던 조련이 좌익 인사들에게 장악되자, 우익 인사들이 「재일조선건국촉진청년동맹」('건청'), 「신조선건설동맹」('건동') 등의 별도 단체를 만들어 활동하다가 민단으로 합쳤다. 이들은 처음부터 한반도 남쪽을 지지했다. 반면 북쪽의 공산주의자를 지지하는 쪽은 조련과 「재일조선통일민주전선」('민전')을 거쳐 1955년 총련으로 결집했다. 한반도에 불어닥친 동서 냉전의 바람이 일본 동포 사회에도 큰 골을 만들어 남한 지지자는 민단, 북한 지지자는 총련으로 갈라섰다.

이승만 정부가 들어선 후 박열이 이끄는 민단은 남한의 단독정부 수립에 찬성한 대가로 한국 정부로부터 "재일동포의 유일한 민주단체"로 공인받고는 1948년 10월에 단체 이름을 「재일본조선거류민단」에서 「재일본대한민국거류민단」('재일거류민단')으로 바꿨다. 강령 1조도 "우리들은 재류동포의 민생 안정을 기한다"라고 했던 데서 "우리들

은 대한민국 국시를 준수한다"라고 고쳤다. 1994년에는 「재일본대한
민국민단」('민단')으로 이름을 고쳤다.

'이승만 정부 불신임선언' 발표한 김재화

초기에 민단은 "거족적 민주체제라고 자부"[3] 했을 만큼 자
율적이고 민주적으로 운영됐고, 본국 정부나 주일 한국공관으로부터
도 상당한 독립성을 가졌다. 동포로부터 신망을 잃은 대사나 공사의
소환을 요구하는 등 본국 정부에도 발언권이 있었다. 이승만 정부가
재일동포에 대해 기민 정책이라고 불릴 정도로 무대책으로 일관하고
일인독재로 치닫자 민단은 비판의 목소리를 점점 높였다. 본국 정부
와 빚게 된 갈등은 재일동포 북송(귀환)* 반대운동 과정에서 공개적으
로 터졌다. 이승만 정부와 갈등을 겪던 민단이 1959년 6월 '본국의 자
유당정부 불신임선언'('불신임선언')을 발표한 것이다. 민단은 본국 정부
의 지시와 함께 이념 경쟁 차원에서 재일동포의 북한 귀환을 반대하
는 운동을 강하게 벌이면서도, 내부에서는 '남쪽으로 오라, 보리밥이
라도 같이 나누어 먹자고 동포들에게 제발 말해 달라. 그래야 북으로
가는 동포를 효과적으로 말릴 수 있다'며 본국 정부에 여러 차례 하소

---

* 북한과 일본 정부의 협의에 따라 1959년부터 1984년까지 일본에 거주하는 총련
계 재일동포 9만 3,000여 명이 북한으로 이주했다. 한국에서는 강제성을 띠었다
는 의미에서 '북송'이라 하지만, 일본과 북한은 자발적 의미를 담아 '귀환'이라고
했다.

연했다.[4] 그런데도 이승만 정부가 이를 무시한 채 고압적인 태도만 취하는 사이 재일동포의 북한 이주가 진행되자, 김재화가 이끌던 민단이 공개적으로 정부 비판 선언을 한 것이다. 이 선언은 동포 사회에 큰 파장을 일으켰다. 김재화 등 3기관장이 이에 도의적 책임을 지고 사임했지만, 본국에 처음으로 독자적 목소리를 낸 이 선언은 민단 사람들에게 깊이 각인됐다.

'4·19냐 5·16이냐'를 놓고 긴 싸움

본국 정부를 향한 이러한 비판의 목소리와 움직임은 불신임선언이 있기 전부터 민단 내부에서 나오기 시작했다. 청년들이 먼저 움직였다. 1958년 「재일대한청년단」은 "모든 비민주 세력에 반대하여 민주주의 실현을 위해서 헌신한다"와 "재일 청년들을 총결집하여 조국통일에 기여한다"라는 내용을 강령에 넣었다.[5] 원래 「재일대한청년단」은 1950년 문교부(현 교육부) 장관 안호상이 도쿄에서 기존의 재일 청년단체들을 해산하고 만든 단체로, 이승만 정부에 절대 복종을 맹세했던 한국의 「대한청년단」* 일본지부로 출발했다. 이러했던 「재일대한청년단」이 비민주 세력에 반대하는 강령을 채택한 것은 이승만의 전위부대 노릇을 더는 하지 않겠다는 뜻이었다.

　「재일대한청년단」의 변화를 주도한 이는 1958년 청년단장에 선출

* 1948년 12월 「대동청년단」, 「서북청년회」 등의 우익 청년단체를 통합해 만든 단체.

된 곽동의였다. 그는 청년단장이 된 뒤 뒷골목의 주먹이 주도했던 단체를 민주를 지향하고 통일을 추구하는 청년조직으로 탈바꿈시켰다. 2세가 주축이 된 재일동포 청년의 바람에 부응하는 움직임이었다. 그즈음 동포 사회는 일본에서 태어난 2세의 비율이 1960년 전체 재일동포 청년의 65퍼센트에 이를 정도로 2세가 주류를 점하기 시작했다.[6] 제2차 세계대전 패전 후 민주주의 교육을 받은 재일동포 2세는 일본 사회에서 받는 차별과 소외로 민족 정체성에 눈을 떠가는 한편, 조국의 비민주적 정치 현실에 비판적이었다. 새로운 세대의 등장이 청년단체의 성격에도 영향을 준 것이다.

이런 시대적 흐름 속에서 1960년 한국에서 일어난 4·19혁명은 재일동포 사회에 큰 각성을 불러왔다. 1960년에 발행된 와세다대학 한문연의 동인지 《고려》 창간호에는 당시 청년들의 분위기가 잘 나타난다. 와세다대학 정치학과에 다니던 한 1학년생은 일본식 이름을 버리고 한국 본명을 사용하기로 한 이유를 "세계 역사에 비교할 수 없는 순수한 학생을 진영의 맨 앞에 전개시킨 4·19혁명이 세계의 주목을 끌어 우리 민족의 위신을 회복 고양시켜 모든 조선인에게 자랑과 영광의 빛을 주었기 때문"이라며 "자신도 격렬하게 불타는 민족감정이 다시 살아나서 없어진 민족 자랑이 다시 일어났던 것"[7]이라고 밝혔다. 「재일대한청년단」도 스스로 "4월혁명의 이념을 자신들의 이념으로 삼아 그 이념을 실천해가는 조직으로서 위치 지웠다"[8]라고 정의했다. 4·19혁명이 터진 이튿날 「재일대한청년단」은 "정부는 이번 사건의 진정한 원인에 대해 깊이 있게 반성하고, 스스로 책임지고 사태 수습의 태도를 표명하라"라며 이승만의 하야를 요구하는 성명을 냈다.[9] 1960

년 10월에는 단체의 이름을 아예 「재일한국청년동맹」으로 바꿨다.

청년들과 달리 민단은 4·19혁명 초기에 폭도가 일으킨 행위라는 내용의 담화문을 냈지만, 4·19혁명이 성공한 뒤에는 젊은 층의 흐름을 전폭적으로 수용했다. 그리하여 1960년 5월 전체대회에서 '제3선언'을 발표했다. 민단은 이 선언에서 "건국 과정 중에 있던 조국에 대한 무한한 애국심과 그 발전을 염원한 나머지 국정에 대해 맞고 그르다는 비판을 게을리해왔다"라고 반성한 뒤 "이후에는 해외동포에 대한 시책 및 대일 정책에 대해 시시비비의 태도를 견지할 것과 국내 정책에 대해서도 국헌에 배치되는 시책에는 가부의 태도를 한층 더 명확히 할 것"[10]을 천명했다.

민단의 이러한 새 출발 다짐이 미처 자리를 잡기도 전에 5·16군사정변이 일어났다. 그 영향으로 친일파 권일이 단장에 뽑히고, 그는 곧바로 5·16 지지 성명을 냈다. 반면에 청년들은 달랐다. 한청은 5·16군사정변 한 달여 뒤인 7월 6일 '민정 이관 요구 성명'을 발표해 군사정권 퇴진을 요구했다.[11] 또 다른 청년단체인 한학동도 5월 27일 '5·16쿠데타 반대성명에서' "파시스트의 검은 구름이 다시 조국을 덮고 있다. (…) 조국의 학생들의 입을 대변하고, 꺾어진 조국의 학생들의 다리를 대행해서 우리들은 서야 할 때이다. (…) 군부 독재를 타도해 4월혁명의 정신을 계승해 자유와 민주주의를 회복 달성하는 싸움에 서자"[12]라며 민주구국운동의 선두에 설 것을 다짐했다. 또 여덟 차례나 민단 단장을 지냈던 김재화도 유력 인사들을 모아 5·16군사정변 반대 성명을 냈다. 재일 한국인 사회에서 5·16과 4·19의 대결이 시작됐다.

친일파 권일의 화려한 변신

경북 예천 출신으로 본명이 권혁주인 권일은 『친일인명사전』에 등재됐을 정도로 친일 행적이 뚜렷하다. 메이지대학 법학부 재학 때인 1937년 일본 사법시험에 합격한 뒤 만주국 법관으로 일했는데, 만주 시절에도 「흥아청년구락부」를 조직해 일제의 대동아 건설과 황도 사상 전파에 나섰으며, 1943년 일본으로 돌아간 뒤 지하 군수공장 건설에 조선인 노동자를 강제 동원하기 위해 「일심회」라는 친일단체를 만들어 활동했다.[13] 해방 후 그의 변신은 어지러울 정도다. 권일은 자신의 친일 행적이 비판받자 초기에는 단체 활동에 나서지 않고 변호사 업무에 주력했으나, 1951년 원심창이 단장일 때 부단장이 돼 본격적으로 민단에 발을 들였다. 1952년 민단 부단장으로 재일동포 실업인을 이끌고 임시 수도인 부산을 찾았다가 대통령 측근들의 견제로 이승만 면담이 좌절되자, 그는 당시 국회의장이자 야당 정치인인 신익희를 만나 민국당에 입당했다. 일본에 돌아온 뒤에는 "자신의 궤도를 수정하고 반정부운동에 나서서 통일운동"을 시작했다. 북진 통일, 승공 통일을 외치던 당시 분위기에서 남북화해의 통일운동은 좌파로 찍히는 지름길이었다. 권일은 아랑곳하지 않고 총련의 전신인 민전 인사들까지 참여하는 「남북통일협의회」를 창립(1954년 1월)한 데 이어 1956년 1월에는 사상단체인 「우리민주사회주의자동맹」('민사동')을 만들었다. 민사동은 "정치적으로는 억압이 없는 사회, 경제적으로는 착취가 없는 사회, 즉 민주사회주의의 구현"을 내걸었다. 민사동은 1956년 광복절 11주년 기념행사를 총련과 함께 성대하게 치렀다. 총련과

화해하고 사회주의 활동까지 하던 권일은 4·19혁명 뒤 "본국에서 자유로이 정치활동이 가능하게 됐기에 외국에서 정치단체를 유지할 필요가 없다"라면서 민사동을 해산했다.[14] 이를 계기로 민단에 복귀한 권일은 5·16군사정변이 발생하자 쿠데타 세력에 자신의 정치생명을 걸었다.

권일은 5·16군사정변을 지지한 대가로 주요 간부들과 함께 쿠데타 세력의 초청을 받아 6월 20일 서울에 와서 김종필뿐 아니라 쿠데타 우두머리인 박정희도 만났다. 당시 신문 보도에는 박정희를 면담한 날짜가 다르지만,[15] 그는 박정희에게 "지금부터 같은 배를 타겠습니다"[16]라고 말했다.

박정희에게 충성을 서약한 권일은 "본국의 혁명에 기대를 걸고 의기양양하게 동경에 돌아와" 당시 동포 사회의 분위기와는 거꾸로 가는 행보로 치달았다. 그는 "민단의 조직 정비와 혁명정부의 절대 지지", "민단의 방위: 외부 5열과 내부 5열의 철저 배제", "규약 개정" 등 '민단운동의 기본 방침 10항목'을 들고 나왔다.[17] 두 가지가 핵심이었다. 하나는 본국의 박정희처럼 민단을 자신이 마음대로 운영하는 '단장 1인 체제'로 바꾸는 것이었다. 민단은 그동안 단장과 중앙위원회 의장, 감찰위원장이 서로 견제하고 협력하는 3기관장 체제로 운영됐다. 권일은 상설 기관인 중앙위원회 의장을 회의 때만 선출하는 임시 기관으로 바꾸고, 감찰위원회의 역할도 대폭 줄이려고 했다. 이와 함께 각 지방본부의 핵심 보직인 사무국장을 지방본부에서 정하는 것이 아니라 중앙에서 임명하도록 추진했다. 권일이 강한 의지를 드러냈음에도 이 안은 단장 독재로 흐를 우려가 있다는 내부 반발로 인해 결국 좌절됐다. 다른 하나는 '내부 5열과 외부 5열의 배제'를 내세워 민단의 자주성을 중시하는 세력, 즉 자신을 반대하는 인사들을 몰아내겠다는 것이었다. 본국 정부의 지원으로 이 목표를 달성했으나, 결국 민단의 분열을 가져왔다.

권일의 독주와 반민주적 행태가 계속되자, 5·16군사정변과 권일에 대한 반대 움직임도 강해졌다. 1961년 10월 재일동포 유지들이 민단 정상화를 내걸고 모임을 만들었다. 곧 유지간담회다. 유지간담회에는 김재화, 정찬진, 오우영, 배동호, 정재준, 김금석 등 민단 어른들과, 곽동의와 이상희(한학동 위원장) 등 청년들이 두루 모였다. 이들은 권일 집행부에 반대하는 비주류이자 4·19혁명을 지지하는 개혁파이며 민단을 자주적이고 민주적으로 운영하자는 민주파였다. 비록 민단 내부의 임의 조직에 불과했지만, 조직력과 결속력이 강한 두 청년단체가 가담한데다 동포 사회에서 신망이 높은 김재화 등 원로급 인사들이 참여해 유지간담회는 민단에서 가장 강력한 내부 그룹으로 떠올랐다.

유지간담회의 대표급 인사는 김재화였다. 경남 밀양이 고향인 김재화는 일제강점기에 대구 가톨릭신학교를 중퇴한 뒤 1925년 일본으로 건너갔다. 일본 소피아대학에서 철학을 전공하기도 한 김재화는 "지방 출장을 가더라도 미사 참례를 빠뜨리지 않은 가톨릭 신자"이자 "반골 정신이 강한 순수한 민족주의자"[18]였다. 그는 민단 창립부터 참가해 모두 여덟 번이나 민단 단장을 맡는 등 민단의 기초를 닦았다. 한국 정부가 보내는 민단 보조비를 아껴 1954년 도쿄한국학원을 설립해 초대 이사장을 지냈으며, 이승만 정부 때 재일동포를 대표하는 옵서버로 국회에 참석해 연설하기도 했다.

그는 동포의 권익을 위해 조련 시절부터 한국을 지지하는 우파 쪽에 섰던 재일동포 1세대 지도자였다. 조련 시절 신탁통치를 놓고 좌우가 찬반양론으로 갈려 싸우던 어느 날 김재화는 회의 사회를 보다가 "재일동포를 잘못된 방향으로 지도하는 현 중앙 간부는 책임지고 총사퇴하라"라는 결의안을 낭독했다. 이를 신호로 그에게 동조하는 우익 인사들과 그를 반대하는 좌익 인사들이 격돌해 회의장은 아수라장이 됐다. 다음 날 조련은 책임을 물어 김재화를 제명했다. 김재화는 굴복하기는커녕 "재일동포를 공산주의자로부터 해방시키자"라는 긴 성명문을 발표했다.[19] 우익 인사들이 조련을 떠나서 따로 민단이라는 한국계 단체를 만들게 되는 계기를 제공한 사람이 바로 김재화였다. 그렇게 공산주의자와 정면으로 맞붙었던 김재화를 박정희 정권은 북한 간첩, 공산주의자라고 몰았다.

김재화가 유지간담회의 얼굴이었다면 핵심 브레인은 배동호였다. 경남 진주가 고향인 배동호는 와세다대학 법과에서 공부했으며, 젊은 시절부터 언론인으로서 문필 활동을 했다. 일제강점기에 《중앙시보》 기자를 거쳐 《공업신문》과 《산업신문》 주간으로 활약했으며, 해방 후에는 「전국주간신문기자협회」 위원장을 지냈다. 1956년 《일본 코리아 뉴스》를 설립해 운영하기도 했다. 민단에서는 1951년 중앙본부 민생국장을 시작으로 사무총장과 부단장, 중앙본부 의장 등을 역임했다. 그는 명석한 머리와 온화한 리더십으로 사람을 끌어당기는 힘을 가졌다. 《민족시보》 사장 김용원은 배동호에 대해 "활동가이기 이전에 인간적으로 인자하고 자상"해 "후배들에게도 격려를 아끼지 않았고 결코 화내는 일 없이 관대한 마음과 부드러운 화술로 사람의 마음을 끌어당겼고 스스로 투쟁의 대열에 서게 했다"[20]라고 평했다. 정보부 등 공안 당국은 그가 해방 직후 고향에서 남로당 활동을 했다고 줄곧 공격했다. 유지간담회에 속했던 정찬진, 김금석 등도 단장을 비롯해 민단에서 중요 직책을 맡았던 인물이다.

민단 간부가 만든 멸칭 '베트콩'

유지간담회 발족 과정에서 권일의 선택은 대화와 화합이 아니라 대결과 공세였다. 그는 한학동 위원장인 이상희를 1961년 12월 정권 처분한 데 이어 유지간담회의 핵심인 한청 위원장 곽동의도 1962년 4월 2년간 정권 처분했다. 이에 유지간담회 쪽의 반발은 거세지고, 민단 내 대립은 악화했다. 민단의 각급 회의가 열릴 때면 권일파와 유지간담회파로 나뉘어 격돌하기 일쑤였다.

권일 쪽은 유지간담회 인사들을 심지어 '베트콩'이라고 공격했다. 베트남전쟁 때 남베트남에서 활동한 공산 게릴라를 일컫는 베트콩이라는 멸칭을 민단 비주류 인사들에게 붙여서 색깔 공격을 한 것이다. 비주류 개혁파를 베트콩파라고 한 유래에 대해서는 유지간담회의 중심인물인 배동호와 발음이 비슷해서 그랬다는 설이 있지만, 권일의 회고록에 따르면 민단 간부가 붙인 용어였다. 권일이 민단 단장이 되고 얼마 뒤인 1961년 가을쯤 일본 법무성의 공안 담당 검사가 꼭 만나고 싶다면서 그를 불렀다. 그 공안 검사는 민단 안에서 권일을 반대하는 움직임에 대해 "북의 강력한 지령에 의한 것이기 때문에 (해결이) 용이할 리가 없을 것"이라며 "지금의 반혁명·반집행부 운동은 신경 쓰지 않으면 큰일"이라고 말했다고 한다. 권일이 민단으로 돌아와 공안 검사에게 들은 얘기를 부단장에게 전하자 "그들도 대체로 긍정"하고는 "금후 반집행부 운동에 대해서만은 북에 대한 경계로 대처해 나갈 것을 맹세"했는데 "이때 강학문 민생국장이 반집행부파를 가리켜 베트남 전선에서 남베트남이 베트콩에게 고통을 받고 있다는 것에 비유하여 '그들은 마치 베트콩 같군요'라고 말해 베트콩파의 호칭이 시작됐다"[21]라는 것이다. 민단 간부가 권일과 그의 집행부를 반대하는 사람들을 북한의 앞잡이로 취급하겠다는 의미에서 붙인 단어였다. 실제로 민단의 기득권층은 이후 비주류 개혁파를 그런 혐의로 쫓아내게 된다. 특히 권일 회고록의 이 부분은 일본의 극우파를 지원하는 일본 공안 관계자들의 사고방식뿐 아니라 이들과 민단 기득권층과의 유착 관계를 잘 보여준다.

권일파와 유지간담회파로 갈라진 민단 내 대립은 한일 국교 수립을 위한 양국 회담을 둘러싸고 더 심해졌다. 권일은 국교 수립을 무조건 찬성한 데 비해 유지간담회 쪽은 굴욕적인 회담이라며 한국의 청년 학생 및 야당과 보조를 맞춰 반대운동을 거세게 벌였다. 1965년 한일 회담이 타결된 뒤에도 특별영주권 문제와 「출입국관리령」(「입관법」) 개정, 「외국인학교법」 등 재일동포의 권익과 관련된 사안을 놓고 양쪽의 의견은 완전히 달랐다.

비주류파와 갈등할수록 권일이 이끄는 민단 주류는 박정희 정권에 더욱 밀착했다. 권일은 1966년 6월 민단 단장에 재선출된 뒤 「제4선언문」을 채택했다. 민단의 자주성을 강조했던 4·19혁명 직후의 「제3선언문」과는 정반대 방향이었다. 즉 "대한민국 재일 공관의 활동에 적극적으로 협력"하며 "조국 대한민국과 함께 자유 진영의 입장을 견지하고 반공 이념하에서 전 동포를 단원으로서 포섭하도록 노력하고 반공투쟁을 전개한다"라고 밝혔다. 이때부터 민단은 "한국의 재일공관에 대한 협력을 명문화해 한국 정부에 대한 비판적 자세는 없어지고 주체성을 잃게 되었"[22]으며, "민단의 여당화"[23]도 본격화됐다. 권일이 취한 민단의 이러한 노선은 한국 정부가 노골적으로 민단에 개입하는 길을 활짝 열었으며, 주일 한국대사관이 민단의 내부 갈등과 선거에 직접 개입하는 결과를 낳았다. 이는 결국 민단의 분열과 한민통의 탄생으로 이어지는 직접적인 계기가 됐다.

박정희 정부도 출범 직후 민단과 재일동포 업무를 외교부나 내무부가 아니라 정보부가 담당하는 것으로 바꾸는 등 민단과 재일동포 업무를 공안 시각에서 접근했다. 권일이 5·16군사정변 직후 방한해 쿠데타 주역을 만났을 때 김종필은 그에게 "오늘부터 재일동포의 일은 내무부 치안국에서 중앙정보부로 옮겨졌다"[24]라고 말했다. 이후 실제로 한국 정부, 특히 정보부는 민단에 대한 통제와 관여를 강화했다. 1969년 8월 민단 단장(이희원) 등 간부 73명을 서울로 불러서 연 「민단 강화대책위원회」 회의의 결론은 앞으로 주일 한국대사관과 민단이 정기적인 간담회를 갖는다는 것이었다. 회의에서 민단 참석자는 별 알맹이 없이 "박 대통령 각하의 탁월하신 영도하에 정부와 국민이 일면 국방, 일면 건설의 국가 목표를 성공적으로 달성하고 있는 데 깊은 감명을 받았다"라는 식의 찬사만 했다. 이에 《동아일보》가 사설에서 "차분한 회의라기보다는 들뜬 행사로 보이기 쉬운, 이런 회의가 열려야 하는지 의아해하는 묘한 눈도 개중에는 있는 것 같으니, 딱하다"[25]라고 비판하기도 했다. 그러나 박정희 정부가 민단 간부를 불러들여 간담회를 연 목적은 재일동포 사회에서 유지간담회를 고립시키는 것이었다. 간담회에 참석했던 정철에 따르면, 이날 대책회의에서 정보부는 따로 설명회를 열어 "「입관법」 반대운동이나 외국인학교 법안에 대한 반대는 조총련의 지시에 의한 것이라고 단정 짓는 슬라이드를 보여줬"[26]다. 민단 비주류의 활동을 북한 및 총련과 연결된 것으로 몰아 동포 사회에서 이들을 고립시키려 했던 것이다. 이처럼 민단에 대한 입김을 강화한 주일 한국대사관과 정보부는 1971년 그 유명한 녹음테이프 사건을 통해 민단 선거에 직접 개입하게 된다. 녹음테이프 사건은 뒤에서 자세히 살펴보겠다.

총선 직전에 야당 후보 김재화 구속

민단 내부의 대립은 박정희의 군사정변과 독재정치를 어떻게 바라볼 것인지에 대한 일종의 견해차 내지는 사상 대립이기도 했지만, 다른 한편으로는 민단 권력을 둘러싼 내부 헤게모니 다툼의 성격도 컸다. 1961년 이후 단장선거 때마다 양쪽은 중앙본부 단장을 둘러싸고 치열한 투표 전쟁을 치렀다. 당시 재일동포 사회는 본국 정부의 영향을 직접적으로 받았기 때문에 정부에 반대하는 비주류가 민단의 중앙 단장을 뽑는 선거에서 이기기란 쉽지 않았다. 하지만 유지간담회 쪽은 1970년까지 김금석, 이유천 두 명의 후보를 단장선거에서 당선시킬 정도로 동포 사회에서 폭넓은 지지를 받고 있었다.

영향력을 키워가던 유지간담회는 1967년 본국 정부로부터 또다시 심한 차별과 탄압을 받았다. 1967년 6월 7대 총선 때 서울에서 벌어진 상상을 초월한 야당 탄압 사건 때문이었다. 총선을 일주일 앞두고 서울지검 공안부는 신민당 전국구 후보 김재화를 「국가보안법」 위반 등의 혐의로 구속했다. 정보부는 유지간담회의 좌장인 김재화가 전국구 공천 헌금으로 신민당에 낸 4,000만 엔(원화 3,100만 원)*이 총련에서 나온 자금이라며 그를 잡아갔다. 당시에는 공천 헌금이 일반적인 관행이었다. 정보부는 수사를 빙자해 신민당 중앙 당사를 압수수색 했다. 또 신민당의 주거래은행인 상업은행 재동지점에 압력을 넣어 신민당의 예금 인출을 막았다. 김형욱 중앙정보부장이 직접 김재화 사건 기자회견을 열어 "조총련 자금 불법 유입에 의한 국회 침투 기도 사건"이라고 규정했다. 선거를 코앞에 두고 제1야당 후보를 간첩으로 몰아 야당 지지를 위축시키는 동시에 야당의 선거자금을 묶기 위한 정치공작이었다.

이 사건의 맥락은 박정희의 대통령 3선 출마의 길을 트기 위한 '3선 개헌'(1969)에 닿아 있다. 당시 박 정권은 개헌 의석을 확보하기 위해 총력을 기울이고 있었다. 떠오르는 야당 정치인 김대중을 낙선시키려고 대통령 주재의 국무회의를 목포에서 개최한 것도 이 때문이었다. 우리 사회에서 가장 약한 고리인 재일동포를 희생양으로 삼는 것은 박 정권으로서는 아무것도 아니었다. 당시 신민당 당수 유진오의 성명은 김재화 사건의 발생 배경을 잘 보여준다.

---

*   1970년대 초까지는 한화 가치가 엔화 가치보다 컸다.

▲ 김재화 씨를 전국구 후보로 받아들인 것은 60만 재일교포의 권익 보호를 위한 조치이며 김씨가 당에 헌납한 자금의 일부가 불순 자금이라고 하는 것은 그의 과거 이력에 비추어보아 납득할 수 없다.

▲ 이번 처사는 공화당이 재일교포 대표로서 권일 씨를 전국구 후보로 내정했다가 이를 실행하지 않은 데 반해 신민당은 김씨를 전국구 후보로 결정한 데 대한 재일동포들의 공화당에 대한 반발과 신민당에 대한 지지를 두려워서 취해진 졸렬한 조치다.

▲ 중앙정보부는 이 사건을 빙자해서 선거가 종반전에 이른 이 중요한 시기에 당 경리장부 전반에 걸친 수사와 당의 중진 인사들을 야간에 소환 심문까지 하는 것은 정부 권력을 악용한 선거 방해책으로 단정치 않을 수 없다.[27]

유진오의 설명처럼 5·16군사정변 지지파 권일은 공화당 전국구 후보 공천을 내락받고, 국회의원선거에 앞서 있었던 6대 대통령선거(5월 3일) 때부터 박정희의 당선을 위해 전국의 유세장을 뛰어다녔다. 하지만 막상 총선 공천이 완료된 날 전국구 후보 명단에 그의 이름은 없었다. 권일은 "다음 날 김종필 씨를 방문하여 그 연유를 묻자 민단에서 반대가 심해 이번에는 보류하자는 대통령의 의향으로 어쩔 수 없었다"라는 말을 들었다.[28] 김종필의 설명이 핑계인지, 아니면 다른 급한 사정이 있었는지는 알 수 없지만, 당시 동포 사회에는 단장직을 유지한 채 본국에서 정치활동에 몰두하는 권일을 해임해야 한다는 목소리가 많았다. 유진오의 분석처럼 권일을 여당에서 공천하지 않은 마당에 야당에서 재일동포 지도자를 당선 안정권에 공천할 때 자신들에게 닥칠 정치적 손실을 우려해 정보부가 공작에 나섰던 것으로 보인다. 이는 김재화 사건의 후속 흐름만 눈여겨봐도 명확하다.

김재화가 신민당 전국구 후보에 등록한 것은 개인의 결정이 아니라 유지간담회의 판단과 의견에 따른 것이었다. 공화당이 재일동포 대표로 권일을 전국구에 공천하기로 했다는 소문이 1967년 초부터 파다했다. 권일은 이를 위해 뻔질나게 한국을 드나들고 있었다. 이에 유지간담회 쪽은 "권일이 공화당 의원이 되면 재일동포의 실상이 국내에 왜곡될 것"을 우려해 신민당의 중진인 양일동과 유진산을 일본으로 불러 김재화 공천 문제를 협의했다.[29] 유진산이 김재화를 공천하겠다고 약속하자 유지간담회 사람들은 민단의 재력가 동포들로부터 4,000만 엔을 모금해 신민당에 보냈다.

정보부는 이 돈을 총련의 공작 자금으로 몰았다. 유지간담회는 돈을 낸 사람들의 명단과 액수까지 밝히면서 억울함을 호소했으나, 검찰은 김재화에게 징역 7년에 자격정지 7년을 구형했다. 1심 판사 이한동은 1967년 11월 구형량보다 낮은 징역 1년 6월에 자격정지 1년 6월형을 선고했으나 검찰의 공소사실은 그대로 인정했다. 이한동은 재판이 끝난 뒤 나가면서 김재화의 귀에 대고 "내 힘이 이것밖에 없습니다. 상고하십시오"라고 말했다고 한다.[30] 법과 양심에 따른 판결을 하지는 않았지만, 이한동조차 김재화에 대한 기소가 무리라고 판단했던 것이다.

그러나 2심 재판부(재판장 김기홍)는 김재화 사건의 핵심인 「국가보안법」과 「반공법」 위반 혐의에 대해 무죄를 선고하고, 「외환관리법」 위반에 대해서만 선고유예와 함께 추징금을 물렸다. 대법원도 1970년

8월 "국회의원 입후보를 위해 재일거류민단의 유지간담회 회원 20여 명이 3,100여만 원을 모금한 사실이 인정되나 이 자금 제공자들이 조련(조총련)계의 지령을 받았거나 내통함으로써 위장 지출되거나 김 피고인이 그 정을 알았다는 증거가 없"다며 원심을 확정했다.

주요 혐의가 무죄판결로 나왔음에도 박정희 정권은 김재화의 일본 귀환을 막았다. 정보부는 김재화를 활용해 그의 사위인 곽동의를 회유하고자 했다. 곽동의에 따르면, '1969년 3선개헌 반대운동을 할 때 본국 정보부의 관계자가 민단 단장을 지낸 이유천을 통해 자신을 찾아와서는 3선개헌 반대운동을 그만두면 김재화 선생을 돌려보내주겠다'고 말했다. 곽동의는 "그런 거래는 김재화 선생이 원하는 바가 아닐 것"이라며 거절했다.[31]

김재화는 대법원 판결 이후에도 일본으로 돌아가지 못한 채 4년간 한국에 발이 묶여 있다가 1971년 신민당 지도부의 배려로 전국구 공천을 다시 받아 8대 국회의원이 됐다. 그는 의원 임기를 시작하면서 "반국가적 행위라는 죄명을 붙여 법의 심판을 받게 되었다는 것이 나에게 가장 불미스러운 일이요, 그러기에 늘 가슴 아프게 생각할 뿐이다"라며 "정부로서는 지금까지 생각해온 재일동포에 대한 자세를 달리해서 이질시하지 말고 진정한 동포애로서 대책을 강구해주기 바라는 마음 간절하다"[32]라고 말했다. 주요 혐의가 무죄로 판결났던 이 사건은 나중에 김재화 본인이 의장 대행을 맡은 한민통이 반국가단체로 규정되는 것에 비하면 약과였다. 김재화는 의원으로 활동한 지 1년여 만인 1972년 10월 박정희가 유신 쿠데타를 일으키는 바람에 의원직을 중도에 상실했다. 민단의 4·19혁명 세력을 대표하는 김재화는 그 뒤 일본에 남아 한민통 결성의 중추를 담당하게 된다.

민단의 5·16군사정변 세력을 대표하는 권일은 1967년 국회의원선거 공천에서 막판에 빠졌지만, 차기를 약속받고는 전국 유세단에 합류해 공화당 선거운동을 벌였다. 그 역시 1971년 8대 국회 때 4·19혁명 지지파인 김재화와 나란히 국회에 입성했다. 유신 뒤 김재화가 타의로 한국 정치권을 떠난 것과 달리 권일은 1979년까지 박정희가 지명하는 「유신정우회」('유정회')* 소속 국회의원을 두 차례나 지내는 등 권세를 누렸다.

정보공사 김재권이 꾸민 녹음테이프 사건

1961년 이후 오랫동안 대립해오던 민단 내 주류와 비주류 양 진영은 1971년 개최된 정기대회에서 다시 맞붙었다. 박정희를 따르는 주류는 이희원 단장을 중앙본부 단장으로 계속 밀었고, 비주류인 유지간담회 쪽은 민단 교토본부 단장을 지낸 유석준을 후보로 내세웠다. 본국에서 대통령선거(4월 27일)와 국회의원선거(5월 25일)가 예정된 해여서 양쪽 모두 민단 지도부를 차지하려고 총력을 기울였다.

사전 분위기로는 유지간담회 쪽이 훨씬 유리했다. 그동안 유지간담회가 세력을 넓히기도 했지만, 본국의 정치 상황도 영향이 컸다. 3선

---

* 유신정권 시절 여당을 다수당으로 만들기 위해 의원 정수 3분의 1을 대통령이 추천해 「통일주체국민회의」가 선출한 의원 모임. 임기는 지역구 의원의 절반인 3년이었다.

출마를 위해 개헌까지 강행한 박정희를 비판하는 목소리가 높아져가는 반면, 40대 기수론을 내세운 야당 후보 김대중의 인기가 상승하고 있었던 것이다. 2년 전 민단 대회에서 단 네 표 차로 아깝게 진 유지간 담회의 유석준 후보가 이번에는 승리할 것이 확실시됐다. 그런데 정기 대회 열흘 전 엄청난 사건이 발생했다.

민단은 정기대회(3월 25일)가 열리기 전에 중앙위원회(3월 15일)를 열어 규약 개정 등 다른 결정 사항을 미리 처리했다. 중앙위원회에는 여느 때처럼 주일 한국대사관의 고위 관계자가 내빈으로 참석했다. 이해에는 정보부에서 파견된 정보공사 김재권(본명 김기완)이었다. 그는 축사를 위해 연단에 나와 "내가 지금 20년 데리고 산 여편네한테 배신을 당한 그런 심정으로 이 자리에 섰습니다"[33]라고 서두를 꺼냈다. 어리둥절해하는 참석자들에게 그는 더 놀라운 발언을 쏟아냈다. 그 내용은 "모 유력 후보의 주요 참모 격의 모씨가 중대한 반국가행위를 저질렀다. 그 인물은 총련의 최고 간부와 데이코쿠(제국) 호텔에서 밀회하여 한국 정부를 전복시키는 계획을 꾸몄다. 그 사실을 녹음한 테이프를 지금 공개해도 되는데, 그렇게 하면 선거 간섭이라는 비난을 받을 테니까 선거를 마친 후 언제, 어디서, 누구에게도 공개하겠다"[34]라는 것이었다. 민단의 공식 기록인 『민단50년사』에도 김재권이 "민단 간부를 역임한 자가 조총련과 만나 반국가적 발언을 했다"[35]라고 말한 것으로 기록돼 있다.

유석준 후보 진영을 지휘하는 사람이 배동호라는 것은 누구나 알고 있었기에 대회장에 모인 사람들의 시선이 배동호에게 일제히 쏠렸다. 뒤숭숭한 분위기 속에서 회의는 간신히 끝났지만, 김재권의 발언은 재일동포 사회를 발칵 뒤집어놓은 대형 폭탄이었다. 김재권은 25일 정기대회 날에도 내빈 축사를 하면서 '어느 민단 인사가 반국가적 언동을 했던 녹음테이프를 갖고 있고, 대회가 끝나면 공개해서 엄하게 처분하겠다'고 연거푸 주장했다. 당시 민단계 동포들은 북한이나 총련과 대결 의식이 강했던 터라 단장에 출마한 후보 쪽 인사가 총련 간부와 비밀리에 만났다는 일방적인 주장만으로도 김재권의 발언은 선거에서 엄청난 힘을 발휘했다. 이날 투표 결과 선거운동 기간 내내 열세에 있었던 주류 쪽의 이희원 후보가 근소한 표차로 승리했다.

민단 선거를 뒤집기 위해 정보부가 벌인 공작의 결과였다. 당시 정보부에서 일했던 이종찬은 이와 관련해 "후보가 누구였는지는 모르겠는데 한민통(유지간담회) 쪽 사람이 (단장을) 하면 안 된다는 지시는 분명히 내려갔다. 우리 쪽(강창성 차장보)이 아니라 이철희 쪽에서 그렇게 얘기하는 것을 들었다. 절대로 배동호 쪽은 안 된다는 얘기를 여러 번 들었다"[36]라고 말했다. 이철희는 정보부에서 해외를 담당하는 차장보였으며, 강창성은 국내를 담당하는 차장보였다.

정보부가 민단 단장선거에 깊이 개입한 것은 그해 4월 대통령선거와 5월 국회의원선거 때문이었다. 당시는 재일동포가 국내 여론에 끼치는 영향력이 상당했기에 정보부로서는 어떻게 해서든 유지간담회 쪽 후보의 당선을 막아야 했다. 곽동의의 다음 증언은 민단이 한국 정치에 어떻게 관여했었는지를 잘 보여준다.

대통령선거를 하게 되면 민단은 당시 일본 49개 현에 있는 상임위원들을 각자의 고향으로 보냈어요. 그때까지만 해도 일본의 동포들이 (한국보

다) 살기가 훨씬 좋았어요. 고향에 가서 어떻게 하느냐 하면 마을에서 돼지 한 마리를 잡고 술 몇 말을 사서 자그마한 잔치를 벌이는 거죠. 잔치를 벌여서 우리가 박 대통령 덕택으로 일본에서 잘살고 있다는 식으로 선전을 하는 거예요. 그 힘이 굉장히 큽니다. 대개는 (재일동포들이) 고향 사람들 생활도 조금씩 도와주고 하다 보니까 말발이 선단 말입니다. 그렇게 대통령선거 때 일종의 예비군으로 민단을 동원하기 위해서 그렇게 한 거죠.[37]

실제로도 그랬다. 민단 중앙본부 의장을 지낸 박성준이 "1971년 5월경 민단 가나가와현본부의 간부로 있으면서 당시 국내에서 실시한 바 있는 대통령선거운동이 전개되었을 때 박 대통령을 지지해 그분의 당선을 지원하겠다는 일념으로 고향인 전남 장흥에 가서 장기간 체류하면서 동 선거운동을 지원한 사실이 있다"[38]라고 한 발언(1980년 김대중 내란음모 사건 당시의 관련 진술)이 대표적이다.

민단 단장선거에 개입한 김재권은 정보부 일본 책임자였다. 그는 1973년 8월 김대중 납치 사건 때는 서울본부에서 공작단장으로 파견 나온 윤진원을 도와 납치를 거들었다. 김대중이 그랜드팔레스 호텔에서 양일동 의원을 만나기로 한 정확한 일정을 파악해 공작팀에게 넘겨줬으며, 김대중이 납치된 직후 사건 현장에 나타났다가 양일동에게 목격되기도 했다. 김대중 납치 사건이 한일 간 외교 문제로 비화되자, 김재권은 그해 말 한국으로 돌아간다며 서울행 비행기 표를 끊어서 하네다 공항 구내로 들어간 뒤 바로 미국행 비행기로 바꿔 타고 도피했다.[39] 그는 로스앤젤레스의 중산층이 사는 동네에 수영장 딸린 저택을 구입한 뒤 집 안에서도 노랑머리 가발을 쓴 채 숨어 살았다. 납치 사건의 전모를 잘 아는 그는 자신의 직전 상관이자 미국에 망명 중이던 김형욱 전 중앙정보부장의 조언에 따라 정보부를 협박해 200만 달러를 받아냈다고 한다.[40] 그는 오바마 행정부 때 주한 미국 대사를 지낸 성김의 아버지이기도 하다.

김재권의 폭탄 발언에 힘입어 한국 정부와 주일 한국대사관은 유지간담회 쪽 후보가 민단 단장이 되는 것을 막고, 이후에도 비주류파인 유지간담회를 더 강한 반박정희 세력으로 몰아붙였다. 그 결과 민단은 두 쪽으로 완전히 분열하고 말았다.

엄청난 파장을 일으킨 녹음테이프는 정말 있었을까? 김재권이 민단 대회가 끝난 뒤에도 녹음테이프 공개를 미루자, 유지간담회 쪽은 테이프 공개와 주일 한국대사관의 공식 사과를 요구했다. 답이 없자, 이들은 4월 15일 성명을 내고 「중앙감찰위원회」 책임 아래 민단 내의 공식 회합 자리에서 공개할 것"을 요구했다. 당시 주일 대사보다 훨씬 힘이 셌던 정보부 파견 공사에게 민단원들이 성명을 낸 것은 이례적인 일이었다. 그만큼 비주류 개혁파 인사들의 분노가 컸다. 그러나 김재권과 민단 지도부는 수습은커녕 일을 더 키우면서 분열을 부채질했다. 김재권은 5월 7일 대사관에서 한국 기자들을 불러 회견을 열고 반국가 발언을 한 인물은 배동호라고 이름을 공개했다. 이즈음부터 녹음테이프 내용에 대한 말이 슬쩍 바뀌었다. 처음 민단 중앙위원회에서 김재권은 '배동호가 조총련의 간부를 만나 반국가행위를 꾸몄다'고 했지만, 그 이야기는 온데간데없어졌다. 대신 '배동호가 유학생인 이동일에게 남한에 계급 없는 사회를 건설해야 한다, 여야 정당을 믿을 수 없으니 제2의 4·19를 일으켜야 한다고 했다'는 주장을 내놓았다.

이동일은 정체가 모호한 인물이다. 『민단50년사』는 "과학기술처에서 원자력 관계를 연구하기 위해 교토대학에 공부하러 왔"던 사람이라고 밝혔지만, 유지간담회 쪽은 정보부 요원이거나 *끄나풀*이라고 주장했다. 곽동의의 증언(김대중도서관과 한 인터뷰)과 『민단50년사』 등을 종합하면 1970년 말이나 1971년 1월쯤 배동호가 이동일을 한두 차례 만난 것은 사실로 보인다. 교토에 있던 유지간담회 쪽 유력 인사가 자기 조카인 이동일을 배동호에게 소개했고, 배동호는 청년들과 잘 통하는 곽동의를 데리고 가서 이동일을 만났다. 이동일과 김재권의 주장은 '그 자리에서 배동호가 제2의 4·19혁명 운운하면서 선동 발언을 했다'는 것이다. 배동호의 그런 발언이 문제라고 생각한 이동일이 "1971년 1월 23일 배동호를 다시 만나 4·19혁명을 교사하는 물적 증거를 잡기 위해 스스로 녹음"해서 "공관으로 뛰어"가 신고했다는 것이다.[41] 하지만 곽동의는 '이동일이 김대중 후보를 돕고 있다면서 민단에서도 도와달라고 하기에 배동호가 우리는 본국 선거에 개입할 수가 없다, 김 후보를 지지한다면 청년 학생들이 열심히 뛰어라, 청년 학생이 바로 서야 나라가 바로 선다, 이승만을 하야시킨 것도 학생들이 그렇게 힘을 냈기 때문이 아니냐고 말했을 뿐'이라고 했다.[42] 상식적으로는 곽동의의 말이 설득력 있다. 처음 만나는 사람에게 계급 없는 사회니 제2의 4·19니 하면서 정부 전복을 부추긴다는 것은 전혀 상식적이지 않다.

이동일이 배동호와 만나서 어떤 대화를 했는지는 논란이 있지만, 확실한 것은 김재권이 민단 대회에서 일부러 거짓말을 했다는 점이다. 즉 배동호가 이동일을 만난 것을 배동호가 총련 간부와 만나 반국가적 모의를 했다는 식으로 허위 발표했던 것이다.

"삐삐삐" 잡음만 담긴 녹음테이프

유지간담회 쪽이 테이프 공개를 거듭 요구하자, 김재권은
마침내 5월 12일 녹음을 공개하겠다면서 대사관으로 전현직 민단 간
부와 유석준 후보 등 관계자 여덟 명을 불렀다. 배동호만 '없는 테이프
를 왜 들으러 가느냐'며 불참하고 나머지는 다 모였다. 유지간담회의
주요 구성원이던 정재준은 이날 대사관에서 있었던 일을 회고록에 자
세하게 남겼다.

김재권 공사는 그러한 허구를 미봉하기 위해 '이것이 문제의 녹음이다'
며 테이블 위에 한 테이프를 두고 그야말로 내용이 있는 것처럼 가장했
다. 그러나 그는 '배동호의 결석'과 '국가 기밀'을 구실로 녹음테이프를 들
려줄 수가 없다면서 공개를 거부했다.
김재권 공사는 그날 이런 엉터리 일을 하기 전에 동 공사 앞에 '합의각서'
란 것을 제시하면서 여덟 명의 서명을 요구하였다. 그 문서 내용은 '① 본
회합에서 공개되는 녹음과 증거, 증언은 민단원 배동호의 반국가행위를
확인하는 데 있다. ② 본 회합에서 사용되는 각종 물적 증거는 앞으로 국
가사법기관에 보존되는 증거 자료여서 재공개 혹은 내용의 시비는 허락
되지 않는 조건에서 본회의에서만 사용된다. 이상 두 가지에 동의한다'
란 내용이었다. (⋯)
그런 속에서 김재권 공사는 '문제의 녹음테이프의 증인을 여러분이 만나

게 하겠다'며 이 영사*에게 다른 방에서 이동일을 데려오게 해서는 '4·19 혁명 때 활약한 학생', '김대중 씨와 가까운 사이', '지금은 유학생' 등 이동일의 경력을 참석자들에 소개하였다. 그 후 김 공사는 이동일에 대하여 배동호 씨와의 대화를 '여기서 다시 하라'고 지시하고, 이동일이 그에 응하는 형식으로 진행하였다. 다른 참석자들은 그들의 연출을 가만히 지켜보았다.

그 방의 중앙 테이블 위에 있던 녹음기에는 그들의 이 연출이 녹음되도록 설치돼 있었다. 이동일이 증언(배동호 씨와의 대화 재현 연출)을 마쳤을 때 김재권 공사는 '아까 이동일의 증언은 진짜 테이프와 다름이 없다'며 이 테이프를 민단에 가져가서 많이 활용해주라고 했다. 그 후 실제 이 녹음테이프의 복사본은 일본 각지의 한국영사관에 배송되어 녹음 사건에 의문을 가지는 민단 간부나 유력자들에 들려줬다고 한다.[43]

정재준에 따르면, 김재권은 이동일이 직접 녹음했다는 테이프는 들려주지 않고, 녹음테이프를 공개하겠다는 자리에서 이동일을 불러 발언하도록 하고는 오히려 그것을 녹음했다는 것이다.[44]

김재권이 사람들을 부른 자리에서 이렇게 만든 것과는 다른, 이동일의 녹음테이프가 하나 있긴 했다. 물론 이것도 김재권이 민단 대회에서 폭탄 발언을 한 이후 만든 것이다. 한청 활동가였던 임무택의 책에 따르면, 관계자 여덟 명에게 테이프 공개를 하기로 한 전날 저녁에 이동일이 대사관에서 배동호의 집으로 전화를 걸어 4·19가 어쩌고 하

---

* 대사관에 파견돼 있던 정보부 요원.

면서 여러 가지를 물으면서 답변을 유도했고, 그것을 녹음했다는 것이다. 민단 기관지인《한국신문》의 1971년 당시 보도에도 김재권이 녹음테이프를 공개하기로 한 "전날 이른 아침"에 이동일과 배동호의 전화 통화가 있었다면서 두 사람 간의 "전화 녹음 내용의 개요"가 실려 있다. 통화 시점이 약간 다르긴 하지만,《한국신문》에 나온 이 통화 내용은 임무택이 말한 녹음과 같은 것으로 보인다. 그 내용을 보면 이렇다. 이동일이 "제 주변 사람들이 대부분 검속되고 있습니다", "그래서 몹시 불안합니다", "(제가) 배동호, 곽동의 선생을 만났다는 말을 하지 않고 있습니다", "(배 선생님이 그날 저한테) 사회주의라고 하셨던 얘기도 하지 않습니다"라는 등의 말을 일방적으로 늘어놓지만, 배동호는 대부분 "응 응"이라며 단문으로 답했다. 이동일이 마지막에 "제2의 4·19 운운하면서 저한테 했던, 사소한 것입니다만, 전부 모르는 것으로 해버리죠"라고 하자, 배동호는 "잘 생각해서 하세요. 나는 설령… 그들이 녹음 공개를 하겠다니까. 글쎄 무엇이든 간에 반국가적일 게 있겠는가"[45]라고 말했다. 이동일이 자꾸 배동호에게 문제적 발언을 끄집어내려고 애쓰지만, 배동호는 정보부가 설령 당신과 내가 한 말을 녹음해놨다고 하더라도 문제될 내용이 없다는 답을 한 것이다.

노무현 정부 때 「재외동포재단」 이사장을 지낸 이구홍도 2008년 8월 진실화해위원회의 한통련 관련 조사에서 (자신이 보관하고 있는) "녹음 내용은 배동호와 유학생 이동일 간의 전화 통화인데 배동호가 국가 전복을 사주하는 발언을 하는 내용이 아니라 이동일이 주로 유도하는 발언을 계속하고, 배동호는 동의나 부정을 하는 정도의 단문 대답으로 일관하는 내용이다"[46]라고 말했다. 50여 년간 재일동포 등 동포 문제를 연구해온 이구홍 현 「해외교포문제연구소」 이사장은 필자에게도 "당시 민단의 한 간부로부터 녹음테이프 복사본을 얻었다"라면서 그러한 내용을 확인했다. 이구홍이 보관하고 있다는 녹음테이프는 임무택이 말한 것과 동일한 것으로 보인다.

정보부본부에서도 당시 이동일이 녹음한 테이프를 들어봤다는 사람이 있다. 국내를 담당했던 강창성 차장보의 비서로 일했던 이종찬이다. 그에 따르면, 1971년 초에 있었던 배동호와 김대중의 대화를 이동일이 녹음한 테이프라면서 강창성 방으로 가지고 왔기에 들어봤으나 내용 판독이 불가능했다. 주일 한국대사관 업무는 김대중 납치를 했던 이철희 차장보의 소관이었지만, 그 테이프가 김대중과 관련이 있다고 해서 강창성 방에도 왔다는 것이다. "빨간색 녹음테이프였는데 녹음이 잘못됐는지 '삐삐삐' 소리만 나서 무슨 얘기인지 하나도 알아들을 수 없는 상태였다. 그래서 정보부본부는 녹음테이프에 이상이 있으니 터뜨리지 말라고 지시했는데도 김재권이 민단 선거 때 테이프 얘기를 꺼냈다"라고 했다. 이종찬은 "배동호-김대중 테이프 말고 배동호와 이동일의 대화를 녹음한 테이프도 있다는 얘기를 들었지만 그 테이프 내용은 확인하지 못했다"[47]라고 말했다.

이러한 증언과 기록을 종합하면, 녹음테이프에 관한 추정이 어느 정도 가능하다. 즉 원래는 당시 야당 대선후보였던 김대중에게 흠집을 내기 위해 정보부가 공작을 꾸미는 과정에서 테이프가 만들어졌을 가능성이 높다. 김대중이 1971년 초 미국으로 가는 길에 일본에 들렀을 때 배동호와 만나서 나누는 대화를 이동일이 몰래 녹음했고, 이 테이프가 정보부본부에 전달됐을 것이다. 그러나 대화를 알아듣기 힘들

정도로 상태가 형편없자, 정보부에서는 활용을 포기하고 김재권에게
도 테이프 얘기를 꺼내지 말라고 입단속을 했다. 김대중-배동호 테이
프 얘기가 나오는 순간 정치 공작의 꼬리가 밟힐 수 있기 때문이다. 그
러나 김재권 앞에는 다른 위기가 놓여 있었다. 바로 민단 단장선거였
다. 비주류 인사가 단장이 될 게 확실했고, 그렇게 되면 김재권은 본부
의 호된 문책을 받을 처지였다. 더구나 배동호파가 단장이 되는 것을
막으라는 지시도 내려온 상황이었다. 이에 김재권은 본부가 공개를 금
지한 김대중-배동호 테이프가 아니라 배동호-총련 간부의 대화라는
존재하지도 않는 녹음테이프 얘기를 꾸몄다. 그의 교묘한 발언으로 민
단 선거 결과는 자신이 희망한 대로 나왔다. 그런데 이제는 거짓말을
수습해야 하는 문제가 생겼다. 배동호와 총련 간부의 대화를 녹음할
수는 없지만, 배동호에게서 반국가적 발언이라고 할 만한 내용만 끌어
내면 된다고 생각했을 것이다. 이동일이 배동호에게 전화해서 유도성
질문을 해 녹음한 테이프는 그래서 만들어졌을 것이다. 하지만 그 내
용은 함량 미달이었다. 민단 간부와 비주류 인사들을 대사관으로 부른
자리에서 이동일에게 해당 발언을 하도록 해 그 내용을 다시 녹음한
것은 이런 이유에서였을 것이다.

　이쯤이면 이동일의 정체가 궁금해진다. 녹음이 잘 안 되긴 했어도
김대중-배동호, 배동호-이동일 본인이 하는 대화를 녹음해 주일 한국
대사관의 정보부 요원이나 서울 정보부본부에 가져다준 사람을 평범
한 유학생으로 보기는 어렵다. 게다가 대사관에 대기했다가 녹음테이
프를 공개한다는 자리에 나타나서 김재권이 원하는 내용의 발언을 해
준 인물이다. 이종찬은 "이동일은 김대중과 배동호가 만나서 나눈 얘

기 등을 강창성 차장보 방에 와서 신하순 보좌관에게 자세하게 디브리핑(보고) 했다"라고 했다. 이동일의 고향은 강원도 강릉으로 신 보좌관과 동향이었다. 훗날 의원 이종찬은 이기택 민주당 대표한테 들렀다가 그 방에서 잠깐 이동일을 본 적이 있다고 말했다.[48]

김재권은 테이프를 공개하지 못해 궁지에 몰리자, 얼마 뒤부터는 테이프를 본부에 보냈기 때문에 일본에 없다고 발뺌했다. 김재권이 이런 핑계 저런 핑계를 대면서 녹음테이프 공개 약속을 지키지 않자, 유지간담회 인사들이 중심이 된 민단 개혁파는 5월 15일 「민단자주수호위원회」('자주위')를 결성했다. 유지간담회가 민단의 개혁과 독립성을 강조했던 데 비해 자주위는 민단의 민주화를 확실하게 내걸었다. 본국 정부나 주일 한국대사관, 특히 정보부의 간섭을 배제해야만 자율적인 민단을 만들 수 있다는 판단에 따른 것이다. 이에 따라 민단 개혁파의 투쟁 대상도 민단 주류에서 주일 한국대사관으로 바뀌기 시작했다. 이는 본국 정부와 싸우겠다는 의미였다. 본국 정부에 대한 본격적인 대항은 민단이 만들어진 이후 처음이었지만, 많은 재일동포가 자주위에 참여했다. 특히 한청과 한학동 등 청년들이 적극 가담했다. 권일 단장 시절부터 계속돼온 민단 간부의 본국 정부에 대한 예속, 정보부의 과도한 개입에 대한 누적된 불만 때문이었다.

자주위는 제일 먼저 '녹음문제진상보고대회'('녹음보고대회', 6월 18일)를 열었다. 민단의 주류와 비주류 간 말다툼이 아니라 이제 세력을 동원한 싸움이 됐다. 김재권과 민단 지도부는 이러한 사태를 수습하기보다는 개혁파를 민단 바깥으로 내쫓는 선택을 했다. 첫 번째 타깃은 자주위의 핵심인물인 배동호였다. '녹음보고대회'를 일주일여 앞둔 6월

'녹음문제진상보고대회', 1971년 6월 18일. 『한통련20년운동사』

8일[49] 배동호는 정보부 제5국 수사단의 수사관이 보낸 국제우편물을
받았다. "「반공법」 위반 피의 사건에 관하여 귀하의 진술을 청취하고
싶기에 1971년 6월 15일 오전 9시 30분에 당국 수사단까지 도장과 이
출석요구서를 가지고 출두해주기 바란다"[50]라고 쓰여 있었다.

　재일동포에 대한 본국의 출석요구서는 유례가 없었다. 그가 출두하
는 순간 바로 구속될 것은 불을 보듯 뻔했다. 한국과 관련한 뉴스를 다
루는 《한국통신》이라는 언론기관을 운영하던 배동호는 고심 끝에 일
본의 저명한 변호사 가이노우 미치타카(戒能通孝)와 함께 6월 15일 기
자회견을 열어 녹음 사건의 경위를 상세히 설명한 뒤 출석요구서가
부당하다며 일본 정부에 신변 보호를 요청했다. 국내 언론은 그가 기
자회견에서 말한 내용은 전하지 않고 "대사관 고위 소식통"을 인용해

배동호가 일본에 밀항하기 전 최재술이라는 가명으로 남로당 활동을
했다는 등 일방적인 비방 내용을 보도했다. 이에 비해 일본 언론은 '야
당 지지 한국통신사 사장에게 본국에서 소환장, 「반공법」에 저촉되면
법무성은 보호'(《마이니치신문》) 등 기자회견 내용과 함께 한국이 강제
소환할 경우 일본 정부가 이를 막을 것이라는 내용을 비중 있게 보도
했다.[51] 배동호의 자기 방어적 기자회견 내용이 일본 언론에 크게 보
도되자, 민단은 즉각 "반국가적 반민단적 이적행위"라고 몰아붙였다.
또 민단 「중앙감찰위원회」를 내세워 18일 예정된 '녹음보고대회'를
"불법 대회"로 규정하고, 대회를 중지할 것을 민단 도쿄본부에 권고했
다. 실질적 동원력이 있는 도쿄본부의 손발을 묶으려는 속셈이었다.

사업가 정재준의 뚝심

자주위의 중심인 도쿄본부를 이끄는 단장은 정재준이었
다. 정재준은 경북 경산이 고향으로, 건설공사 현장에서 막일을 하던
아버지를 찾아 어릴 때 어머니의 손을 잡고 일본으로 건너갔다. 가난
때문에 대학 진학을 포기하고 아버지의 토목사업을 도왔다. 제2차 세
계대전이 끝난 뒤 그는 도쿄에 '아사히토목주식회사'를 설립하고 부동
산업에도 진출했다. 사업가인 그는 동포 사업가들이 일본 시중은행에
서 돈을 빌리기 어려워 자금난을 겪는 사실을 누구보다 잘 알았다. 이
를 해결하기 위해 동포 상공인들의 돈을 모아서 '도쿄상은신용조합'도
만들었다. 한때 일본인 전체 납세 실적에서 상위권에 오를 정도로 재
력이 탄탄했다. 정재준은 민단 초창기인 1948년 9월 도쿄 시부야지부

를 만들 때부터 민단 일에 참여했다. 앞에 나서기를 좋아하지 않는 성격이어서 뒤에서만 돕다가 1968년 주변의 강한 권유로 도쿄본부 단장선거에 출마해 당선됐다. 1970년 도쿄 단장선거에서는 정보부와 민단 중앙의 거센 방해공작을 이기고 재선에 성공했다. 투표 당일 "내빈으로 참석한 중앙정보부 요원들인 영사 세 명이 단상에서 투표자 한 사람 한 사람의 얼굴을 쳐다보면서 붓의 움직임을 살폈"을 정도로 투표장 분위기가 험악[52]했는데도 너끈히 승리했다.

유지간담회와 자주위 활동에 적극적이었던 정재준은 직접적 신체 위협도 여러 차례 받았다. 한밤중 집에 화염병이 날아드는가 하면, 낯선 사내가 차를 몰고 문안으로 들어와 한동안 머물다가 사라지기도 했다. 또 '긴자의 호랑이'라는 별명의 야쿠자 두목 정건영, 일본 이름 마치이 히사유키(町井久之)한테서 "지금 당신이 추진하고 있는 민단의 자주화운동이나 박 정권 타도운동을 그만둘 수 없는가"라며 경고를 받기도 했다. 그러나 그는 "걱정해줘서 고맙지만, 그렇게 간단한 얘기가 아니다. 나에게는 내가 가는 길이 있고, 당신에게는 당신의 길이 있다고 생각한다"[53]라며 거절했다.

정재준은 1차 김대중구출대책위에 이어 1980년의 2차 김대중구출대책위 위원장까지 맡는 등 한민통의 중핵으로 활약했다. 1982년 말 그가 한민통을 탈퇴하자, 당시 전두환 정권과 언론은 정재준의 탈퇴로 한민통이 와해됐다고 선전했다. 그러나 그의 탈퇴는 사업상의 어려움 때문이었다. 그동안 빌딩 등을 팔아 6억 엔을 후원하는 등 한민통 활동에 전력하는 바람에 골프장 건설사업 등이 자금난에 빠져 있었다. 훗날 회고록에서 한민통의 주요 인물들을 높이 평가하는 등 끝까지 한민통에 애정을 보인 데서도 정재준의 마음을 읽을 수 있다. 그는 김재화에 대해서는 "민주주의에 대한 신념, 조국을 사랑하는 마음, 동포를 생각하는 마음의 깊이와 넓이에서 머리가 수그러진다"라고 했으며, 배동호에 대해서는 "박정희 독재정권에 대한 엄한 비판과 민주화·조국통일에 있어서 높은 식견으로 민주 세력을 지도하는 이론가였다"라고 말했다. 또 곽동의에 대해서도 "정의감이 지극히 강하고 운동의 이론과 실천력을 겸비했던 사람"이라고 평하고는 "이 3인의 동지의 의지를 이어받은 후배들이 한민통을 계속 이끌면서 민주화·통일의 완성을 향해 나아가고 있는 것을 자랑스럽게 생각한다"[54]라고 적었다.

한통련(한민통) 역시 정재준이 떠난 뒤에도 조금도 그를 비난하지 않았다. 2006년 정재준의 회고록 출판기념회 때 곽동의 등 한통련 간부들이 대거 참석해 축하했으며, 2010년 12월 그가 숨졌을 때는 한통련 의장 손형근이 《민족시보》에 추모사를 썼다. 손형근은 "73년 한민통 결성은 '개인 재산을 깡그리 털어서라도'라는 민단 도쿄본부 단장 정재준 선생의 중대한 결심이 있었기에 가능했"다며 "경제적 사정으로 한민통을 퇴임하고 나서도 정치적 신조를 지키셨"[55]다고 적었다.

정재준은 '녹음보고대회'에 참석하지 말라는 중앙본부의 명령을 따르지 않고 오히려 도쿄본부의 각 산하지부와 단체에 적극 참가할 것을 독려하고, 도쿄본부의 기관지인 《민단 도쿄》를 통해 '정보공포정치, 재일동포에게도'라는 제목으로 주일 한국대사관의 행태를 정면으로 비판했다.[56] 이에 민단 집행부는 7월 5일 도쿄본부에 대한 직할 관리를 통고한 데 이어, 7월 8일에는 "국가 및 민단의 위신을 손상했다"라며 배동호를 제명했다. 도쿄본부의 직할 처분에 정재준이 응하지 않고 기자회견을 열어 "반역행위"라며 반발하자, 민단「중앙감찰위원회」는 도쿄본부 단장 정재준과 의장 민영상에게 정권 3년을 처분했다.

민단의 강경한 조처는 양쪽의 대립을 격화시켜 급기야 무력 충돌까지 일어났다. 민단 중앙은 직할 처분했던 도쿄본부 사무실을 1971년 8월 2일 낮에 강제로 접수했다. 이에 반발한 도쿄본부 직원과 한청, 한학동 소속 청년 수십 명이 그날 밤늦게 정문 현관 유리창을 깨고 들어와서 강제로 사무실을 되찾았다. 양쪽이 무력 충돌하는 과정에서 민단 중앙 쪽 20여 명이 중경상을 입는 등 서로 다수의 피해자가 발생했다. 이른바 8·2사건이다. 이후 양쪽 싸움에 정보부도 노골적으로 끼어들었다. 그해 12월, 정보부가 민단 도쿄본부의 여권 발급 수속 등의 업무를 박탈한 것이다. 민단은 창립 이래 본국 정부의 위탁을 받아 여권 신청 등의 업무를 대행하면서 수수료 등을 받아 조직 운영비로 사용해왔다. 여권 업무를 빼앗음으로써 민단 개혁파의 거점인 도쿄본부의 자금줄을 끊겠다는 의도였다. 주요코하마 한국영사관도 1972년 6월 자주위 쪽과 행보를 같이하는 민단 가나가와본부의 영사 사무 위임업무를 정지했다. 박정희 정권 역시 민단의 중앙집행부 쪽에 직접 힘을 실어줬다. 1971년 11월 민단 간부 50여 명을 서울로 불러 '북괴의 재일조선인 사회 침투에 대비한 승공교육'을 실시했으며, 이듬해 1월 말에는 민단 중앙 간부 14명을 주일 대사 이호와 함께 불러들인 자리에서 박정희가 직접 "재일거류민단을 더욱 강화하여 교포 단결에 힘쓰라"[57] 하고 격려했다.

점점 깊어가던 양쪽의 갈등은 이후 이른바 '4·18사건'으로 수습이 불가능한 상태가 됐다. 이 사건은 역설적이게도 갈등을 수습하는 모임을 갖던 중에 일어났다. 정재준 등 도쿄본부 대표자들은 1972년 4월 18일 그동안의 민단 사태를 수습하기 위해 중앙본부를 방문했다. 방문 며칠 전에 「사태 수습 3항목 제안」이라는 문서를 만들어 중앙본부에 전달해 방문 승낙도 미리 받은 상태였다. 도쿄본부가 제시한 수습 방안은 '부당 처분을 철회하고, 관권 개입을 배제하며, 중앙위와 중앙대회를 조기 소집'하자는 것이었다. 즉 녹음테이프 문제로 벌어진 일을 새 단장을 민주적으로 선출함으로써 해결하자는 안이었다. 이 해결책은 중간 위치에 있는 인사들이 민단과 자주위 양쪽의 의견을 절충한 결과이기도 했다.

도쿄본부 사람들이 중앙본부에 갔을 때는 단장과 의장 등 중앙 간부들이 자리를 비운 상태였다. 이에 도쿄본부 사람들은 3기관장이 돌아올 때까지 회의실에서 대기했다. 중앙 간부들이 밤 11시쯤 나타났고, 양쪽은 수습 방안을 두고 격론을 벌인 끝에 제명과 정권 조치를 곧 해제하고, 이를 실행하지 못하면 중앙본부의 윤달용 단장대리 등 3기관장이 책임을 지고 사퇴한다는 각서에 합의했다. 양쪽이 만나는 동안 8·2사건에 책임을 지고 단장에서 물러났던 이희원이 나타났다. 그가 회의장에 들어가려고 하자, 그의 회의장 입장을 놓고 중앙본부 쪽과 한청 회원들 간에 몸싸움이 벌어졌다. 이 와중에 이희원이 한청 회원에게 발로 걷어차이는 사태가 발생했다. 1976년에 발간된 『민단30년사』에는 "정재준, 곽동의, 민영상, 배동호 등을 선두로 70여 명의 이른바 반체제 분자(한청, 한학동)들은 민단 중앙본부에 난입하여 3기관장을 감금하고, 폭언을 퍼붓고, 협박하면서 대회 소집을 약속하는 각서를 강요하였다"라고 적혀 있다. 각서가 도쿄본부 쪽의 강압에 의해 작성됐다는 것이다. 이에 대해 자주위 쪽은 약간의 불미스러운 일은 있었으나 강제 서명이 아니라 민단 쪽도 합의한 내용이라고 밝혔다.

민단 반대자는 불순분자로 몰아

개혁 자주파는 민단 중앙과 담판해 사태 해결을 원했지만, 4·18사건을 계기로 민단 중앙은 더 강경해졌다. 이튿날 민단 중앙은 폭력 사태를 이유로 내세워 합의 각서를 무효로 하고, 도쿄본부 단장 정재준과 의장 민영상, 배동호 등 열한 명을 상해감금죄로 일본 경찰에 고소했다. 이들은 전원 불구속기소 됐으나, 경찰은 수사를 빌미로 도쿄본부 사무소와 정재준의 자택 등 열한 곳을 압수수색 했다.

이 시점부터 민단 지도부는 개혁 자주파를 민단 내의 경쟁 세력이 아닌 적대 세력으로 공개적으로 규정했다. 민단은 1972년 5월 말에 '전국지방본부단장회의'를 열어 자주위 소속 인사들을 "단원을 가장한 불순 세력"이라며 강력한 대처를 결의했다. 6월에는 「조직정비위원회」를 구성해 "민단 내의 불순분자들의 소동은 우연히 또한 자연발생적으로 혹은 돌발적인 현상임은 결코 아니며 북괴의 지령에 의하여 민단에 대한 조총련의 오래전부터의 꾸준한 파괴 공작과 밀접 불가분의 관계가 있다"라며 "불순분자들을 제거하는 데에 전 단원이 총궐기해야 하겠"[58]다고 강조했다. 한통련 연구자인 조기은은 "민단이나 한국 정부의 지시나 정책에 대한 비판, 그리고 그를 둘러싼 민단 내부의 갈등과 대립이 반공 문제로 그 성질이 바뀐 것을 의미"[59]한다고 해석했다. 이는 물론 민단이 단독으로 판단하고 결정한 게 아니었다. 주일 한국대사관, 나아가 한국 정부의 지침에 따른 것이었다. 즉 「조직정비위원회」가 구성되기에 앞서 주일 한국대사관은 담화문을 발표해 민단 측에 "불순 세력의 배제"[60]를 통한 민단 정상화를 요구했다. 주일 한국대사관, 곧 한국 정부가 민단 내의 비판적 개혁파를 북한 및 총련과 연결된 불순분자라고 공식적으로 규정한 것이다. 또 민단도 기관지인 《한국신문》에 '재일한국인 사회에 있는 베트콩의 정체는 무엇인가?: 머리띠는 태극기, 뒤에서는 조총련과 거래'[61]라는 제목의 기사를 싣고 본격적인 색깔론 공세를 시작했다. 이때부터 민단 민주화운동 세력에 민단을 위협하는 공산주의자라는 이미지가 본격적으로 씌워지기 시작했으며, 이는 결국 1977~1978년 법원의 '한민통=반국가단체' 판시로 이어지게 된다.

이러한 강경 기조 속에 민단 중앙은 1972년 7월 7일 도쿄본부와 한청, 한학동을 "민단 와해를 기도하는 불순분자"로 규정해 혼란 주도자 여덟 명을 정권 처분하고, 한청과 한학동을 산하단체에서 제외했다. 한청과 한학동을 민단 밖으로 내쫓음으로써 양쪽은 화해 불가능한 길로 나아갔다. 한청은 이후 한민통 창립의 주축이 되며, 민단은 청년층 이탈이라는 계량할 수 없는 손실을 입었다. 민단 스스로 『민단50년사』에서 "양 조직의 배제는 그에 소속 참가하고 있던 구성원 개인까지 민단 조직으로부터 멀어지게 하는 결과가 되어, 사실상 조직 분열 조치가 되었다. 이는 훗날까지 심각한 영향을 남겨, 민단 조직에 중간층이 부재하게 되는 결과를 초래하게 되어 순조로운 세대교체를 곤란하게 만들었다"라고 평했을 정도다.

남북 정부가 분단 이후 처음 만나 합의한 1972년 '7·4남북공동성명'은 역설적이게도 민단의 분열에 마지막 쐐기를 박는 역할을 했다. 자주와 평화, 민족 대단결의 3원칙을 천명한 '7·4남북공동성명'이 나온 뒤 재일동포 사회도 흥분과 감격에 휩싸였다. 민주주의와 통일을 추구하는 개혁파는 이러한 민족 화해의 분위기를 반겼다. 개혁파 안에도 남북의 독재정권이 합의한 이면에 어떤 술책이 있는 것 아니냐고 경계심을 표하는 이들이 있었지만, 박 정권이 후퇴하지 않도록 하기 위해서라도 해외동포가 단결해서 공동성명을 지지하자는 데 의견이 모였다. 지역과 청년이 먼저 움직였다. 7월 23일 민단 오타지부와 총련 오타지부가 처음으로 공동집회를 연 데 이어 한청과 「재일본조선청년동맹」('조청', 총련 산하의 청년단체)도 8월 7일 도쿄에서 '7·4남북공동성명' 지지 대회를 열었다. 이어 8월 15일 광복절에는 민단 도쿄본부와 총련 도쿄본부가 함께 '8·15해방 27주년을 기념하여 7·4공동성명을 지지하는 도쿄전체동포회의'를 개최했다. 양쪽은 참석 인원을 동수로 하고 비용도 절반씩 부담했으며, 상대편을 자극하지 않도록 연설 내용도 사전에 조율했다. 총련과 함께하는 공동행사에 참여하지 말라는 민단 중앙의 지시가 있었지만 이날 행사에는 1만여 명의 동포가 참석했다.

이에 민단 지도부는 더 강경해졌다. 자주위 쪽 사람들이 배제된 임시 중앙대회(8월 8일)에서 단장에 선출된 김정주는 권일의 길을 따랐다. 그는 한청과 조청, 민단 도쿄본부와 총련 도쿄본부의 공동집회와 관련해 "민단의 명의를 도용해 반체제 분자들이 저지른 것이며 민단과는 아무런 관련이 없다"라며 자주위에 모인 개혁파를 반체제 분자로 몰았다. 민단은 공동집회에 참석했던 200여 명을 무더기로 민단에서 제명했다.[62] 1972년 후반기가 되면 민단을 민주화하려던 개혁파는 거의 다 민단 바깥의 허허벌판으로 쫓겨났다.

민단에서 제명되는 것은 대한민국 여권을 발급받지 못하며, 이는 곧 모국과 연결이 끊어진다는 것을 의미했다. 이들을 민단 밖으로 내몰도록 압박한 것은 본국 정부였다. 이제 민단 개혁파가 상대해야 할 대상은 민단이나 주일 한국대사관의 정보부 요원뿐 아니라 본국 정부임이 분명해졌다. 민단이라는 우산에서 쫓겨남으로써 민단의 자주성을 수호하자는 구호가 공허해진 개혁파는 8월 20일 민단과 다른 별도의 단체를 만들었다. 배동호가 수석의장을 맡은 「민족통일협의회」('민통협')였다. 민통협에는 재일 한국인 300여 명이 참가했다. 마침 '7·4남북공동성명'으로 인해 불고 있었던 남북화해의 분위기가 이들의 통일운동 명분을 높여줬다.

민단 내 "불순분자"를 제거한 박정희 정부는 1972년 11월에 서울 정부청사에 민단과 연락을 담당할 민단 본국사무소를 설치했다.[63] 또 박 정권은 민단의 운영 자금으로 1972년부터 한 해에 10억 엔씩 지급하기로 했다. 떡고물을 통한 민단의 관리 및 통제를 본격화한 것이다. 본국사무소 개소식에 참석한 단장 김정주는 기자회견에서 "민단은 10월유신을 전폭 지지하며 정신적으로 또 조직을 통해 10월유신 사업에 참여하겠다"[64]라고 밝혔다. 민단의 여당화를 넘어 '유신 민단'을 자처한 것이다. 박정희 정권과 민단의 이러한 결착을 보면서 민단 개혁파는 홀로서기에 나설 수밖에 없게 됐다.

김대중과의
만남과
한민통

       유신독재의 서슬 퍼런 압제에 모두 숨죽이고 있던 1973년 3월 21일 오후, 도쿄에서 멀지 않은 휴양지인 하코네에서는 반유신 열기가 후끈 달아올랐다. 대선 후보인 야당 정치지도자 김대중의 연설에 100여 명의 재일동포 청중이 뜨겁게 반응했다. 한 시간 반 동안 계속된 열정 가득한 연설에서 김대중은 국내외 정세를 날카롭게 분석하고 박정희 정권의 실정을 신랄하게 비판했다.

  우리 국민들이 원하는 자유와 행복도, 통일도, 민주정권 회복이 있지 않는 한 없겠지만, 해외에 계시는 동포들의 희망도, 여러분에 대한 본국 정부의 충분하고 진실하고 또 따뜻한 손길도 이 반민주적인 반국가적 정권이 물러나고, 진실로 민족적 양심을 가지고 내 민족이 국내에 있건 국외에 있건 간에 그들을 내 피와 내 살 내 몸과 같이 아끼는 그러한 민족적 양심을 가지는 정권이 나서기 전에는 절대로 여러분의 행복은 있을 수 없다는 것을 나는 여기에서 분명히 말하고 싶습니다. (…)

우리가 피눈물로 갈망하는 민단의 민주화도, 재일동포들의 진실한 권익 보호도, 또 네 조국이 어디냐고 물으면 우물거리면서 말 못 하는 그 열등 의식을 청산하고 싶다면 본국이 먼저 민주화되고 본국이 먼저 통일이 되어야 한다는 것을 알고, 우리들은 거기에 모든 역량을 집중시켜 본국의 민주정권 수립을 토대로 한 남북통일, 올바른 교포 정책을 수립하는 데 집중하기 위해서 제일차적으로 박 정권을 타도하고 민주적 정권을 회복하는 이 투쟁에 총단결해야 할 것입니다. (…)

그동안의 노고에 대해서 위로의 말씀을 드리면서, 또 저희들이 변변치 못해서 항시 본국 정치가 여러분에게 실망과 좌절감만 주게 된 것을 진심으로 미안하게 생각하면서, 우리가 다 같이 결속해서 본국의 민주주의 회복과 조국의 통일과 해외동포의 권익 옹호를 실행하는 그날을 하루 속히 촉진하기 위해서 여러분의 지도층을 중심으로 굳게 단결해주시기를 빌면서 저의 말씀을 마치겠습니다.[65]

김대중 하코네 연설의 감동

개혁운동을 하다가 민단에서 쫓겨난 민단 도쿄본부와 한청 등 여섯 개 단체에 소속된 이들이 진로를 모색하기 위해 하코네에서 '민단민주화운동활동가연수회'를 개최한 자리였다. 이들은 박정희의 유신 쿠데타 이후 해외를 떠도는 망명 정치인 김대중을 연사로 초청했다. 같이 박정희 정권의 박해를 받는 처지여서 더 그랬겠지만, 김대중의 격정 넘치는 연설은 재일동포 민주운동가들을 감동시켰다. 민단 개혁파도 민단 중앙 및 주일 한국대사관과 싸우는 과정에서 본국의 민주화 없이는 자신들이 추구하는 민단 민주화나 남북통일이 어렵다는 것을 체감하고 있었다. 특히 유신 이후 박정희가 통일을 빌미로 독재를 강화하는 것을 보고 그와 전면적인 싸움을 하지 않고는 통일로 나아갈 수 없다는 인식이 재일동포 민주개혁파 사이에 자리 잡고 있었다. 이와 관련해 민통협 수석의장인 배동호는 1973년 신년사에서 "조국통일을 방해하고 시대에 역행하는 독재체제를 반대하여 끝까지 싸워 나갈 것"이라며 1973년을 "한국적 민주주의와의 새로운 투쟁의 해"[66]로 선포했다.

김대중의 하코네 연설은 김대중과 재일동포 민주개혁파가 연대하는 결정적 전환점이 됐다. 배동호는 "재일동포 운동에 새로운 전기를 마련해준 역사적인 연설"이었다면서 "연설을 들은 간부들로부터 '우리는 지금 이 마당에서 김대중 선생을 모시고 전체 해외동포들을 규합하여 박 정권을 타도하는 강령을 가진 조직을 만들어야 한다'는 의견들이 속출"[67]했다고 밝혔다.

김대중은 교통사고로 다친 고관절을 치료하기 위해 1972년 10월 11일 일본에 갔다가 6일 뒤에 박정희의 10월유신 쿠데타를 맞았다. 졸지에 국회가 해산되고 모든 언로가 막힌 고국의 상황을 보면서 고심하던 김대중은 유신 선포 이튿날인 10월 18일 "박정희 대통령의 이번 조치는 통일을 말하면서 자신의 독재적인 영구 집권을 목표로 하는 놀랄 만한 반민주적 조치"라며 맨 먼저 유신 반대의 깃발을 올렸다. 귀국을 포기하고 해외에서 반정부, 반박정희 운동을 하겠다는 망명 선언이었다. 당시 일본에 머물고 있던 양일동, 정일형, 송원영 등 동료 야당 의원들에게도 일본에 남아서 반정부 활동을 함께하자고 제의했으나 아무도 응하지 않았다.

김대중과 재일동포 개혁파의 만남은 1971년 초쯤부터 시작된 것으로 보인다. 1967년 김재화가 신민당 전국구 공천을 받은 직후 정보부의 부당한 개입으로 투옥됐을 때 김대중은 당 대변인이었다. 그때 김재화를 알게 되면서 민단 개혁파에 관심과 호감이 높아졌을 것이다. 하지만 김대중이 민단 개혁파의 중심인물인 배동호를 처음 만난 것은 대통령 후보로서 1971년 1월 말 미국과 일본을 방문하기 위해 도쿄에 들렀을 때였다. 그때 양일동에게 배동호를 소개받은 뒤 일본에 갈 때마다 만나 "시국관 등을 서로 이야기하고 친하게 지냈"[68]다. 이후 정재준, 곽동의 등 다른 주요 인물과도 자연스럽게 자주 만났으며, 청년 조직인 한청 모임에 적극적으로 참석했다. 망명 전인 1971년 11월 한청 연수회와 이듬해 2월 한청 동계 강습회에 초청 연사로 참석하기도 했다.[69] 그는 다른 정치인이 재일동포 민주인사들과 접촉을 꺼릴 때도 이들에게 남다른 관심과 애정을 보였던 것이다.

김대중은 처음에는 배동호를 경계했던 것 같다. 민단 민주화 세력의 핵심인 배동호를 공안 당국이 일찍부터 감시 대상 인물로 찍었고, 민단에서도 그가 총련과 연결됐다고 끊임없이 공격했기 때문이다. 당시 한국 정치인이 일본에 가면 주일 한국대사관에서 유지간담회와 자주위 쪽 중심인물을 만나지 말라면서 일종의 행동 지침을 전달했다. 이에 신중한 성격의 김대중은 1972년 초 고향 친구이자 개혁파인 김종충에게 배동호가 어떤 사람인지 알아봐 달라고 부탁했다. 김종충으로부터 "민단의 세력 다툼에 문제가 있어 그를 불순하다고 밀어붙일 뿐이지 사상에는 의심할 데가 없다"라는 대답을 듣고, 또 1973년 7월 미국 한민통의 핵심인 임창영이 북한을 방문하려고 했을 때 배동호가 이를 말린 것을 알고는 그에 대한 의심을 풀었다.[70]

배동호는 재일동포 민주개혁 세력의 이론가였을 뿐 아니라 뛰어난 지도자였다. 한민통이 1980년부터 「사회주의인터내셔널(SI)」 옵서버로 매년 총회나 간사회에 초대받은 것이나 일본인 양심 인사로부터 연대의 손길을 받을 수 있었던 것은 배동호의 힘이 컸다. 1989년 그의 장례식에는 700여 명의 조문객이 찾아왔다. 《민족시보》 주필이자 「재일한국민주여성회」 회장인 김지영은 "배 선생은 온화하고 따뜻해서 다가가고 싶은 마음이 드는 분이셨다. 사모님도 불고기 집을 했는데 돈을 벌려고 하기보다는 한청 활동가 등 젊은 후배들에게 따뜻한 밥 한 끼 주는 것을 더 중요하게 생각했다. 활동가들을 불러서 밥을 먹이고는 돈을 받지 않았다. 배 선생이 돌아가신 뒤에 보니까 집 한 채밖에 남은 재산이 없었다"[71]라고 말했다. 민단은 1971년 7월 총련과 연결된 불순분자라는 혐의를 씌워 배동호를 제명했지만, 그가 고인이 되자 1995년 12월 "광복 50주년을 기념하여 민족화합을 기한다는 뜻"[72]이라며 제명 처분을 취소했다. 그의 생전에는 불순분자라고 줄기차게 매도했던 민단이 뒤늦게나마 배동호에게 복권 조처를 할 수 있었던 것은 그에 대한 제명이 잘못이었다는 공감대를 적어도 민단 내부에서는 가지고 있었기 때문이 아닐까.

김대중은 하코네 연설을 마친 며칠 뒤 미국으로 떠나, 유신독재정권에 맞서 싸울 동지를 규합했다. 샌프란시스코 연설(1973년 5월 18일)

1973년 8월 15일 도쿄 히비야공회당에서 열린 한민통 일본본부 발기선언대회.
『한통련20년운동사』

때 정보부의 사주를 받은 한인 폭력배가 방해하는 등 조직적 탄압을
받았지만, 그가 올린 반박정희 깃발에 미주 지역 동포가 속속 모였다.
그는 그해 7월 6일 미국에서 먼저 한민통을 만들었다. 다음은 김대중
의 회고다.

나는 자신감이 생겼다. 내친 김에 반독재투쟁을 효과적으로 이끌 구심
체를 만들면 어떨까 하는 생각이 들었다. 이 구상은 다행히 재미교포들
에게 큰 호응을 얻었다. 명칭은 「한국민주회복통일촉진국민회의」(한민
통)라 정했다. 1973년 7월 6일 워싱턴 메이플라워호텔에서 발기인 대회

가 열렸다. 김상돈, 이근팔, 문명자, 임창영 전 유엔 대사 등이 참여했다. 한국인들의 민주화 열기를 담을 '한민통'이란 그릇을 만드는 데 일단 성공한 셈이었다. 나는 이 자리에서 두 가지를 확실히 얘기했다. 한 가지는 '대한민국 절대 지지'요, 다른 한 가지는 '선민주 회복, 후통일'이었다. 당시 미국에서는 한국의 독재정권이 통일을 내세우는 것을 보고 통일 우선 운동을 펼치자는 부류도 생겼다. 나는 이에 반대했다. 박 정권의 책략에 말려들 수 있기 때문이었다. 박 정권은 통일을 빌미로 민주정치를 짓밟고 있지만, 통일 세력을 언제 용공분자로 몰아세울지 알 수 없었다.[73]

당시 일본에서도 그랬지만, 미국에서도 '7·4남북공동성명'의 영향으로 '선통일, 후민주화'를 주장하는 분위기가 많았다. 그런 상황에서 '선민주화, 후통일'이라는 한민통의 원칙은 김대중이 고집해서 관철한 것이었다. 미국 한민통 결성대회를 지켜본 재미 언론인 문명자가 남긴 회고록 『내가 본 박정희와 김대중』에도 이와 관련한 일화가 적혀 있다. 문명자에 따르면, 한민통 미주본부 결성식 회의 때 발기인의 한 사람이자 저명한 민주인사인 임창영이 곧 평양을 방문할 것이라는 개인 성명서를 돌렸다. 장면 정부 때 유엔 대사를 지내기도 했던 임창영의 느닷없는 방북 계획 발표에 김대중을 비롯한 참석자들은 모두 놀랐다. 북한을 방문하는 목적이 뭐냐는 문명자의 물음에 임창영은 "갈라진 우리 국토가 통일되고 민족이 하나 되기 위해서는 이북이 국제사회의 일원으로 서방 세계로 진출해야 합니다. 그런데 이북은 서방 외교 문제에서는 초년병입니다. 나는 유엔 대사를 지냈으므로 통일을 위해서 이북에 서방 외교를 강화할 것을 조언하고 방법을 가르쳐주고자 합니다"라고 답했다. 이러한 "의외의 사태에 놀라지 않을 수 없었"던 김대중은 임창영에게 "'중앙정보부가 박사님의 방북을 민주화운동을 음해하는 데 악용할 것이니 방문을 중단해달라'고 누누이 부탁했"고 "김대중의 부탁 때문이었는지 혹은 미 국무성의 불허 때문인지는 알 수 없지만 그는 방북을 3년간 연기했"다.[74] 통일운동가인 임창영의 방북 계획을 간곡하게 만류했을 정도로 김대중은 한민통의 방점을 통일보다는 민주에 찍고 있었다.

'총련과 선 긋기' 관철한 DJ

배동호가 임창영의 방북을 말렸다는 때가 바로 이때였다. 『김대중 자서전』이나 문명자의 책에는 김대중이 망명정부 구성 제안을 거부했다는 내용도 나온다. 미국 한민통 결성식 날 전직 육군 준장 최석남이 망명정부를 세우자고 주장하자, 김대중은 "투쟁 목표는 망명정부 구성이 아니다. 현 정부는 옳고 그르고 간에 국제 각국이 승인한 것이니만큼 망명정권이라 칭하면 주재국과 관계가 미묘해질 수 있다"라며 반대했다.

김대중은 장차 일본과 유럽에도 조직을 결성할 계획이었다. 특히 한청 등 조직력과 결속력이 강한 민주 세력이 이미 형성된 일본은 김대중에게 매력적인 곳이었다. 김대중이 7월 10일 일본으로 돌아오자, 재일동포 민주개혁파는 일본에서도 빨리 조직을 만들자고 요청했다. 하지만 김대중은 미국에 있을 때보다 훨씬 신중하게 처신했다. 총련과 민단이 섞여 살고 있는 재일동포 사회인지라 새로운 조직의 성격을 확실하게 하지 않으면 박정희 정권에 탄압의 빌미를 줄 수 있다는 걱정 때문이었다.

7월 13일 김대중과 배동호, 김재화 등이 만나 박 정권을 타도하고 민주주의를 회복하며 조국통일을 이룩하기 위한 조직을 만들기로 원칙적인 합의를 보았다. 그 뒤 모임의 규모를 늘려서 7월 25일 다시 만났는데, 이때는 일본 전역의 재일 한국인 민주화운동가 대표 30명이 김대중과 조직 결성을 구체화하기 위해 모였다. 그러나 '대한민국 절대 지지', '선민주 후통일', '총련과 선 긋기'라는 김대중의 조직 결성 3원칙 때문에 이날 모임은 깨졌다. 첫 번째와 두 번째 원칙에는 서로 어렵지 않게 합의했지만, 세 번째 원칙이 걸림돌이었다. 1972년 '7·4남북공동성명'이 나온 직후부터 한청과 도쿄 민단본부 등은 광복절이나 3·1절 등 기념식 때는 총련과 공동행사를 해왔으며, 1973년 8·15 때도 공동행사를 하기로 이미 총련과 약속한 상태였다. 김대중이 여기에 제동을 걸고 나오자, 일부 참석자가 '남과 북 정부가 서로 왕래하면서 대화도 하는데 해외에서 같은 동포끼리 기념식을 갖는 게 뭐가 문제냐'고 반발했다.[75] 그러자 김대중은 "한민통의 기본 목적과 취지가 대한민국의 입장은 고수하되 본국의 독재정권을 타도하는 데 있으므로 현 단계에서 총련과 행사를 같이하는 것은 곤란하다"라고 한 후 "당신들과는 한민통을 하지 않겠다"라며 회의장을 나갔다.[76] 곽동의도 김대중도서관 쪽과 나눈 인터뷰에서 '그날 김대중이 자신은 한민통 결성을 서두르지 않을 생각이니 여러분은 기존 조직을 중심으로 여러분대로 활동하라는 말을 했다'고 밝혀 의견 차가 컸음을 시사했다. 총련과 같은 공간에서 살아가는 재일동포와 남한 국민의 지지를 의식하지 않을 수 없는 대중 정치인 김대중의 어쩔 수 없는 차이였다.

김대중이 회의장을 나간 뒤 재일동포 참석자들은 따로 회의를 했다. 그들은 유신독재와 정면으로 싸우기 위해서는 대선 후보를 지냈고 명망 있는 김대중과 연대하는 것이 중요하다고 판단하고, 한발 물러서서 김대중의 요구를 수용하기로 했다. 그에 따라 그해 총련과 함께하는 광복절 기념행사가 취소됐으며, 이후 총련과는 더 이상 공동행사를 하지 않았다. 재일동포의 사회운동이 한국 민주화운동으로 사실상 한정되는 분기점이었다.

김대중은 자신의 요구가 받아들여짐에 따라 8월 4일 도쿄 우에노의 이케노하타여관에서 민주개혁파 대표인 배동호, 김재화, 정재준과 4인 회동을 가졌다. 김대중의 수석비서였던 조활준도 배석자로 이 회동에 참석했다. 이날 4인 회동에서 한민통의 강령과 정강정책 등 기본 방침을 합의했고, 8월 13일에 개최할 발기대회 등 향후 일정도 짰다. 강령과 정강정책의 최종 문안은 좀 더 다듬어 8월 8일에 다시 논의하기로 했다. 인사 문제도 대략 의견을 모은 것으로 보인다. 김대중이 의장직을 사실상 수락했다는 일부 주장도 있지만, 김대중 본인은 한민통 일본본부는 김재화에게 의장을 맡기고 자신은 미국과 일본, 유럽 조직을 총괄하는 총본부 의장을 할 계획이었기에 일본본부 의장을 맡겠다고 한 적이 없다고 일관되게 말했다.

김대중은 박정희에게 대항하는 단체의 출범을 일주일 앞두고, 박정희 정권에 의해 납치됐다. 1인 독재로 치닫던 박 정권으로서는 바다 건너이긴 해도 자신을 반대하는 공개 조직의 결성과 그것을 이끄는 김대중의 활동을 용납하기 힘들었다. 납치 위험성을 느낀 민주개혁파는 김대중 주변에 경호원을 배치하는 등 그들 나름대로 대비했지만, 워낙 조직적이고 치밀한 정보부의 공작에 당하고 말았다.

'납치 계획' 사전에 제보받아

김대중이 한민통 미국본부를 결성하고 일본에 돌아온 지 얼마 안 돼 곽동의는 자주위 사무실에서 낯선 사람의 전화 한 통을 받았다. 이름 밝히기를 거부한 제보자는 "김대중 선생을 납치하기 위해 지금 특별공작반이 일본에 와 있으니 대책을 세우세요. 내 얘기를 우스갯소리로 듣지 마십시오"라고 말하고는 전화를 끊었다.[77] 민주개혁파도 반박정희 조직을 만들면 틀림없이 어떤 위해가 김대중과 자신들에게 가해질 거라고 예상한데다 자꾸 미행당하는 느낌을 받던 터였다. 이에 이들은 한청 청년들로 경호팀을 만드는 등 그 나름의 대책을 세웠다. 당시 한청 위원장이던 김군부가 경호 책임자였다. 김대중의 숙소도 훨씬 안전하다고 여겨지는, 궁성에서 가까운 팔레스호텔로 옮겼다. 김대중도 한민통 결성을 위해 미국에 머물고 있을 때 도쿄 신주쿠 우체국 소인이 찍힌 편지 한 통을 받았다. "김 선생, 김 선생을 납치해서 암살하려는 계획이 진행되고 있습니다. 절대 조심하셔야 합니다"[78]라는 내용의 편지였다. 곽동의에게 온 전화나 김대중이 받은 편지 모두 주일 한국대사관의 양심 있는 인물이 제보했을 가능성이 높다.

한청은 김대중이 이동할 때는 택시를 이용하되 그 앞뒤에는 경호원들이 탄 택시 두 대를 배치한다는 계획을 세웠다. 자가용을 이용하면 정보부에 금방 포착될 수 있기에 호텔 앞에 늘 서 있는 택시가 안전하다는 판단에서였다. 하지만 김대중은 경호원이 대거 따라다니는 것을 싫어했다. 납치 당일인 8일에도 경호원 김강수 한 명만 데리고 방일 중인 양일동 의원을 만나러 팔레스호텔 가까이 있는 그랜드팔레스호 텔로 갔다. 22층에 도착한 김대중은 김강수에게 1층 로비에서 기다리 라고 말하고는 혼자 양일동의 방으로 들어갔다.

　서울에서 날아온 공작단장 윤진원을 비롯한 납치조 여섯 명은 김 대중이 양일동과 헤어져 방을 나서자 우르르 달려들어 미리 예약해둔 옆방으로 그를 끌고 갔다. 납치범들은 그 방에서 마취제로 김대중의 의식을 마비시켰다. 그들이 김대중을 데리고 호텔을 빠져나간 뒤 방 안에는 권총과 실탄 일곱 발이 든 탄창, 대형 배낭(륙색), 나일론 끈 등 이 남아 있었으며, 감시조가 잠시 머물렀던 건너편 방에는 북한제 담 배 한 갑이 놓여 있었다. 김대중을 현장에서 살해해 시신을 배낭에 담 아 옮기려고 했다가 상황이 여의치 못해 실패한 것 아니냐는 의혹을 살 수밖에 없는 물건들이다. 북한 담배는 김대중 납치를 북한 소행으 로 돌리기 위해 일부러 준비했을 가능성이 크다. 실제로 애초의 공작 계획은 야쿠자를 이용해 김대중을 납치한 뒤 파우치로 서울로 데려오 거나 아니면 야쿠자를 동원해 김대중을 제거(암살)하는 것이었다. 정보 부본부의 거듭된 압박에 주일 한국대사관의 정보부 책임자인 김재권 이 부하인 김동운(본명 김병찬)을 시켜서 만든 공작 계획이었다. 하지만 정보부본부는 야쿠자를 이용할 경우 비밀 유지가 어렵다는 이유로 이 계획을 폐기하고, 대신 특수공작부대(HID) 출신의 현역 육군 대령인 윤진원을 단장으로 하는 공작단을 보냈다. 김재권 등 일본에 파견된 정보부 요원들도 현지 책임자로 공작 실행에 동원됐다.[79] 실행 주체는 야쿠자에서 베테랑 공작 요원으로 바뀌었지만, '김대중 제거'라는 공작 목표가 바뀌었다는 기록이나 흔적은 없다.

공작단 요원들이 예상치 못했던 상황은 범행을 현장에서 들켰다는 점이다. 김대중이 양일동과 헤어져 방 밖으로 나왔을 때 그날 우연히 합석했던 김경인 의원이 김대중을 배웅하러 문 밖까지 나왔다가 납치 장면을 목격했다. 공작조는 김경인과 양일동을 방으로 밀어 넣으면서 "잠시 할 얘기가 있어서 그러니 조용히 있으라" 하고 윽박질렀다. 김경인이 뜻밖에 등장하고, 현직 의원 두 명에게 현장을 들킴에 따라 이들은 의식을 잃은[80] 김대중을 엘리베이터에 태워 지하 주차장으로 내려갔다. 그런데 3층에서 엘리베이터 문이 열렸다. 정보부 요원 두 명이 두 팔을 벌려서 탑승하지 말라는 신호를 보냈는데도 일본인 두 명이 엘리베이터에 탔다. 이들이 1층에서 내릴 때 김대중은 "죽는다, 살려달라" 하고 일본말로 소리쳤다.[81] 일본인 목격자까지 나온 상태에서 공작조로서는 현장에서 김대중을 처리할 수 없었다.

그렇지만 여전히 김대중의 목숨은 전적으로 신의 손에 맡겨져 있었다. 나중에 일본 경찰의 수사에서 김동운의 지문이 범행 현장에서 채취됨에 따라 정보부 소행이라는 꼬리가 잡혔지만, 당시 납치범들로서는 거북스러운 대상인 김대중을 영원히 잠재워야 일이 편해지는 상태였다. 그러나 이때 나타난 강력한 방해물이 민단 이탈 세력인 재일동포 민주개혁파였다. 이들은 납치 현장에서 곧바로 정보부의 소행이라며 큰소리로 동네방네 떠들었고, 그들의 활약 덕분에 김대중은 5일 뒤 살아서 서울 동교동 자택으로 돌아올 수 있었다.

1층에서 기다리던 경호원 김강수는 김대중이 다음 일정을 위해 이

동해야 하는 시간인데도 내려오지 않자, 양일동의 방으로 전화를 했다. 양일동한테서 김대중이 사라진 것을 알게 된 경호원이 곽동의에게 상황을 보고하자, 곽동의는 한청 청년 두 명과 함께 현장으로 뛰어갔다. 배동호 등과 가깝게 지냈던 정경모도 곧 현장에 나타났다. 의학을 공부했던 정경모가 김대중이 끌려들어갔던 방에서 포르말린 마취제 냄새를 확인했다. 곽동의는 권총과 큰 배낭 등 범인들이 남겨둔 물품을 발견하고는 바로 경찰에 신고하고, 일본 기자들에게 알렸다. 현장에 나타난 기자들은 당시까지만 해도 김대중이 누구인지 잘 몰랐으며, 사건의 성격조차 이해하지 못했다. 심지어 일본 경찰이나 언론계에서는 자작극 내지 북한 소행이 아니냐는 얘기도 나돌았다. 곽동의 등은 즉석에서 기자회견을 열어 '박정희 정권이 정적을 없애기 위해서 김대중을 납치했다. 이건 한국 중앙정보부의 짓'이라고 단호하게 말했다. 곽동의는 김대중을 기자들에게 알리기 위해 시사 월간지《세카이(世界)》50부를 사왔다.[82] 마침 그날 발매된《세카이》9월호에는 편집장 야스에 료스케(安江良介)와 김대중의 대담이 실려 있었다.

한민통 결성을 준비하던 민주개혁파 인사들은 다음 날 즉각 김대중구출대책위(위원장 정재준)를 구성했다. 김대중구출대책위는 연일 히비야공회당 등에서 집회를 열어 일본의 정계와 시민사회에 김대중 구명을 호소했다.

당시《민족시보》[83] 주필이던 정경모는 납치 현장을 둘러본 뒤 김대중을 살리기 위해 미국 쪽 선을 찾았다. 그는 한민통 결성대회에 참석하기 위해 일본에 와 있던 임창영에게 달려갔다. 소식을 들은 임창영이 평소 친하게 지내던 태프트대학의 그레고리 헨더슨 교수에게 전화했고, 이어 몇 단계를 거쳐 헨리 키신저 국무장관에게 김대중의 납치 사실을 알리고 구명을 요청했다.[84] 김대중은 임창영-키신저 라인 외에 미국 CIA-하비브 주한 미국 대사의 움직임이 자신을 살렸다고 생각한다. 그가 납치된 당일인 '8일 오후 3시쯤 CIA가 주한 미국대사관에 정보를 알렸고, 하비브 대사가 한국 정부 고위층에 미국의 우려를 전달했다'고 했다.[85] 어쨌든 미국이 납치 사건 발생 직후 그 사실을 알았기 때문에 정보부의 계획은 더더욱 차질을 빚을 수밖에 없었다.

김대중이 정보부에 의해 일본에서 사라지자, 민주개혁파는 난관에 봉착했다. 한민통 결성을 어떻게 진행할지 결정해야 했다. 강령과 정강정책 등의 얼개는 8월 4일 4인 회동에서 합의했지만, 최종안이 나오지 않은데다 이 모든 것을 최종 결정할 사람이 없어졌기 때문이다. 그러나 김대중의 재일동포 동지들은 한민통 결성을 차질 없이 진행하자는 데 아무도 이견을 달지 않았다. "김대중 선생이 독재자의 마수에 걸려서 생사를 알 길이 없으나 이러한 때일수록 나라를 구하고 민족을 살리는 유일한 길은 김대중 선생의 위대한 구상을 살려「한국민주회복통일촉진국민회의」를 결성하여야 한다는 결론에 도달"[86] 했다. 이를 위해 배동호는 여관방을 잡아 김대중과 8월 4일 4인 회동에서 합의한 선에서 강령과 정강정책, 발기 선언 등을 담은 문건을 준비했다. 이들은 발기인 대회를 하루라도 빨리 여는 게 김대중을 살리는 길이라고 판단했다. 다행히 발기인 대회 이전에 김대중이 살아 있다는 정보가 들어왔다. 곽동의는 김대중도서관 쪽과 가진 인터뷰에서 오사카의 한 사회당 의원한테서 김대중이 살아 있다는 얘기를 들었다고 말했다. 일본의 주권을 침해하는 바람에 약점이 잡힌 한국 정부가 김대중의 생사 여부를 일본 정부에 알려줬고, 이 정보가 김대중이 풀려나기 전에 일본 국회의원의 귀에도 들어갔을 것이다.

'한민통발기인대회'는 8월 13일 도쿄 다카라호텔에서 100여 명이 참석한 가운데 열렸다. 단체로는 민단 도쿄본부, 민단 가나가와본부, 한청 중앙본부, 「대한부인회」 도쿄본부, 자주위, 민통협이 한민통 결성에 참여했다. 발기인들은 김대중을 만장일치로 의장에 추대한 뒤, 부의장에 김재화(의장 대행)와 정재준, 상임고문에 배동호, 사무총장에 조활준을 선출했다. 다음은 한민통 조직국장과 김대중구출대책위 사무국장을 맡은 곽동의가 낭독한 「발기선언문」의 일부다.

이제 우리 집권배에게 기대할 것은 아무것도 없다. (…)
이 긴박한 시각에 우리들은 오직 하나 한국인 된 애국의 양심을 안고 민족과 국민의 부름에 호응코자 짧은 앞날에 「한국민주회복통일촉진국민회의」를 창립할 것을 예견하고 여기에 그 준비위원회 결성을 해내외에 엄숙히 선언한다. 본 국민회의는 정견과 신앙을 초월하고 일체 사리와 당략을 떠난 민족 양심의 결정이며 해내외에서 활동하는 모든 한국민들의 민주단체들과 각계 애국인사들의 연합체로 탄생할 것이다. (…)
지금 우리 국민은 민주주의의 회복이냐 총통제의 장기화이냐 하는 운명의 기로에 서 있으며 우리 민족은 통일의 촉진이냐 분단의 고착화이냐 하는 역사의 분수령에 놓여 있다. 이 마당에서 사태를 방관함은 총통제에 굴종함을 의미하며 '두 개 한국'을 감수함을 의미한다.
모두 다 민족자주 민주민권 평화통일의 기치하에 우리와 함께 어깨 겯고 나가자!

정견과 신앙, 주의와 주장에 관계없이 반유신적 애국 민주 세력을 총집
결하자!
스스로의 힘을 믿고 국민 자신의 공통된 신념과 단합된 역량으로 독재체
제에 철추를 내리자!

'한민통발기인대회'가 열린 그날 밤 11시 20분쯤 구국동맹행동대
원이라고 자칭한 정보부 요원들이 김대중의 눈을 붕대로 가린 채 그
를 집 근방의 동교동사무소 앞에 내려놓고 사라졌다. 잠시 뒤 김대중
은 "오른쪽 아랫입술과 왼쪽 눈썹 위가 터져 피가 맺혔고, 오른쪽 발목
에 두 줄의 깊은 상처를 입은 채" 서울 동교동 집 초인종을 눌렀다. 그
는 다음 날 새벽까지 기자들에게 지난 5일 동안 겪었던 일을 자세히
설명했다. 설명 도중 일본에 머물고 있던 김경인 의원한테 걸려온 전
화를 받고는 "나 김대중이요. 그동안 해상에서 사흘, 육지에서 이틀 동
안 지내다가 집에 돌아왔소. 여러분들에게 전해주시오"[87]라고 말했다.
"여러분"은 김대중구출대책위를 만들고 한민통을 결성한 재일동포 동
지들이었다.

한민통 개소식에 몰려든 인파

이어 8월 15일 '한국민주회복통일촉진국민회의 일본본부
발기선언대회'('한민통일본본부발기선언대회')가 도쿄 히비야공회당에서
열렸다. 단상 뒤편 벽 중앙에는 태극기와 김대중의 사진이 위아래로
붙었고, 그 옆으로 "김대중 선생을 일본으로 돌려보내라", "박 독재 타

1997년 대통령 선거를 앞두고 안기부가 손충무를 사주해서, 한민통의 김대중
구출운동 집회 사진(위)을 조작했다. 한통련 제공

도하고 민주 회복 전취하자" 등의 구호가 세로로 길게 내걸렸다. 단상 뒤편에 걸린 태극기와 김대중의 사진은 '대한민국 편에서 김대중과 함께 박정희 정권과 싸우겠다'는 한민통의 단체 성격을 명확하게 보여주는 것이었다.

역사적인 이 사진은 1997년 대선 직전 정보부의 후신인 안기부의 공작에 의해 태극기 대신 인공기로 교묘하게 조작됐다. 한민통이 주최한 김대중 구출을 위한 공개집회 사진 두 장도 태극기 대신 김일성 사진을 넣어서 김대중과 김일성을 나란히 배치한 것으로 조작됐다. 김대중이 북한과 연계된 것처럼 보이도록 꾸민 것이다. 《인사이더월드》라는 격주간지를 발행하는 손충무가 안기부장 권영해의 자금 지원으로 조작한 사진이었다.[88] 김대중을 색깔 공격한 것이지만, 이는 한통련(한민통)을 음해하는 것이기도 했다. 손충무는 이와 별도로 권영해로부터 제작비를 지원받아 김대중을 비방하는 책 『김대중 X파일』을 만들어 배포했다가 징역 2년형을 받았다. 손충무는 이 사진들을 일본의 한 주간지에 보내서 먼저 보도하게 한 뒤에 투표일 직전 한국 언론이 받아 사용하도록 한다는 계획을 세웠는데, 현실화되지 못했다. 재미 언론인 문명자가 조작 사진을 미리 입수해서 한통련과 김대중 후보 쪽에 전달함으로써 안기부의 음모가 미리 드러났기 때문이다.[89]

김대중 납치로 인해 비주류 재일동포단체인 한민통은 일본 사회에서 큰 주목을 받았다. 김대중 납치에 관한 정확한 정보를 가장 많이 갖고 있을 뿐 아니라 구출운동을 이끄는 중심이었기 때문이다. 한민통은 8월 15일 '한민통일본본부발기선언대회'가 끝난 직후 '김대중선생납치규탄 재일한국인민중대회'를 연 것을 시작으로, 1973년 말까지 대규모 집회와 시위를 도쿄에서 여섯 번, 오사카에서 한 번 총 일곱 차례나 열었다. 또 도쿄와 오사카 등 대도시 길거리에서 시민에게 유인물을 나눠주는 행사도 네 차례나 가졌다. 일본 언론은 한민통의 이러한 활동을 1973년 말부터 적극적으로 보도하기 시작했다.[90]

한민통은 출범 석 달 만인 11월에 새 사무실을 구했다. 사무실 입주식에 찾아온 축하 손님의 면면은 화려했다. 요네다 도고(米田東吾) 중의원 의원, 반전 평화운동에 앞장선 덴 히데오(田英夫) 참의원 의원이 피로연에 참석했다. 또 1972년 말 김대중과 만난 이후 한국의 민주화운동을 오랫동안 지원해온 우쓰노미야 도쿠마(宇都宮德馬) 의원은 대리인을 보내 사무실 이전을 축하했다.[91] 이외에도 유명 시사평론가와 일본 기자 등 수백 명이 개소식에 몰려들었다. 인파에 놀란 빌딩 주인은 지인의 이름으로 사무실을 임대했던 정재준에게 "이게 뭡니까. 빨리 나가주세요"라고 따졌다. 정재준은 단체의 성격을 알리면 주인이 싫어해 거부할까 봐 계약할 때 일절 말하지 않았다. 그는 "문제가 생기면 모든 책임을 지겠다. 안심하세요"라고 주인을 달래서 간신히 사태를 수습했다.[92]

민단이 내쫓은 재일동포 소수 개혁파는 이처럼 순식간에 일본 사회에서 영향력 있는 집단으로 자리 잡았다.

재미 언론인 문명자와
김대중 그리고
박정희

재미 언론인 문명자는 김대중 부부를 오랫동안 "깊은 우의"를 나눈 "민주화 동지"[93]라고 표현했다. 실제로 그는 1973년 납치 사건과 1980년 내란음모 사건 등 김대중이 정치적 고비에 처할 때마다 큼직한 특종 보도로 독재정권에 타격을 가하고, 김대중에게는 힘을 보탰다. 1980년 8월 17일 《US 아시아 뉴스》와 《아사히신문》이 함께 보도한 최세현 전 주일 한국대사관 공사의 인터뷰가 대표적이었다. 문명자와 《아사히신문》이 공동으로 진행한 최세현 인터뷰는 일본에서 전두환 정권에 대한 비판 여론을 들끓게 했다. 이에 스즈키 젠코 일본 총리는 그해 11월 최경록 주일 대사를 불러 "김대중에 대한 일본 정부의 관심", 즉 '김대중 처형은 안 된다'는 뜻을 공개적으로 표명하기에 이르렀다. 한국에서는 스즈키의 발언이 내정 간섭이라는 관변 규탄대회가 전국 각지에서 열렸지만, 일본 등 국제적으로는 김대중 구명 여론이 한층 강해졌다.

최세현 인터뷰는 애초 8월 15일 자에 실릴 예정이었다. 그런데 보도 이틀 전에 최세현이 문명자에게 긴급히 보류를 요청했다. 후쿠오카 한국영사관에서 교육관으로 근무 중인 최세현의 동생 최재현이 인터뷰 보도가 나갈 경우 닥칠 위험을 우려해서 형에게 대책을 세워달라고 요구했기 때문이다. 이에 문명자는 미국 국무부를 설득해 최재현의 가족 다섯 명을 긴급하게 미국으로 데려갔고, 이에 예정보다 이틀 늦긴 했지만 기사는 무사히 나갈 수 있었다. 이처럼 문명자는 가족 망명객 다섯 명을 미국으로 쉽게 빼돌릴 수 있을 만큼 힘을 가지고 있었던 인물이다.

문명자는 박정희 정권이 김대중 납치 사건을 정치적으로 마무리하기 위해 1973년 다나카 가쿠에이 일본 총리 쪽에 3억 엔을 건네준 것을 단독 보도하기도 했다. 그가 1977년 일본의 주간지 《주간포스트》(3월 18일)에 쓴 내용이다. 그에 따르면, 대한항공 사장 조중훈이 그해 (1973) 8월 16일부터 9월 21일까지 세 차례에 걸쳐 현금 3억 엔을 외환은행 도쿄지점에서 인출해 다나카의 측근인 사업가 오사노 겐지를 통해 다나카에게 건넸다. 이 기사에는 '박정희가 다나카 쪽에 선이 있었던 조중훈을 8월 15일에 청와대로 불러 문제 해결을 부탁했던 내용, 조중훈과 오사노, 다나카가 휴양지 하코네에 있는 오사노의 별장에서 함께 만났던 사실' 등이 실명으로 나온다. 문명자는 이 보도를 위해 도쿄 아카사카에 있는 고급 요정의 여성 종업원 등을 수년 동안 공들여 취재했다. 보도가 나간 뒤 미국 국무부의 한국과장 도널드 레이너드는 일본 특파원들의 확인 질문에 "주한 미 대사관의 정보 보고를 통해 우리도 그 사실을 알고 있다"라며 보도가 사실임을 내비쳤다. 다나카 총리는 이 기사와 관련해 문명자를 고소하겠다고 큰소리쳤으나 실제로는 아무런 조처도 하지 않았다. 박정희, 조중훈, 오사노 겐지 당사자 그 누구도 이 기사와 관련한 고소나 소송 등을 하지 못했다.

박정희·육영수와 친분 끊고 망명

경북 김천이 고향인 문명자는 1950년 일본으로 유학을 가서 대학원까지 다녔다. 와세다대학원에 다니던 1956년에 여성지《여원》의 도쿄지국장으로 언론인 생활을 시작했다.《여원》의 도쿄지국장 시절 케네디 대통령의 취임식(1961)에 초청된 것을 계기로 그해《조선일보》워싱턴 특파원으로 스카우트돼 미국 생활을 시작했다. 이후《동아일보》,《경향신문》,《문화방송》등 국내 언론의 워싱턴 특파원을 잇달아 지냈다. 당시는 국내 언론사가 워싱턴에 독자적인 특파원을 파견하기 힘들 때였다. 백악관 출입 기자였던 그는 유창한 영어와 일본어 실력에다 직설적이면서도 솔직담백한 태도 등으로 인해 미국 언론계와 정계에서 이름을 날렸다. 미국 여기자협회 부회장으로 활동했으며, 닉슨과 존슨, 카터 대통령 등과도 친했다.

문명자는 박정희와도 가까웠으며, 특히 육영수와는 두터운 친교를 맺었다. 육영수는 문명자가 취재차 한국에 올 때마다 청와대로 불러 이런저런 얘기를 나누었으며, 결혼 뒷얘기와 박정희의 외도 등으로 인한 고민을 털어놓기도 했다. 두 사람은 박정희가 애용하는 서울 평창동의 비밀 안가를 함께 찾아가 내부를 수색하기도 했다. 박정희 역시 대통령 전용기에서 문명자와 장시간 대화를 나누는 등 바른말을 거침없이 하는 그를 좋아했다. 한번은 청와대에서 함께 식사하면서 외교부

장관 등 요직을 제의하기도 했으나, 기자 문명자는 "내 길을 가겠다"라며 거절했다.

비판 정신이 강했던 문명자는 박정희보다 김대중에게 더 마음이 쏠렸다. 김대중이 지나치게 소심하고 때로는 원칙을 저버리기도 하는 모습과 그의 측근들 때문에 실망할 때도 있었지만, "동서 화합을 위해" 1971년 대선 때 김대중을 도왔다. 대선 후보 김대중이 그해 초 대선을 앞두고 미국 정치권과 관료들에게 얼굴을 알리기 위해 워싱턴을 방문했을 때였다. 박 정권은 주미 대사관을 동원해 김대중이 미국 정부의 고위인사들과 만나지 못하도록 훼방을 놓았다. 이에 문명자는 미국 여기자들이 주관하는 '콩그레셔널 디너' 행사에 김대중 부부가 참석할 수 있도록 조치해 포드 부통령 등 미국 정치인을 만나게 했다. 또 닉슨 대통령의 부인 퍼트리샤 닉슨이 이희호를 백악관으로 초대해 만나도록 다리를 놓았다. 퍼트리샤 닉슨과 이희호가 만나는 사진은 국내 신문에도 보도됐다.

문명자가 박정희와 결별하게 된 계기는 김대중 납치 사건이었다. 박 정권의 폭압적 행태에 분노한 문명자는 이때부터 확실한 김대중 지지자가 됐으며, 1973년 11월에는 결국 미국으로 망명하게 된다. 박정희 정권은 김대중 납치 사건과 관련한 언론 보도를 막고 있었지만, 문명자는 납치 사건에 관한 미국 국무부 차관의 발언을 기사화했다. 이 때문에 문명자는 《문화방송》 본사로부터 귀국 명령을 받았다. 서울로 돌아가려고 짐을 싸고 있을 때 친한 후배가 전화를 걸어와 "들어오면 이후락 정보부장이 선배를 중앙정보부로 잡아가려고 하니 오지 마라"라고 귀띔했다. 문명자는 자신의 귀국 명령이 정보부의 소행이라는 것을 알고는 귀국과 한국 국적을 포기했다. 이후 통신사인 《US 아시아 뉴스》를 설립해 미국에서 독립 언론인으로 일했다. 1979년 미국을 첫 방문한 중국 최고지도자 덩샤오핑과도 친분을 쌓아 1980년 미국 여기자단을 이끌고 베이징을 방문해 덩샤오핑과 인터뷰했으며, 1992년과 1994년에는 김일성을 단독 인터뷰했다.

문명자에게 여러 차례 빚진 김대중 부부는 1997년 12월 대선에서 승리한 직후 그를 일산 자택으로 불러 감사의 뜻을 표했다. 문명자는 김대중의 승리에 기뻐했지만, 김대중에게 함몰되지는 않았다. 그는 김대중이 김종필과 했던 정치 연대, 박정희와의 화해 선언 등에 대해 "원칙을 저버리는 일"이라고 비판했다. "지난 50년 동안 군사독재정권과 싸워온 학생, 노동자, 농민, 넥타이 부대, 지식인들에게 그(김대중)는 개혁과 통일이라는 빚을 지고 있다. 나는 그가 그 빚을 어떻게 갚는지 끝까지 지켜볼 것이다"라는 문명자의 회고록 마지막 문장은 그가 끝까지 '기자의 길'을 놓치지 않았음을 보여준다. 소설가 펄 벅이 지어준 '쥴리(Julie) 문'으로 40여 년간 맹활약한 기자 문명자는 2008년 미국에서 심장마비로 숨졌다.

눈부신
민주화운동과
국제연대

1970년대 초반 오사카의 일본 고등학교에 다니던 김창오는 또래 일본 친구들과 크게 다르지 않았다. 초등학교 때 화장실에 적혀 있던 "조센징은 돌아가라"라는 낙서를 보고 잔뜩 겁을 먹은 적이 있지만, 청소년기에는 보통의 일본인이 되고 싶었다. 김창오는 매일 아침 집을 나서기 전 밥은 덜 먹더라도 반드시 거울 앞에서 짧은 머리를 빗으로 곱게 빗었다. 얼굴도 여러 번 쳐다본 뒤에야 학교로 출발했다. 맏형 김정부는 멋 내기에만 정신이 팔린 막냇동생을 보면서 속으로 혀를 찼다. 한청 활동가였던 김정부는 막냇동생에게 재일 한국인의 정체성을 심어주고 싶었다. 그는 도쿄에서 한민통이나 한청이 주최하는 김대중 구출운동 집회 등 큰 행사가 있을 때마다 창오에게 같이 가자고 말했다. 하지만 창오는 그런 일에 관심이 조금도 없었기에 형의 제안에 매번 고개를 저었다.

형은 꾀를 냈다. 도쿄에 가면 당시 일본에서 최고 인기였던 판다를 보여주겠다고 약속했다. 중국이 우호의 상징으로 보낸 판다가 도쿄 우에노공원에 온 지 얼마 안 된 때였다. 창오는 그 말에 솔깃해서 큰형을 따라나섰다.

약속대로 우에노공원에서 팬더를 보고 난 다음 형을 따라 집회장에 간 거예요. 1974년 8월 육영수 여사가 돌아가신 문세광 사건이 나고 얼마 안 됐을 때였어요. 나는 그때 한국 대통령 이름도 모를 정도로 아무것도 몰랐어요. 그런데 그날 대회장에 가서 엄청 충격을 받았어요. 1,500명가량의 청중이 회의장을 꽉 채운 열띤 분위기 속에서 사람들이 연단에서 연설을 하는 거예요. 그것도 우리말로 말입니다. 저는 우리말을 하나도 몰라서 구체적인 내용은 이해할 수 없었지만, 분위기는 느낄 수 있잖아요. 제가 아는 조선 사람은 가난한 집에 살면서 육체노동을 하고 술 취해서 집에 오면 부인과 아이들을 때리는 그런 가난하고 야만적인 사람들이었어요. 그런 인상밖에 없었는데, 거기 모인 동포들이 당당하게 자기 나라의 장래를 이야기하는 걸 보고는 정말 충격이었어요. 그 모습을 보고는 한청에 가입했죠. 우리말을 배우는 것부터 한청 활동을 시작했어요.[94]

오사카 삼형제를 매혹한 한통련

오사카의 김정부, 김융사, 김창오는 재일동포 사회에서 '한통련 삼형제'로 유명하다. 삼형제 모두 1970년대부터 한통련 의장(김정부, 사망), 한통련 오사카본부 대표(김융사), 오사카본부 사무국장(김창오) 등 한통련(한민통)의 전임 활동가로 일해왔다. 특히 김창오는 1987년 6월민주항쟁 당시 오사카 한국영사관 앞에서 호헌 철폐와 직선제 개헌 등을 요구하며 시위를 벌이다 일본 경찰에 붙잡혀 한 달간 구속되기도 했다. 재일동포가 일본에서 한국 민주화운동과 관련해 구속된 것은 그가 처음이었다.

이처럼 한민통은 민족 정체성에 대한 자각과 군사독재정권에 대한 반발심, 통일에 대한 강한 열망을 가진 재일동포 청년을 매료했다. 홋카이도에서 한청 활동을 오랫동안 했던 임병택도 그랬다.

김대중 씨 납치 사건이 발생했다. 나는 김씨의 강연을 한청의 동계 강습회에서 들은 적이 있었는데 그 주장은 대부분 사람들이 납득할 수 있는 민주적인 것이었다. 그러한 사람을 모살해서까지 정권을 유지하고자 하는 박 정권이란 존재가치가 있는가 하고 의문을 느꼈다. 나는 71년에 처음으로 조국을 방문한 이래 내가 한국인이라는 것을 받아들이게 되고, 민족의식 진전과 함께 한국에 있는 모든 것을 수용하겠다는 생각이 들었다. 그리고 박 정권의 독재정치조차 '한국 상황에서는 어쩔 수 없지' 하고 생각하려 했으나, 그 낙관적인 기분은 완전히 사라져갔다.

이리하여 나는 재일의 한국 민주화운동에 참여하고, '박 독재정권 타도!'를 결의했다. 게다가 나는 지금까지의 나의 청년운동 자세를 정리했다. '조국 정세를 전면으로 내세우지 않고, 재일동포 청년들의 친목 교류에 힘쓴다고 해서 생각한 대로 청년들이 모이는 것은 아니다. 그보다도 재일동포 청년들의 고민은 민족성에 있으므로 그 근원인 조국과의 관계는 피할 수 없다. 그러면 조국의 부조리한 정치구조가 만연하고, 동포 민중이 고생하고 있는 정세를 묵인해야 하는 것일까? 앞으로의 내 한국 민주화운동에 많은 어려움이 기다리고 있더라도, 그것은 그때 대처하면 된다' 하고 마음속으로 다짐했다. 그 후 나는 마음이 흔들리지 않고 오로지한국 민주화운동을 헤쳐 나갔다.[95]

1980년대까지 한민통의 활동은 김대중 구명운동과 한국 민주화운동에 집중됐다. 이들에게 김대중은 단지 한 정치지도자가 아니라 한국민주주의를 상징하는 인물이었다. 그를 자유롭게 하는 것이야말로 한국 민주화의 진전이자 증거였다. 일상적인 차별로 인해 조국에 대한사랑이 끓어 넘쳤던 재일동포에게 김대중 구출과 한국의 민주화는 바다 건너의 일이 아니라 민족 구성원으로서 느끼는 자부심이자 고단한삶을 지탱하는 보람이었다.

김대중이 납치된 다음 날인 1973년 8월 9일 도쿄에서 김대중구출대책위를 결성한 것을 시작으로 이후 10년 동안 한민통은 김대중 구출운동에 전력을 다했다. 이들 재일 민주개혁파의 열과 성을 다한 김대중 구출운동은 일본 시민사회를 동조 세력으로 끌어냈으며, 전 세계여론을 움직였다. 김대중이 박정희에게 당했던 1차 죽음의 위기에서벗어나고, 전두환에 의한 2차 위기도 이겨낼 수 있었던 것은 한민통의이러한 노력 덕분이었다고 해도 지나치지 않는다.

'김대중 구출'을 위한 고령자들의 단식

1973년 8월 15일 한민통이 '한민통일본본부발기선언대회'를 마친 직후 연 첫 행사는 '김대중선생납치규탄 재일한국인민중대회'였다. 그해 말까지 도쿄와 오사카에서 여섯 번의 대규모 집회를 열어 김대중의 원상회복을 촉구했다. 한민통은 1980년 서울의봄을 맞아 김대중이 복권될 때까지 박정희 독재정권 규탄과 김대중 문제 해결을 위한 집회를 매년 서너 차례 이상 열었다. 한민통은 서명운동과 단식투쟁 등 다양한 방식으로 싸웠다. 1976년 '3·1민주구국선언'*으로 김대중이 구속됐을 때 한민통과 한청은 박정희 퇴진과 김대중 등 정치범 석방을 요구하는 100만 명 서명운동을 벌였다. 일본 시민의 적극적 동참으로 넉 달 만에 목표를 달성해 유엔 인권위에 전달했다. 김대중을 위한 한민통의 단식투쟁만 해도 1970년대에 세 차례나 있었다. 1976년 9월 도쿄 긴자의 스키야바시공원에서 있었던 두 번째 단식농성에는 의장 대행인 김재화와 고문인 양상기, 유석준 등 70대 이상 고령자들이 참석했다. 일본에서 이날은 경로의 날이었다. 단식농성 천막 앞에는 "우리에게 경로의 날은 없다"라는 구호가 걸렸고, 이 고령자들의 단식은 일본 언론에 크게 보도됐다. 1978년 9월 세 번째 단식은 옥중 단식을 벌이던 김대중에 대한 동조 단식이었다. 세 번 다 2~3일간의 상징적 단식이었지만, 이들이 김대중의 자유 쟁취를 위해 얼마나 애썼는지를 보여준다. 이들의 투쟁 소식은 매번 일본 언론에 크게 보

---

* 윤보선, 김대중, 함석헌, 함세웅, 문정현, 문동환, 안병무 등 재야인사들이 명동성당 3·1절 기념 미사 때 박정희의 유신독재를 비판하는 선언문을 발표했다. 검찰은 민중 봉기를 획책했다면서 관련자 18명을 재판에 부쳤으며, 이들은 1심에서 징역 8년에서 2년까지 실형을 선고받았다.

김대중·김지하 석방 요구 고령자 단식. 1976년 9월 14~15일. 『한통련20년운동사』

정치범 석방 100만 명 서명 달성을 이뤄낸 한일행진. 1976년 11월 23일.
『한통련20년운동사』

도됐다. 한민통은 국내의 반대 세력을 어느 정도 누른 박정희 정권에게 가장 성가신 존재일 수밖에 없었다.

박 정권은 기회만 있으면 눈엣가시인 한민통을 제압하려고 했다. 1974년 「전국민주청년학생총연맹」('민청학련') 사건과 문세광 사건 때도 한민통을 배후로 지목했다. 반정부 투쟁을 하던 대학생 모임인 민청학련을 국가를 전복하고 공산정권을 수립하려고 한 조직이라며 엄청나게 부풀리고는 한민통 조직국장인 곽동의를 배후 인물로 몰았다. 학생 지도자였던 이철, 유인태 등을 인터뷰한 일본인 기자 다치가와 마사키를 곽동의가 조종해서 파견한 사람이라고 구속했다. 다치가와는 2010년 재심에서 무죄를 선고받았다. 박정희 정권은 또 육영수를 쏜 문세광이 오사카 한청에서 활동했던 것을 문제 삼아 한민통을 그 배후라고 발표하면서 일본 경찰과 공조 수사를 폈으나, 아무 근거도 없는 것으로 드러났다.

'한국 민주화'를 국제화하다

박정희 정권의 이러한 시도는 한민통의 투쟁 의지를 약화하기는커녕 오히려 더 강화했다. 한민통은 1975년 8월 도쿄 고라쿠엔 강당에서 김대중 사건의 정치 결착을 규탄하는 '한일 양 민족 분격집회'를 개최하는 등 일본의 양심 세력 및 일반 시민과 연대투쟁 하는 것으로 맞섰다. 일본 시민사회와 연대함으로써 한민통은 한국의 민주화를 국제무대로 가져갈 수 있었다. 1976년 8월 도쿄에서 사흘 동안 개최된 '한국문제긴급국제회의'(EICK, The Emergency International Conference on Korea)가 대표적이다. 이 국제회의는 일본의 양심 세력이 앞서고 한민통이 적극 돕는 방식으로 진행됐다. 일본 쪽에서는 유명 평론가인 아오치 신(일한연대연락회의 대표), 저명 작가이자 평화운동가 오다 마코토, 자민당 중의원 우쓰노미야 도쿠마 등이 주관했다.[96] 아시아와 아프리카 등 제3세계 16개 나라의 평화운동가와 작가, 성직자 등 약 100명이 참석한 이 회의에서 한민통 상임고문 배동호가 개막식 기조연설을 했다. 회의는 이름 그대로 한국에서 일어나는 억압과 저항운동, 제3세계의 투쟁과 한국의 민주화투쟁 등 한국 문제를 집중적으로 다뤘다. 회의에서 채택된 결의문은 스리랑카에서 열리고 있던 '국제비동맹회의'에 바로 전달됐다. 이 도쿄 국제회의에 이어 1977년 4월에는 미국 뉴욕에서 '미국의 신대한정책을 요구하는 한미문제국제회의'가 9개국 100여 명이 모인 가운데 열렸다. 일본 정부가 출국을 막는 바람에 한민통 대표가 직접 참가하지는 못했지만, 한민통은 대회 메시지를 통해 박정희 유신독재의 폭압 정치 실태를 각국 대표에게 상세히 알렸다.

일본 시민과 연대함으로써 재일 한국인의 비주류 동포단체에 불과했던 한민통의 위상도 그만큼 높아졌다. 일본 정부는 박정희 정권의 요구에 따라 1970년대 중반까지 여러 차례 한청과 한민통을 노골적으로 또는 은근하게 탄압했다. 1974년 8월 문세광 사건 당시 한청 사무실과 주요 간부 자택 압수수색, 1977년 4월 도쿄 한국대사관 앞 시위와 관련한 한청본부 압수수색 등이 그런 예였다. 박정희 정부의 비리를 조사한 미국 하원 「프레이저 위원회」에서 김대중 납치와 관련해 증언하기로 했던 한민통 관계자 다섯 명의 출국도 막았다.[97]

그러던 일본 정부가 놀라운 변화를 보였다. 1979년 6월 11일 소노

1976년 8월 도쿄에서 열린 '한국문제긴급국제회의' 모습.『한통련20년운동사』

다 스나오 외상이 배동호와 정재준 등 한민통 간부 세 명을 포함한 재일동포 다섯 명을 외무성 자신의 집무실에서 만난 것이다. 한민통 대표들은 소노다 외상에게 "일본 정부가 참다운 한일 우호를 위해서 양국 간의 가시인 김대중 씨 사건을 완전히 해결해야 될 것"이라며 김대중의 원상회복을 요구하는 요청서를 직접 전달했다. 소노다 외상은 "주한 대사가 근일 중 김씨와 만날 것"이라며 "한국민의 대다수가 일본의 대한 원조를 좋아하지 않고 있음을 알고 있다"[98]라고 대답했다. 이 만남은 당일 저녁 《마이니치신문》 1면에 보도됐다. 발칵 뒤집어진 한국 정부가 거세게 항의하자, 외무성은 "덴 히데오 사민련* 대표를 면담하는 자리에 그를 따라온 한민통 간부들이 있었을 뿐"[99]이라고 옹색하게 해명했다. 박정희 정부가 그렇게도 싫어하는 단체의 대표들을 일본 외상이 만나줄 수밖에 없을 정도로 일본 사회에서 한민통의 영향력이 커진 것이다.

빌리 브란트의 한민통 지원

한민통의 투쟁은 해외의 한국인과 연대하면서 다시 한 번 탄력을 받았다. 재일 한국인 민주운동가인 배동호와 재미 민주인사인 임창영이 1973년 초부터 교류하면서 미국과 일본, 유럽의 반박정희 민주인사들이 서로 연결되기 시작했다. 1975년 2월 일본과 미국의 한

---

*　일본 사회당에서 이탈한 덴 히데오 의원이 1978년에 만든 중도 좌파 정당인 사회민주연합의 약칭.

민통, 유럽 각국의 한국인 민주단체들은 박정희가 추진하는 「유신헌법」 찬반 국민투표'를 반대하는 공동성명을 낸 데 이어 1976년에는 본국의 민주화운동을 위한 연합체 결성 작업을 시작했다. 마침내 1977년 8월 12일부터 14일까지 도쿄에서 '해외한국민주운동대표자회의'가 열렸다. 해외의 한국인이 연합투쟁단체를 만든 것은 해방 이후 처음이었다. 이 회의에 미주 지역에서는 임창영·김재준·김성락·이용운이, 일본에서는 김재화·배동호·정재준이, 유럽에서는 윤이상·이영빈 등이 참석하는 등 총 11개국 100여 명이 참석했다.

해외의 한국인이 한민통을 중심으로 연합투쟁단체로 뭉치자, 박정희 정권은 바짝 긴장했다. 한국 정부는 일본 정부를 압박해 해외에서 일본에 들어온 한국 동포를 추방하라고 요구했다. 다른 한편으로는 대회 자체를 물리적으로 저지하려 했다. 대회 둘째 날인 8월 13일 민단은 청년 300여 명을 동원해 회의장인 도쿄 우에노의 이케노하타문화센터를 덮쳤다. 민단에서 동원한 청년들이 각목을 휘둘러 한민통과 한청 사람들이 많이 다쳤다.

그러나 이런 폭력 사태에도 참석자들은 예정대로 「민주민족통일해외한국인연합」('한민련')을 결성했다. 한민련은 '정치범과 양심범의 무조건 석방, 「유신헌법」과 긴급조치 철폐, 미국과 일본의 박 정권에 대한 군사적·경제적 원조 중지' 등을 요구하는 결의문을 채택했다.[100] 미국의 임창영이 수석의장을 맡았지만, 본부 역할을 하는 국제사무국(사무총장 배동호)을 일본에 둔 데서 알 수 있듯이 한민련 활동을 주도한 것은 한민통이었다. 박정희 정권이 김정사 사건을 계기로 한민통을 반국가단체로 만든 때가 바로 이즈음이었다.

빌리 브란트와 만나는 배동호, 윤이상씨(왼쪽부터).《민족시보》

　한민련 창립은 그 자체로 박정희 정권에 상당한 타격이었고, 한민통으로서는 국제무대로 성큼 진출할 수 있는 발판이 됐다. 특히 한민련 설립 이후 전 서독 총리 빌리 브란트와 유대 관계를 맺을 수 있었던 것은 한민통으로서는 큰 행운이었다. 유럽 정치무대에서 영향력이 컸던 빌리 브란트는 서독 사민당 대표 자격으로 1977년 12월 '사회주의 인터내셔널 정상회담'에 참석하기 위해 도쿄를 방문했다. 서독에 거주하는 세계적 작곡가 윤이상은 한민련 유럽본부 의장을 맡고 있었는데, 그가 배동호와 김재화, 곽동의 등 한민통 간부들을 빌리 브란트에게 소개했다. 빌리 브란트는 배동호 등을 만난 자리에서 "한국 민중의 앞날에 광명이 있을 날이 멀지 않음을 확신한다"[101]라면서 한국 민주화 지원을 약속했다. 또 이들 한민통 간부들을 독일에 초청했다. 일본 정부가 한민통 간부들의 출국을 막는 바람에 독일 방문이 이뤄지지는 못했지만, 빌리 브란트는 한민통과 한국 민주화를 적극 후원했다.

1978년 6월 서독 본과 영국 런던에서 열린 한국 민주화에 관한 국제회의는 한민통이 구축한 국제연대가 거둔 결실이었다. 서독의 수도 본에서 열린 '한국문제긴급국제회의'에는 독일과 영국, 프랑스, 이탈리아, 미국, 호주 등에서 온 국회의원, 루이제 린저를 비롯한 작가, 시민단체 대표 등 저명인사 50여 명이 참석했다. 이처럼 한민통과 한민련의 활약으로 국제사회에서 박정희 정권의 독재정치를 비판하는 여론은 점점 높아갔다.

국내외의 민주화 압박이 계속되자, 박정희 정권은 1978년 12월 말 김대중을 형 집행정지로 석방했다. 한민통을 중심으로 한 해외 민주화 세력이 거둔 일차 승리라고 해도 충분했다. 한민통과 김대중구출대책위는 소식이 전해진 당일 기자회견을 열어 자축했다. 배동호와 정재준, 김종충 등 한민통 사람들은 기자회견 도중 서울의 김대중에게 전화를 걸어 "이번에 나오게 된 것은 선생이 투쟁한 결과이며, 우리도 앞으로 사건의 진상규명과 원상회복을 위해 계속 노력할 것"이라고 말했다. 김대중은 "이번 조치는 국내외의 양식 있는 사람들이 싸워준 결과인 줄 알고 있으며, 여러분에게 감사하고 있다"[102]라고 답했다.

김대중은 박정희가 숨진 이듬해인 1980년 2월 29일 다른 민주인사 680여 명과 함께 완전히 복권됐다. 한민통은 기자회견을 열어 만세 삼창을 하는 등 환호했다. 그날 낭독한 한민통의 성명문 일부다.

오늘 김대중 선생은 부당하게 박탈되었던 공민권을 회복하여 박 정권의 이른바 유신체제 선포 이래 억제되었던 법적 자유를 되찾아 정치활동도 할 수 있게 되었다. 야만한 납치 사건이 발생한 때로부터 오늘에 이르기까지 선생의 수난을 스스로의 수난으로 여기고 선생의 구출과 신체의 자유 및 원상회복을 위해 모든 힘을 다 바쳐 싸워온 우리들은 선생의 복권을 마음으로 기뻐하며 선생에게 열렬한 축복을 드린다. 아울러 우리는 오늘 김대중 선생과 함께 복권으로 법적 권리를 쟁취한 모든 민주인사들에게도 뜨거운 연대와 축하의 인사를 드린다.[103]

김대중의 수난을 스스로의 수난으로 여기며 그의 구출과 조국의 민주화를 위해 7년 동안 박정희 유신독재정권과 싸워온 한민통은 다음 달인 1980년 3월 김대중구출대책위를 발전적으로 해산했다. 김대중구출대책위원장 정재준은 "부마 일대 궐기와 10·26사태는 해내외의 민중투쟁의 성과이며, 김대중 선생이 공민권을 회복한 것은 우리 투쟁의 커다란 승리"[104]라고 말했다. 성명문에서도, 정재준의 발언에서도 한민통의 자부심이 역력히 느껴진다. 한민통은 그럴 만한 자격이 충분했다.

한민통은 김대중구출대책위를 당당하게 해산하면서 의장을 교체하는 등 조직을 개편했다. 한민통은 "김대중 선생은 복권을 전취했고 정치활동의 자유를 획득했다. 이제 김대중 선생의 육체적 생명과 정치 생명은 본국 국민이 지켜야 할 것이다. 김대중 선생은 해외 조직의 책임자가 아니라 전 한국민의 민주와 자유를 위해 앞장서서 싸워야 할 의무가 있다"[105]라며 김대중을 본인의 희망대로 의장에서 뺐다. 대신 그동안 의장 대행을 맡았던 김재화를 새 의장에 추대했다.

하지만 김대중구출대책위 해산이 성급했다는 것이 드러나는 데는 많은 시간이 필요하지 않았다. 5·17군사쿠데타로 등장한 전두환의 신군부 세력은 자신들이 일으킨 내란의 책임을 김대중에게 뒤집어씌웠다. 박정희가 은밀한 물리력을 써서 김대중을 없애려 했다면 전두환은 합법을 가장해 김대중을 죽이려 획책했다.

전두환 일파가 내란음모와 「국가보안법」 위반 등의 혐의로 김대중 등을 군사재판에 회부한 다음 날(7월 13일) 한민통은 '김대중 씨 말살 의도'를 저지하기 위해 해산 넉 달 만에 김대중구출대책위(위원장 정재준)를 다시 구성해 2차 구출운동에 나섰다. 당시 국내 언론은 철저하게 정권에 의해 통제됐고, 대학가와 비판 세력의 움직임은 원천 봉쇄돼 있었다. 이런 상황에서 김대중 구출과 국내 상황을 널리 알리기 위해서는 또다시 해외 운동 세력의 힘이 절실히 필요했고, 한민통은 기꺼이 그 짐을 졌다. 한민통은 우선 5·18민주화운동의 투쟁 모습과 진압군의 만행을 촬영한 녹화 영상을 모아 다큐멘터리 「한국 1980년 – 피의 항쟁」을 만들어 6월 10일부터 일본 각지에서 상영에 들어갔다. 이 다큐멘터리는 유럽과 미국 등에도 보내져 상영됐다. 1980년 광주의 참상과 시민항쟁을 알린 이 영상은 전두환 세력에 대한 국제적 비판 여론을 형성하는 데 큰 역할을 했다.

사회주의인터내셔널 옵서버의 위력

2차 김대중 구출운동과 전두환 세력에 대한 저항은 1차 구출운동 때보다 기간은 짧았지만 집중도나 강도는 더 강했다. 성명 발표와 기자회견, 강연회, 유인물 가두 배포, 단식투쟁, 대중집회와 시위, 서명운동 등 모든 투쟁 방법이 동원됐다. 1980년 8월 한 달만 해도 세 번이나 대규모 집회를 열고 가두시위를 벌였다. 해외 한국인의 연대도 다시 움직였다. 미국과 서독, 캐나다 등 8개국에서 온 한인 해외 민주운동가 100여 명이 8월 13일부터 이틀 동안 도쿄에서 '긴급해외한국인대표자회의'를 열어 「김대중선생구출해외한국인연락협의회」를 구성했다.

한민통의 국제연대도 활발하게 다시 가동됐다. 「사회주의인터내셔널」은 1980년 6월 노르웨이 오슬로에서 열린 간사회에 한민통을 공식 옵서버로 초청해 한국 상황을 청취했다. 국제적으로 영향력이 큰 「사회주의인터내셔널」의 요구를 무시할 수 없게 된 일본 정부는 한민통 간부인 배동호, 김윤종, 조활준 세 명에게 처음으로 재입국 허가증을 내줬다. 배동호는 46개국 120명의 각국 정당 대표가 참석한 간사회에서 광주 참극 등 한국 정세를 보고했으며, 「사회주의인터내셔널」은 광주에서 벌어진 만행을 규탄하고 김대중 석방을 요구하는 특별결의문을 채택했다. 그 결의문의 전문이다.

한국에서의 탄압은 극한점에 달하고 있다. 「사회주의인터내셔널」은 평화적으로 항의하는 학생들에게 가한 야만적인 만행에 대하여 깊은 우려를 표시한다. 「사회주의인터내셔널」은 재야 지도자인 김대중 씨의 석방을 강력히 요구하며 민주화투쟁을 적극적으로 벌이고 있는 해외 한국인들의 단체인 「민주민족통일해외한국인연합」('한민련')의 투쟁을 적극 지지한다. 반공을 빙자한 민주주의의 억압을 「사회주의인터내셔널」은 절

대로 받아들일 수 없다.[106]

한민통이 옵서버로 「사회주의인터내셔널」 간사회에 참석한 지 한 달 뒤 서독 정부는 김대중 문제와 관련해 "깊은 관심을 공식적으로 표명"했다. 이어 서독과 프랑스 외교장관의 만남(7월 10일)에서도 한국의 민주주의 후퇴에 대한 우려가 표명됐으며, 북유럽 4개국인 스웨덴, 덴마크, 노르웨이, 아이슬란드의 외교장관도 7월 10일 김대중 등 민주인사 구속에 관한 공동성명을 발표했다.[107]

국제적 압력과 국내의 반발에 직면한 전두환 정권은 1981년 1월 23일 대법원에서 김대중의 사형을 확정 지은 뒤 곧바로 무기징역으로 감형했다. 한민통은 그해 5월 도쿄에서 일본의 민주인사들과 함께 27개국 1,600여 명이 참석한 가운데 '한국민주화지원긴급세계대회'를 열어 광주학살을 규탄하고, 김대중을 완전히 석방할 것 등을 요구했다. 이 행사에서는 윤이상이 작곡한 교향곡 「광주여 영원히!」가 연주됐다. 전두환은 방미의 대가로 미국에 한 약속에 따라 1982년 말 김대중의 미국행을 허용했다. 이로써 한민통의 2차 김대중 구출운동도 성공적으로 마무리됐다.

일본을 감동시킨 영화 어머니

한민통은 김대중 구출운동 외에 시인 김지하를 비롯한 양심수 석방운동에도 진력했다. 특히 김지하 석방운동이 일본 등 전 세계로 활발하게 퍼져간 데는 한민통의 역할이 컸다. 한민통은 일본의 시민단체와 함께 김지하 석방을 위한 서명운동을 벌이는 한편 '김지하의 밤' 등 다양한 문화행사를 열었다. 한민통의 구성 단체인 한청은 김지하가 쓴 「진오귀」와 「고행 1974」를 연극으로 만들어 일본 주요 도시에서 공연했다. 일본의 연극인은 한청의 도움으로 「진오귀」를 별도 연극으로 만들어 공연하기도 했다. 민청학련 구속자의 법정 발언, '3·1민주구국선언' 관련자의 최후 진술, 김지하의 양심선언 등 주요 민주화투쟁 내용이 국내에서는 전혀 보도되지 않았지만, 일본에서는 한민통 기관지인 《민족시보》를 통해 자세하게 알려졌다.

한민통은 재일동포 유학생 등 간첩 조작 피해자를 구원하는 운동에도 팔을 걷어붙였다. 1975년 재일동포 정치범의 실태를 다룬 영화 「고발」을 제작 상영해 일본 내 여론을 환기했으며, 피해자들이 석방돼 일본으로 돌아올 때까지 「재일한국인정치범을 위한 일본인구원회」 등을 만들어 일본 시민과 함께 끈질기게 싸웠다. 그 결과 1970~1980년대에 간첩 혐의 등을 뒤집어쓰고 심지어 사형선고까지 받았던 재일동포 정치범들은 전원 무사히 구조됐다.

한국의 노동운동을 일본에 알리고, 일본 노동계와 깊은 연대를 형성한 것도 한민통이었다. 1970년 서울 평화시장에서 근로기준법 준수를 요구하며 스스로 몸을 불사른 전태일의 삶과 그의 어머니 이소선의 투쟁은 한민통에 의해 일본에서 먼저 널리 알려졌다.

불꽃같았던 전태일의 삶을 최초로 복원한 이는 한국의 세 지식인이었다. 전태일이 숨진 뒤 그의 친구가 되고자 평화시장으로 찾아간 대학생 장기표가 전태일의 일기 등 여러 기록을 모았고, 시국 사건으로 수배 중이던 조영래는 장기표가 모은 기록을 바탕으로 주변 인물들을

『전태일 평전』 일본어판 『불꽃이여, 나를   영화 「어머니」 일본 포스터
감싸다오』

추가 취재해 1977년쯤 『전태일 평전』 원고를 마무리했다. 하지만 국내에서는 책이 출간될 가능성이 조금도 없었다. 일본에서 출간할 생각을 한 이는 민주화운동의 막후 기획자 김정남이었다.

  김정남이 일본으로 몰래 보낸 원고를 최종적으로 손에 받아 쥔 사람은 《민족시보》에서 일하던 송인호였다. 송인호는 10대에 일본으로 건너가 고학으로 대학을 마친 뒤 파친코 가게를 잠시 운영하기도 했다. 그는 재일동포 친구인 최철교가 1974년 고국에 갔다가 간첩으로 조작돼 사형선고를 받자, 그의 구원운동을 계기로 한민통 활동을 시작했다. 집 안에 틀어박혀 『전태일 평전』 번역 작업을 하던 송인호는 "눈

물 없이 이것을 읽고 옮길 수가 없다"라면서 부인 김지영을 자주 불러 원고를 읽어보게 했다.[108] 그가 번역한 책은 『불꽃이여, 나를 감싸다오(炎よ, わたしをつつめ)』라는 제목으로 1978년 후반 일본어로 출간됐다. 번역자의 이름은 송인호 대신 가명인 이호배를 사용했다. 원작자의 이름 역시 조영래가 아니라 김영기였다. 김정남에 따르면, 김영기는 원고 전달자인 김정남, 집필자인 조영래, 최초 자료 수집자인 장기표의 이름에서 한 글자씩 따온 것으로, 조영래가 만든 이름이었다. 책 출간을 주도한 한민통도 국내 정보기관의 추적을 피하기 위해 이름을 드러내지 않았다.

한민통은 『전태일 평전』을 번역 출간하는 것에 그치지 않았다. 한청의 청년들은 평전 원고를 바탕으로 「불길의 외침 – 나의 죽음을 헛되이 말라」라는 연극을 만들어 1978년 10월부터 공연을 시작했다. 연극 역시 공연 때마다 관객이 몰리는 등 호응이 컸다. 한민통은 연극과 별개로 영화화를 추진했다. 더 많은 사람에게 전태일과 한국 노동계의 투쟁을 알리는 게 중요하다는 판단에서였다. 한민통의 지도자인 상임 고문 배동호가 주도했다. 한통련 의장 손형근은 2022년 필자와 나눈 인터뷰에서 이렇게 말했다.

저는 그때 오사카에서 활동할 때여서 논의에 참가하지는 않았지만, 내용은 전해 들었죠. 당시 한청에서 이미 연극을 준비하고 있었기 때문에 그것으로 충분하다든가 돈도 경험도 부족해서 영화는 힘들다는 의견이 내부에서 많았다고 해요. 그러나 배 선생님은 이 내용을 영화로 만들어서 한국 노동운동을 지원해야 민주화운동의 새로운 돌파구가 될 수 있다고

주장하셨고, 그 의견을 관철했어요. 그런 것을 보면 배 선생님은 스케일이 큰 정치가였죠.[109]

영화 「어머니」는 전태일 분신 8주기인 1978년 11월 13일 도쿄에서 처음으로 선보였다. 『전태일 평전』 일본어판도 같은 시기에 출간됐다. 반응은 뜨거웠다. 첫 상영을 관람한 일본인 노동자 N씨(당시 27세)는 "영화에서 묘사되고 있는 한국 노동자들의 투쟁에 공감을 느낀다"라며 "어떻든 한국 노동자들의 투쟁 승리를 바란다"[110]라고 말했다. 이듬해까지 일본 전국을 돌면서 700회 이상 상영된 이 영화를 수십만 명이 관람했다. 전태일의 어머니 이소선은 한민통과 일본 시민들이 함께 모인 「상영중앙실행위원회」 앞으로 장문의 감사 편지를 보냈다. 단순히 감사의 뜻을 넘어 노동자의 국제연대를 강조하는 당당함이 돋보이는 글이어서 길게 인용한다.

내 아들의 이야기가 그리고 내가 작은 몫을 맡아서 모자라는 힘이나마 전심전력으로 참여해온 우리들 한국의 억압받는 근로자들의 이야기가 외국 땅에서 연극으로 영화로 공연된다는 소식을 들었을 때 나는 밤을 새워 울었습니다. (…)
이제 전태일은 국경과 민족의 장벽을 넘어서 여러분께로 갔습니다. 그가 그토록 사랑하였던 한국의 근로자들은 그가 그보다 결코 조금도 못지않게 사랑하였던 여러분들 세계의 모든 억압받는 민중들과의 힘찬 연대를 향하여 큰 발걸음을 내디뎠습니다. 우리에게 있어서 이것보다 더 귀중한 일이 어디에 있겠습니까? (…)

이 많은 것들을 부탁드리면서도 나는 스스로 비굴하게 느끼지는 않습니다. 그것은 내 아들의 죽음이, 나의 투쟁의 노력이, 그리고 한국 근로자들의 위대한 투쟁이 바로 여러분들 자신의 것이기도 하다는 자부를 느끼고 있기 때문입니다. 또한 무엇보다도 우리는 국경과 민족을 초월하여 하나이다는 뜨거운 연대감을 가슴 깊이 품고 있기 때문입니다. 그러나 여러분 모두에게 다시 한 번 뜨거운 감사를 드리고 싶습니다. 한국의 근로자를 대신하여 일본의 근로자들과 세계의 모든 형제 민중에게 뜨거운 인사를 전하는 바입니다.[111]

한민통이 기획한 영화 「어머니」는 제작부터 상영까지 일본 시민과 연대해 이루어졌다. 감독은 한민통 문화국장 김경식과 일본인 나카오 슌이치로(中尾駿一郎)가 공동으로 맡았으며, 주인공 이소선 역에는 중견배우인 이소무라 미도리가 선택됐다. 한민통과 한청 회원들은 엑스트라로 출연했다. 그러나 상업영화가 아닌데다 한국 정부의 방해로 정식 극장에서는 상영할 수가 없어 회의장 등 일반 장소를 빌려야만 했다. 한민통의 힘만으로는 한계가 있는 일이었다. 이때 「일본노동조합총평의회」('총평')*와 「중립노동조합연락회의」, 「전국산업별노동조합연락회의」 같은 일본의 노동단체와 일한연대연락회의 등 시민단체가 나섰다. 이들은 한민통과 함께 「상영중앙실행위원회」를 만들어 상영장소 섭외와 대여 등에 앞장섰다. "일본 노동자의 한일연대운동에의

---

* 1950년에 설립된 최대의 전국노총으로, 조합원이 한때 391만 명에 달했다. 1989년에 해산했다.

참가는 재일 한국인 정치범의 구원 활동을 중심으로 지난 수년 동안 급속하게 이뤄져왔지만, 영화 「어머니」의 상영운동 참가를 계기로 한국 민주화운동 전반에의 연대로 발전할 조짐을 보이고 있다"[112]라는 한민통의 자체 평가처럼 『전태일 평전』과 영화 「어머니」는 한일 시민 연대의 토대가 됐다.

일본 시민의
한국 민주화
연대

한국의 민주화에 일본 시민들이 동참, 지원하기 시작한 것은 1970년
대 초부터였다. 1960년대 일본 시민사회는 주로 베트남전쟁 반대운
동에 주력했으나, 1970년대에 들어오면서 이웃나라인 한국에도 관심
을 기울이기 시작했다. 간첩 혐의로 체포된 재일동포 유학생 서승, 서
준식 형제 사건(1971)과 저항시인 김지하의 1차 구속(1972)이 계기가
됐다. 서승 형제에 대해서는 일본의 학교 동창회와 학생 그룹 등을 중
심으로 「서군 형제를 구하는 모임」이 만들어졌으며, 김지하에 대해서
는 지식인 중심으로 두 개의 김지하 구원회가 만들어졌다. 하나는 화
가 도미야마 다에코가 이끌었으며, 다른 하나는 평론가 오다 마코토
와 쓰루미 슌스케가 중심이 됐다. 처음에 이웃나라 운동가에 대한 "구
원'으로 시작한 운동은 운동 내외의 다양한 문제 제기 속에 단순히 타
자를 '구원'한다는 접근 방식이 아니라, 일본/일본인의 '자기 개혁'이
필요하다는 '연대'운동으로 나아가게"[113] 된다. 이러한 인식 전환을 가
져오게 한 유명한 계기가 쓰루미 슌스케의 회고록 『전쟁이 남긴 것』에

나온다. 김지하의 석방을 요구하는 서명을 한국 정부에 전달하기 위해 방한한 쓰루미 슌스케가 지학순 주교의 도움으로 김지하를 만나 "여기 당신을 사형하지 말라는 취지로 세계에서 모아온 서명이 있습니다"라고 하자, 김지하는 "당신들의 운동은 나를 도울 수 없습니다. 그러나 나는 당신들의 운동을 돕기 위해 내 목소리를 더하겠습니다"라고 답했다고 한다. 쓰루미 슌스케는 김지하의 "완전히 대등한 인간관계"에 기반한 이러한 발언에 놀랐다고 말했는데, 일본 시민사회는 이 에피소드를 "안이한 지원운동에 대한 거절"이자 "일본인 자신을 구해내는 운동으로 나아가야 한다"[114]라는 것으로 해석했다.

일본 시민사회가 이처럼 자기 성찰적 고민을 하고 있을 때 터진 1973년 김대중 납치 사건은 한국 시민과 민주화 연대를 보다 깊고 넓게 하는 계기가 됐다. 그동안 주로 '베헤이렌(베트남에 평화를! 시민연합)' 등 베트남 평화운동에 집중하던 일본 시민사회에 김대중 납치 사건이 던진 충격파는 컸다. 일한연대연락회의 사무국장이던 와다 하루키 교수만 해도 김대중 사건 이전에는 김대중이 누구인지도 잘 모를 정도로 한국에 대해 무지했다. 와다 하루키 교수는 이렇게 회고했다.

그때 나를 비롯해 많은 일본인은 김대중 씨에 대해 잘 알지 못했다. 김씨가 납치당한 그날 발매된 잡지 《세카이》 9월호에 실린 김씨와 편집장 야스에 료스케 씨의 대담 「한국 민주화의 길」을 읽고 비로소 수난당한 한국인 정치가의 목소리를 들었던 것이다. 김대중 씨는 민주주의를 향한 정열을 얘기하고 한일관계를 언급하면서 일본 사회당이 북한하고만 관계를 맺고 한국에 무관심한 점을 비판했다. 그 얘기를 읽었을 때는 이미 그 사람 생사조차 알 수 없는 상황이 돼 있었다. 그만큼 인상이 강렬했다.

그 잡지에는 또 재일 한국인 정경모*라는 미지의 필자 논문이 실려 있었다. (한일협정이 체결된) 1965년부터 8년이나 지난 세월인데도 우리는 한국에 대해 아무것도 모르고 있었던 것이다. 그 사실을 새삼 깨닫고 나는 경악했다.《세카이》에는 봄부터 'TK생'이라는 익명의 필자가 '한국으로부터의 통신'을 2회째 싣고 있었다. 그것은 그다음 달부터 매호 연재되게 됐고 금세 우리의 관심을 끌었다.[115]

일한연대연락회의 대표 아오치 신

김대중 사건을 계기로 알게 된 한국의 민주화투쟁이 일본의 양심을 깨웠던 것이다. 그들은 몇 차례 준비 모임을 거쳐 한국에서 민청학련 사건이 터진 며칠 뒤인 1974년 4월 "한국 민중에 가해지는 중압을 일본을 바꿈으로써 조금이라도 덜어주는 것이 우리의 의무일 것"이라며 한국 시민과 연대하기 위한 운동체인 일한연대연락회의를 결성했다. 이름부터 '연대'를 내세웠으며, 목표를 '일본의 변화'에 맞추었다.

일한연대연락회의 대표는 언론인이자 평론가인 아오치 신(靑地晨)이 맡았다. 그는 자신의 유일한 밥벌이 수단인 글쓰기까지 중단하고,

---

* 1970년 망명한 뒤 일본에서 활동한 평화운동가 겸 저술가. 1970년대에《민족시보》주필 등을 지냈으나 견해 차이 등으로 한민통을 떠났다. 1989년 북한 방문 등의 이유로 입국이 금지돼 2021년 사망할 때까지 귀국하지 못했다.

일한연대연락회의와 한통련이 공동으로 1976년 7월 4일 '한일관계와 남북통일문제'
심포지엄을 열었다. 『한통련20년운동사』

1984년 숨질 때까지 한국 민주화를 위한 싸움을 계속했다. 일한연대
연락회의는 김지하 석방운동과 김대중 구출운동을 비롯해 한국 민주
화를 위한 대중집회와 가두시위, 단식농성 등을 활발하게 벌였다. 이
들이 주관한 집회는 한민통이 적극 도왔으며, 한민통이 주최하는 행사
에는 일한연대연락회의가 힘을 보탰다.

　2차 김대중 구출운동 때도 1차 때와 마찬가지로 일본 시민이 적
극 나섰다. 600만 명의 조합원이 소속된 총평은 간사회의에서 김대
중 구출운동을 벌이기로 공식 결정했으며, 이에 따라 일한연대연락회
의 등 각 단체가 함께하는 「김대중씨구출일본연락회의」('일본연락회의')

가 1980년 7월에 구성됐다. 한민통의 김대중구출대책위(2차) 구성보다 이틀이 빨랐다. 일본연락회의는 김대중 구출을 위한 1,000만 명 서명운동에도 돌입했다. 일본연락회의는 또 8월 8일 도쿄 히비야공원 내 야외음악당에서 '납치 사건 7주년 김대중 씨를 죽이지 말라! 국민대회'를 주최하는 등 여러 차례 대규모 집회를 열었다. 이날 국민대회에는 아스카타 이치오 사회당 위원장과 덴 히데오 사민련 대표, 우쓰노미야 도쿠마 참의원 의원 등이 참석했으며, 일본 시민과 재일동포 1만 5,000명이 모였다. 대회 참석자들은 정치 결착을 맺었던 일본 정부가 책임감을 갖고 김대중 석방을 위해 한국 정부에 구체적으로 행동할 것을 요구하는 결의문을 채택한 뒤 가두시위를 벌였다.[116] 이와 별도로 일본 법조계와 문화인들은 1980년 10월 도쿄에서 '김대중재판조사·규탄국민법정'을 열어 군사재판의 비민주성을 폭로하기도 했다. 한민통과 일본연락회의는 그해 10월까지 받은 100만 명이 넘는 김대중 구출 서명 명부를 유엔 인권위에 보냈다.

김대중이 군사법원 1심에서 예상대로 사형 판결을 선고받은 1980년 9월 17일 저녁 일본연락회의는 히비야공원 내 야외음악당에서 '군법회의 중지하라! 김대중 씨 등을 석방하라! 9·17국민대회'라는 대규모 집회를 열었다. 이 집회에는 약 1만 7,000명이 참가했다. 김대중의 1심 선고가 있던 날 「일본국철노동조합」은 일본 전국의 기차역에서 항의의 기적을 울렸으며, 「전일본항만노동조합」도 사형선고에 항의해 모든 항구에서 한국 선박의 화물 선적과 짐 내리기 작업을 거부했다. 이웃나라의 민주화운동을 위해 한 나라의 시민이 이처럼 깊이 연대투쟁을 한 것은 세계적으로도 전례가 드문 일이었다.

재일정치범전국회의의 활약

　　일본 시민의 적극적 지지와 협조가 없었다면 두 번에 걸친 김대중 구출 100만 명 서명은 불가능했을 것이다. 한민통이 힘을 쏟았던 재일동포 정치범 구출운동 역시 일본 시민이 연대해서 싸워주지 않았다면 성공하지 못했을 것이다. 1971년 서승 형제 사건 때부터 일본의 동창생과 이웃은 한국 옥에 갇힌 정치범 구출을 위한 개별 구원회를 만들었다. 일본 시민은 개별 구원회를 넘어 1976년 6월 전국 규모의 재일정치범전국회의를 결성했다. 국제법 전공인 메이지대학의 미야자키 시게키 교수가 대표, 인권 목회자인 요시마쓰 시게루 목사가 사무국장을 맡았다. 재일정치범전국회의는 가족이 중심이 된 가족교포회와 긴밀히 협력하면서 활동했다. 재일정치범전국회의가 일본인이 만든 단체였기에 한국 정부와 일본 정부에 더 큰 압박이 됐다. 재일동포 정치범 가족이 1980년 초 한국의 감옥에 갇힌 재일동포 양심수의 석방을 유엔에 호소하기 위해 출국할 때 일본 정부가 처음으로 재입국 허가증을 내준 것은 재일정치범전국회의가 적극적으로 지원했기 때문이다. 일본 노동계나 문화계도 재일 한국인의 손을 힘껏 잡았다. 전태일과 그의 어머니 이소선의 투쟁을 그린 영화「어머니」제작에 일본 영화계가 협력한 것은 대표할 만한 사례다.

　　당시에는 한일 시민 연대로 인해 재일 한국인을 대하는 일본 사회의 태도도 바뀌었다. 해방 이후 주로 차별과 배제의 손쉬운 대상이었던 재일동포를 1970년대부터는 민주와 평화로 나아가기 위해 함께 손잡아야 하는 연대의 벗으로 보기 시작한 것이다. 이러한 변화를 잘 보여주는 예는 일본 최대의 노동조합연합체였던 총평이다. 1959년 12월 민단이 전력을 다해서 이른바 재일동포 북송(귀환) 반대운동을 벌일 때였다. 첫 북송선을 타러 가는 동포들을 막으려고 민단 단원 600여 명이 도쿄의 가나가와역으로 몰려갔다. 이들의 계획은 니가타행 열차의 출발을 저지하는 것이었으나 반대쪽, 즉 북한 이주를 환영하는 수만 명의 인파에 가로막혀 실패했다. 그 수만 명 속에는 총련쪽 재일동포와 함께 총평 및 기타 일본 혁신단체 사람들이 대거 참여하고 있었다.[117] 당시 일본 정부와 정치권이 재일동포의 북한 이주를 지지하는 분위기였음을 감안하더라도 일본의 노동계나 혁신 세력이 재일 한국인이나 한국에 그다지 우호적이지 않았음을 알 수 있다. 그랬던 총평이 1970년대부터는 1, 2차 김대중 석방 100만 명 서명운동을 비롯해 한민통이 주최하는 각종 집회나 활동에 인원을 동원하는 등 적극적인 지원을 아끼지 않았다. 혐한 분위기가 판치는 현재의 분위기에서 보면 1980년대까지 일본의 시민사회는 완전히 다른 세계였다.

반외세
자주의
통일운동

　　1, 2차 김대중 구출운동을 성공적으로 마무리함에 따라 한민통은 새로운 진로 찾기에 나섰다. 우선 창립 10주년을 맞아 1983년 9월 상임고문 배동호를 새 의장으로 선출했다. 창립 때부터 사실상 한민통을 이끌어왔던 민주개혁파의 지도자가 전면에 나선 것이다. 한민통 일본본부라는 공식 명칭에서 일본본부를 떼고, '제2선언'(새 강령)을 통해 새로운 운동 노선도 채택했다. 새 강령의 다섯 항목은 다음과 같다.

　① 우리는 외세의 지배와 간섭을 배제하고 민족자주권의 회복을 구국운동의 기본 노선으로 정립한다.
　② 우리는 파쇼 독재를 타도하고 민주연합정부 수립을 위하여 계속 완강한 투쟁을 벌일 것이다.

③ 우리는 분단 고정화를 반대하고 외세의 간섭 없이 자주적 평화통일 성취를 위하여 전력을 다할 것이다.

④ 우리는 반전반핵운동을 적극 추진하며 한반도를 비핵지대화하고 비동맹 중립화를 정착시켜 세계평화 확립에 진력할 것이다.

⑤ 재일동포들의 민족적 권익을 옹호하며 모든 해외동포들과의 민주·통일을 위한 연대를 더욱 강화할 것이다.[118]

한민통의 '제2선언'에서 눈에 띄는 점은 '반외세 자주'를 '파쇼 타도의 민주화투쟁'보다 앞세운 것이었다. 1973년 한민통 창립 때 "파쇼적인 일인독재 헌정을 타도하고 민주질서를 회복한다"를 정강정책 1조로 내세웠던 것과는 대조적이다. 창립 당시 「발기선언문」과 정강정책 10개조에는 '반외세 자주'와 관련된 명시적인 내용 없이 "한반도 중립화, 남북연방제에 의한 점진적 통일 실현"(제9조) 정도가 들어 있었다. 오히려 "정병주의 원칙에서 군건한 국토방위 태세를 확립한다"(제7조)라는 조항이 들어 있었다. 김대중이 강조한 3대 원칙 중 하나인 '대한민국 지지'를 구체화한 것으로, 군사적 측면에서 북한에 대한 경계심을 나타낸 것이다. 이처럼 출범 초기 '군건한 국토방위 태세 확립'을 강조했던 데서 '반외세·비동맹 중립화'로 무게중심을 옮긴 것은 한민통이 그동안 김대중과 묶여 있던 끈을 풀고 재외동포로서 자주 노선을 걷겠다는 자립 선언이라고 볼 수 있다. 초창기 10년 동안 한국 민주화운동의 해외실천본부 역할에 머물렀다면, 이제 민족 통일을 지향하는 해외 한국인 민간단체로서 스스로를 자리매김한 것이다.

'반외세 자주'를 전면에

한민통의 이러한 반외세 자주 노선은 1980년 5·18민주화운동 이후 국내 민주화운동 세력에서 일기 시작한 사조의 변화와도 맥을 같이한다. 군 통제권을 쥔 미군이 전두환 일파의 광주 진압군 투입을 묵인하는 것을 보면서 학생운동을 비롯한 국내 민주 세력 안에서 반미감정이 싹트기 시작했다. 1980년 12월 광주 미국문화원 방화 사건과 1982년 부산 미국문화원 방화 사건은 미국에 대한 이러한 인식 변화를 보여주는 대표적 예였다. 한국 사회에 주파수를 맞춰왔던 한민통으로서는 국내 운동권의 새로운 조류에 영향을 받을 수밖에 없었다. 배동호는 1983년 12월 시나가와본부 결성 1주년을 기념한 시국 강연에서 "올해 학생운동이 전(두환) 정권 설립 이후 가장 고조된 사실들을 들면서 '이제 반미가 공통된 목표가 되고 있다'고 지적"[119]했다.

그러나 '제2선언'이 있었음에도 한민통은 1980년대 말까지는 '반외세 자주' 투쟁보다 전두환 정권에 맞선 '반파쇼 민주화' 투쟁에 주력했다. 박정희 정권 못지않게 강압적이고 반민주적인 전두환 정권에 대항해 1980년대 후반으로 갈수록 국내에서 민주화투쟁이 거세게 불붙고 있었기 때문이다. 1983년 5월 5·18민주화운동 3주기를 맞아 가택 연금 상태에 있던 김영삼이 목숨을 건 단식투쟁을 시작했을 때 한민통은 지원 단식에 돌입하고 성명서를 내는 등 국제 여론에 호소했다. 1986년 초 신민당의 직선제 개헌 투쟁 국면에서도 한민통과 한민련은 도쿄에서 '민주제개헌추진해외동포대회'를 열어 본국의 투쟁을 지원했다. 특히 1987년 초부터 6월민주항쟁 때까지 한민통은 도쿄와 오사카 등에서 가두행진과 천막투쟁을 벌이고, 도쿄 주일 한국대사관과 오사카 총영사관 앞에서 항의 시위를 잇따라 벌이는 등 투쟁의 강도를 높였다. 한청 위원장인 김창오가 오사카 총영사관 앞에서 벌인 시위와 관련해 경찰에 체포된 것도 이 시기였다.

1987년 6월민주항쟁의 승리로 한국에서 정치적 민주화가 어느 정도 진척되자, 한민통은 전면적인 체제 개편에 나섰다. 1989년 2월 「재일한국민주통일연합」('한통련')으로 명칭을 바꾸는 등 조직을 개편하고, 새 의장에 곽동의를 선출했다. 한통련은 조직 개편에 대해 "본국에서 민족민주운동 세력이 비약적으로 성장 강화"하고, "조국통일운동의 파고가 전례 없이 높아진" 상황에서 "주동적으로 민주통일운동을 강화"[120]하기 위한 조처라고 설명했다.

한통련의 강령은 "① 우리는 외세를 반대하고 민족의 자주권을 쟁취하기 위해 적극 활동한다. ② 우리는 군부독재를 완전히 청산하고 진정한 민주화를 위해 적극 활동한다. ③ 우리는 민족분단의 비극사에 종지부를 찍고 나라의 자주적 통일을 실현하기 위해 헌신 분투한다." 등이다. 한통련은 한민통의 '제2선언'처럼 반외세 자주를 첫 번째로 내세웠다. 곽동의는 의장 취임사에서 새해의 운동 기본 방향에 대해 "조국통일은 우리의 절박한 지상 과업이며 정세의 흐름도 통일운동이 주된 흐름으로 바뀌어졌습니다. 앞으로 우리는 자주통일운동을 기본으로 세우고 이에 반파쇼 민주화를 결합시켜 투쟁해 나가야 할 것입니다"[121]라고 밝혔다.

한민통에서 한통련으로 조직을 개편할 즈음, 국내에서는 민간 차

1989년 2월 한민통은 한통련으로 개편하고, 곽동의를 새 의장에 선출했다.
『한통련20년운동사』

원의 통일 열기가 최고조로 치닫고 있었다. 「민주통일민중운동연합」
('민통련')* 등 재야민주단체와 당시 가장 강력한 운동 세력이었던 「전
국대학생대표자협의회」('전대협')가 1988년부터 통일운동에 불을 지피
고 있었다. 전대협은 "가자 북으로! 오라 남으로! 만나자 판문점에서!"
라는 구호를 외치며 '남북학생회담'을 추진했다. 민통련은 1988년 8월

---

*   민주화와 통일운동을 위해 1985년에 결성된 재야민주운동 세력의 연합단체이
      며, 1989년 「전국민족민주운동연합」으로 확대 개편됐다.

학생들의 통일운동 열기를 바탕으로, 조국통일 방안과 통일 실천 과제를 논의하기 위한 남과 북, 해외동포 3자의 '한반도 평화와 통일을 위한 세계대회 및 범민족대회'('범민족대회')를 제안했다. 북한이 이에 즉각 동의함에 따라 '범민족대회' 개최를 위한 움직임이 본격적으로 시작됐다. 이는 민주화 이후 사회운동의 새로운 과제로 통일 문제가 자연스럽게 부각된 면도 있지만, 소련 등 동구권의 약화와 더불어 전 세계적으로 시작된 동서 간 화해와 대화 기류에 영향을 받은 점이 컸다. 1988년 2월에는 남북한 당국도 분단 이후 처음으로 '남북고위급회담'*을 위한 예비회담을 시작했으며, 노태우 대통령은 1988년 7월 남북한 동포의 상호 교류와 해외동포의 자유로운 남북 왕래를 천명하는 내용의 '민족자존과 통일번영을 위한 특별선언'(7·7선언)을 발표했다.

남북 당국 간 회담이 진전됨에 따라 노태우 정부는 한때 '범민족대회'를 허용하는 듯한 태도를 보이기도 했다.

1989년 초 「전국민족민주운동연합」('전민련')**으로 조직을 재정비한 민주운동 세력은 '범민족대회' 개최에 총력을 기울였다. 전민련은 1990년 8월 15일 판문점에서 제1차 '범민족대회'를 개최하기로 결의한 뒤 한민통(한통련)을 '범민족대회'를 위한 해외 쪽 파트너로 삼았다. 한통련으로 이름을 바꾸기 전인 1989년 3월 한민통은 전민련의 요청

---

* 총리를 단장으로 한 남북 당국자 간 대화. 1990년 9월 제1차 회담이 열렸으며, 1991년 12월 제5차 회담에서 「남북 사이의 화해와 불가침 및 교류협력에 관한 합의서」('남북기본합의서')에 양쪽이 서명했다.

** 양 김씨의 분열로 1987년 대선과 이듬해 총선에서 재야운동단체 내부도 분열과 대립이 심해지자, 민통련 등 기존의 조직 대신에 새로 만든 연합운동체다.

을 받아들여 「범민족대회일본지역추진본부」를 결성한 데 이어 4월에는 한민련의 조직을 활용해 「범민족대회해외본부」 결성을 주도했다. 한통련이 표방한 반외세 자주 노선은 이때부터 남북 교류 및 통일운동으로 구체화됐다.

노태우 정부가 막판에 불허하는 바람에 반쪽짜리에 그치긴 했지만, 1990년 8월 15일 민간 차원의 통일운동인 '범민족대회'가 분단 이후 처음으로 판문점에서 열렸다. '범민족대회' 준비를 위한 남과 북의 대화는 한통련이 주축인 「범민족대회해외본부」를 통해 간접적으로 이뤄졌다. 1990년 6월 베를린에서 열린 1차 실무회담은 출국 금지된 남쪽 대표 없이 해외와 북쪽 대표만 모여서 했고, 7월 말 서울에서 열린 2차 실무회담은 해외 대표와 남쪽 대표만 참석하는 식으로 진행됐다. '범민족대회' 행사가 성사된 데는 이처럼 한통련의 역할이 컸다.

1990년 8월 15일 판문점 북쪽 지역 판문각 앞에서 열린 제1차 '범민족대회'에는 북쪽 대표 111명과 해외 대표 700여 명이 참석했다. 남쪽의 대학생과 재야 민주인사들은 '범민족대회'에 참가하려고 연세대학교 교문을 나섰으나, 경찰의 저지로 서울시내 곳곳에서 종일 경찰과 심하게 충돌했다. 판문각 '범민족대회' 현장에 있었던 남쪽 대표로는 당국의 허락 없이 북한을 방문 중이던 소설가 황석영이 유일했다. 해외 대표로는 미국과 유럽, 일본에서 대표단이 참석했다. 일본에서는 한통련과 총련 쪽 동포들이 참석했다. 일본 대표단 단장은 한통련 의장 곽동의였다. 남한 기자로는 유일하게 북한의 초청을 받아 현장을 취재했던 《중앙일보》 시카고지사 편집국장 이찬삼이 쓴 다음의 기사는 당시 분위기를 잘 보여준다.

북측의 평양 '범민족대회' 본회의는 15일 오전 10시 30분 판문각에서 윤기복·황석영 씨 및 해외동포단 등 800여 명이 참석한 가운데 진행. 11시 40분부터 휴식을 가진 뒤 낮 12시 20분에 속개된 본회의는 결의 토론에 들어갔는데, 결의 토론은 '방금 들어온 남조선 소식을 알려드리겠다'는 통지로 세 차례 중단됐는데 평양《중앙통신》이 서울의《제2라디오》,《문화방송》등의 뉴스를 통해 정리한 서울의 대학생 출정식 소식이 주 내용. 평양에서 팩시밀리로 '전민련 소속 대학생 3,000여 명이 거리로 진출, 경찰과 대치 중'이라는 속보가 잇따라 전해지자 전민련의 여섯 개 결의안에 대한 즉석 토론이 벌어지기도 했다. 본회의는 이어 대외 문건 채택에 들어가 '범민족대회' 결의문, 해외동포에 보내는 호소문, 남북 당국 및 미국 대통령·유엔 사무총장에게 보내는 서한이 만장일치로 채택되고 「조선은 하나」라는 노래 합창과 구호를 끝으로 폐회.

(…)

본회의 폐회 후 '합토제' 및 합토비 제막이 있었다. 남쪽으로 자유의집이 바로 내려다보이는 위치에서 진행된 '합토제'는 광주 망월동 이상진 열사 분묘의 흙과 북한의 대성산 애국 열사(묘)들의 흙을 함께 섞어 '통일'을 상징하는 행사로 '합토제' 기념비 앞에 돼지머리, 사과 등을 차려놓고 남녀 대표들이 재배하며 통일을 기원. '합토제'에 이어 '통일문화축전'이 오후 5시까지 벌어져 개성직할시 예술단의 농악 공연, 윤이상 씨 며느리가 공연한 「우리의 소원은 통일」이란 주제의 진혼무, 그리고 황석영 씨 부인 김명수 씨가 네 명의 남자 무용수들과 함께 춘 군무 등이 공연됐다. (…)[122]

북에선 줄줄, 남에선 폭포로 흐른 눈물

한국계 해외동포와 남쪽 대표가 처음으로 북쪽을 공개 방문했다는 것만으로도 판문점 북쪽 분위기는 뜨거웠다. 북한 정권이 국내 정치용으로 행사를 최대한 활용한 탓도 있지만, 분단 이후 남·북·해외 동포의 첫 만남에 '범민족대회' 기간 내내 북한 전역은 통일 열기로 들떴다.《노동신문》등의 보도에 따르면, 8월 13일 출정식이 열린 백두산 정상까지 양강도 주민들이 마중을 나왔으며, 14일 김일성경기장에서 열린 '평양시군중환영대회'에는 15만 명의 평양시민이 참석했다. 행사장에서 김일성광장에 이르는 연도에도 수십만 명의 시민이 나와서 손을 흔들고 환호했다. 대회 참가자들이 판문점으로 가는 도중에 잠깐 들른 개성에서도 가는 곳마다 환영 인파가 넘쳤다.

대한민국 국적인 한통련 사람들은 이때 처음으로 "북부 조국"[123]에 발을 내디뎠다. 이들은 길게는 1961년 5·16군사정변에 반대한 이래, 짧게는 1973년 한민통을 결성한 이후 정부가 여권을 내주지 않아 고국인 한국에는 가고 싶어도 갈 수 없었다. 이들이 20~30년 만에 처음 찾은 한반도 땅은 남쪽이 아니라 북쪽이었다. 1990년 '범민족대회'의 재일동포 대표단으로 북한을 처음 방문했던 김창오는 그때를 이렇게 회상했다.

원래 조국(남한)에 가고 싶었는데 평양 간다는 얘기가 나왔잖아요. 막상 가려고 하니 기분이 이상했어요. 저에게 조국은 북쪽이 제외돼 있었던 거였어요. 내 마음속에 분단의 벽이 있다는 걸 새삼 느꼈어요. 근데 순안

공항에 도착한 순간 그저 눈물이 나왔어요. 일주일 동안 있었는데 행사가 끝나고 났을 때 태어나서 한 번도 체험하지 못한 이상한 감각을 느꼈어요. 만나는 사람이 다 조선 사람이고, 오가는 말이 다 조선말이잖아요. 그때서야 이런 게 조국이구나 하는 그런 감회를 느꼈어요.[124]

오사카에서 한통련 활동을 했던 허경민의 제1차 '범민족대회' 방북 경험도 비슷했다.

엄청난 환영을 받았어요. 일본에서는 아무도 안 쳐다보는 신세인데 이렇게 환영을 받아도 되나는 생각이 들 정도였어요. 그래도 지금까지 활동을 해왔던 보람이 있구나 하고 느꼈어요. 반대로 이분들한테 제가 보람을 드려야겠구나는 생각도 들었고요. 경제적으로 (그들이) 너무 가난하잖아요. 그래서 경제적으로 도움이 좀 될 만한 기회가 오면 좋겠다는 생각도 많이 했죠.[125]

'범민족대회'를 계기로 한통련의 보폭은 확실히 넓어졌다. 그동안 남쪽과 연대하고 연결하는 데만 치중했다면 이후에는 남과 북을 아우르고 연결하는 위치에 섰다. 한통련은 1990년 이후 매년 '범민족대회' 때 해외대표단의 일원으로 평양에 회원들을 보냈으며, 일본에서도 총련과 공동 모임을 잇따라 가졌다. 1992년 7월 도쿄에서는 한통련의 구성 단체인 한청이 총련 계열의 청년단체인 조청과 함께 「조국통일범민족청년학생연합」('범청학련')* 결성을 축하하면서 '조국의 평화와 통일을 위한 청년페스티벌'을 열었다. 1972년 '7·4남북공동성명' 직후

공동행사를 가진 이래 20년 만이었다. 같은 달 오사카에서도 한청과 조청이 같은 행사를 열었다. 한통련은 민간 차원의 지속적 교류와 만남을 갖기 위해 제1차 '범민족대회' 때 만든 「조국통일범민족연합」('범민련')에서도 남과 북을 잇는 연결고리 역을 맡았다.

남쪽 정부가 '범민족대회'를 추진하는 범민련 남측 본부를 이적단체로 규정함에 따라 민족의 화합과 통일을 내건 행사가 남쪽에서는 매년 최루탄 연기가 자욱한 날이 되곤 했지만, '범민족대회'는 1990년대 내내 북과 해외동포를 중심으로 꾸준히 이어졌다. 그러나 2000년 6월 첫 '남북정상회담'이 열리면서 대화와 교류의 주도권이 남북 당국자로 넘어가고, 민간 교류와 대화가 대폭 허용됨에 따라 '범민족대회'는 사실상 막을 내렸다. 김대중-김정일의 '6·15공동선언' 이후 한통련의 활동은 범민련에서 「6·15공동선언실천민족공동위원회」('6·15민족공동위원회')로 자연스레 옮겨갔다. 6·15민족공동위원회는 민족 화해와 단합, 통일을 실현하기 위한 상설기구로 남북한 당국이 인정하고 후원한 단체다. 한통련 의장 곽동의는 6·15민족공동위원회의 초대 공동대표(백낙청, 안경호, 문동환, 곽동의) 중 한 명이었다. 2023년 현재는 손형근이 6·15민족공동위원회 해외 측 위원장이다.

그러나 '남북정상회담'으로 교류와 화해의 물꼬가 트였는데도 한통련 사람들은 북쪽에만 갈 수 있을 뿐 여전히 남쪽에는 오지 못했다. 2001년 1월 한청 대표들은 「한국청년단체협의회」 결성식에 참석하

---

*   제1차 '범민족대회'를 계기로 1992년 8월 남과 북, 해외의 청년들이 한반도 통일을 위해 결성한 단체.

기 위해 여권을 신청했으나, 한국 정부는 입국을 불허했다. 한통련 사람들은 서울이 아니라 평양에서 남쪽 사람들을 만나야 했다. '남북정상회담' 1주년을 기념해 2001년 8월 평양에서 열린 '민족통일대축전'에 남쪽은 「민족화해협력범국민협의회」와 민주당, 민주노동당 등 정당 대표들과 도종환, 황석영, 임수경 등 각계 민간인사 300여 명을 파견했다. 한통련에서는 곽동의 등 29명이 중국을 거쳐 참가했다.

대부분의 한통련 사람들의 뿌리인 "남부 조국"은 노무현 정부가 들어선 뒤인 2003년 9월에야 한통련에 문을 열었다. 평양에 가본 지 13년이 지나고야, 마음의 고향 한국에 첫발을 들여놓은 김창오는 그때의 심경을 이렇게 말했다.

서울에 처음 왔을 때의 감격은 평양 갔을 때와는 비교가 안 돼요, 비교가. 한국에 오기 하루 전날 저녁에 임종인 변호사가 전화해서 '내일 서울에서 만납시다'고 하는 순간부터 눈물이 났어요. 아침에 일어나서 세수하는데도 눈물이 나요. 공항으로 전철을 타고 가는데 아들이 잘 다녀오라고 준 편지를 보면서 또 울고, 비행기에서 창밖으로 조국의 땅을 보니까 또 계속 눈물이 나는 거예요. 옆자리에 낯선 젊은 여성이 있었는데 제가 우는 게 의아했는지 자꾸 쳐다보더라고요. 세관 수속 다 끝나고 출입문이 열리는 순간에는 오열을 했어요. 평양은 생각지도 않았는데 갑자기 가게 됐고. 한국은 그때부터 13년 뒤에 몇십 년간 꿈에도 그린 조국이잖아요. 그때 공항에서 우는 사진이 신문에도 많이 났어요.[126]

실종된 반핵 강령

　　한통련은 남북을 연결하는 다리 역할을 한 데 이어 한국 입국이 허용되는 등 조국과 관계를 회복하면서 1970~1980년대 한국 정부의 탄압으로 다소 위축됐던 세를 점차 회복해 나갔다. 1999년 오사카본부를 창립한 것을 시작으로 도쿄본부(2004)와 아이치본부(2007), 미에본부(2007)가 잇따라 출범했다. 돌이켜보면 그때가 한통련의 전성기였다.

　　그러나 최근 한통련의 위상은 예전 같지 않다. 이명박, 박근혜 보수 정권에서 남북관계가 다시 얼어붙은 탓도 있지만, 한국에서 통일 열기가 가라앉은 것과도 연관이 있다. 2018년 '평창동계올림픽' 여자 아이스하키 단일팀 구성을 둘러싼 논란에서 나타났듯 젊은 층을 중심으로 한국인의 북한에 대한 인식이 이전보다 크게 나빠졌다. 김정은으로 이어지는 3대 세습과 강권 통치, 잇따른 장거리 미사일 발사와 핵실험 등 북한 정권의 행보가 한국 젊은 층의 인식 변화에 상당한 영향을 끼치고 있기 때문이다.

　　한국에서는 이처럼 북한의 이미지가 전반적으로 나빠지고 있지만, 한통련은 한민통 시절부터 갖고 있던, 북한 내부 문제에 간섭하지 않는다는 입장을 유지하고 있다. 북한에 대한 한통련(한민통)의 기본 입장은 배동호가 1978년《민족시보》에 쓴 글에 잘 나타난다.

　　한민통은 이 시기(남북대화)가 하루 속히 오기를 고대하며 또 그때까지 북한에 대한 발언은 일체 삼가기로 하고 있다. 만일 한국에 민주, 민족,

민권이 보장되는 민주정권이 수립되고 그 정권에 의하여 남북대화가 진행될 때 북한의 태도가 비민주적, 반민족, 민권 부정적이라고 한다면 그때에는 의당 우리로서 해야 할 말이 있을 것이다.[127]

곽동의도 "북과 화해하자면서 상대를 우리가 비판을 하고 비난을 할 거 같으면 그건 대립 이외에 가져올 게 무엇이 있느냐? 우리는 한국의 민주화를 하는 것이지 북 문제는 북 인민들이 할 문제"[128]라고 말했다. 남북 양쪽을 중재하는 다리 역할을 하는 입장에서 대화 상대인 북한을 자극하지 않겠다는 것이다. 하지만 한통련의 이러한 입장은 인권의 보편성이 강조되는 시대의 흐름과 어긋나는 것으로, 한통련의 입지를 갈수록 좁게 만드는 원인이 되고 있다.

또 북한의 핵 개발과 관련한 무비판적 태도도 한국이나 일본에서 한통련의 위상을 축소하는 원인으로 보인다. 핵문제와 관련한 한통련의 본래 입장은 명백한 반핵과 비핵이었다. 1983년 한민통의 '제2선언'은 "우리는 반전반핵운동을 적극 추진하며 한반도를 비핵지대화하고 비동맹 중립화를 정착시켜 세계평화 확립에 진력할 것"이라고 했다. 또 1989년 한통련 강령은 "한반도에서 평화를 유지하려면 한국 땅에서 핵무기를 무조건 즉시 철거시켜 한반도 전역을 비핵지대화하여야 한다"[129]라고 밝혔다.

그러나 한통련은 이러한 비핵 강령과 달리, 북한의 핵 개발에 대해 자위권 내지 미국의 적대 행동으로 인한 대응이라는 식으로 해석하면서 침묵하고 있다. 2006년 10월 9일 북한이 첫 핵실험을 했을 때는 약간의 비판을 드러냈다. 당시 한통련은 《민족시보》에 발표한 '주장'을 통해 "북에 대해 징벌적인 제재를 주장하는 미일 양국을 비롯해 국제적 제재 행동 움직임에 대해 단호히 반대한다"라면서도 "핵무기 폐절을 바라는 입장에서 핵실험이 강행된 데 대해 강한 유감의 뜻을 표명한다"[130]라고 반대의 뜻을 피력했다. 하지만 그게 처음이자 마지막이었으며, 그 후로는 이 정도의 입장 표명조차 사라졌다. 세 번째 핵실험(2013년 2월 12일) 직후에 나온 한통련 성명 '전쟁으로 이어질 제재 강화를 반대한다'에는 핵실험에 대한 유감이나 비판 없이 오히려 북한의 행동을 두둔하는 내용이 담겼다. 2013년 성명서의 일부다.

> 미국이 주도한 1월 24일 유엔 「안전보장이사회」 제재 결의가 문제의 발단이었다. 인공위성 발사는 이미 10개국 이상의 나라에서 실시되고 있으며, 국제사회에서도 우주개발은 모든 나라에 평등하게 보장되어 있다. 그런데도 불구하고 안보리는 유일하게 북한의 인공위성 발사를 문제시하고 제재까지 하고 나선 것이다. 이것은 명백한 자주권의 침해이며 부조리한 것이었다. 제재 결의가 나온 후에도 미국은 대화로 문제를 해결하기는커녕 한반도 근해에서 원자력 잠수함까지 동원한 한미합동군사연습을 강행하며 북한을 더욱 자극하였다. 북한에 대한 미국의 적대시 정책이 이번 사태를 초래한 첫째 원인이다.[131]

1990년대 중반부터 시작된 북한의 핵 폐기를 위한 국제협상은 여러 고비를 겪은 끝에 사실상 성과 없이 끝났고, 남은 건 핵탄두와 장·단거리 미사일 등 북한의 핵 무력과 남북 간의 상호 불신이다. 북한은 유사시 선제적으로 남한에 핵무기를 사용할 수 있다고 공개 위협도

가하고 있다. 이에 대해서도 한통련의 입장은 나오지 않았다. 1989년의 강령에서 밝힌 '반외세 자주 및 남북화해와 통일'과 '반전반핵'이라는 두 목표 사이에서 한통련이 방향을 잃은 것처럼 보인다.

한통련(한민통)의
자금 출처

한민통은 출범 3개월째인 1973년 11월 도쿄 중심가인 지요다구 간다(神田) 오가와마치(小川町)에 있는 새 빌딩의 3개 층을 빌려서 이사했다. 그다지 넓은 면적의 빌딩은 아니었지만, 4층에는 한민통, 5층에는 민통협, 6층에는 《민족시보》가 각각 입주했다. 상근자 수도 10여 명에 달했다. 그 뒤 면적을 줄여서 이사했지만, 2000년대 말까지만 해도 본부 사무실은 위치나 크기가 상당했다.

이 때문에 한통련(한민통)은 출범 초부터 자금 출처에 대한 의심을 샀다. 정보부 등 과거 독재정부의 정보기관과 수사기관은 아예 한민통이 총련과 북한에서 자금 지원을 받는다고 단정적으로 주장했다. 한민통을 반국가단체로 끼워 넣은 김정사 간첩조작 사건(1977) 때의 검찰 공소장에는 "북괴 및 「재일조선인총연합」의 지령에 의거, 구성되어 그 자금 지원을 받아 그 목적 수행을 위하여 활동하고 있"다고 적혀 있으며, 김대중 내란음모 사건(1980) 공소장에서는 "배동호, 김재화, 곽동의, 정재준 등이 모금한 일화 1,740만 엔이 조총련 등으로부터 염출된 불순한 자금이라는 점을 알면서도 이를 제공받아 한민통을 결성"했다고 밝혔다. 그러나 물증이나 증거는 하나도 없었다.

윤효동이라는 자수 간첩이나 조성제, 나종경 등 한민통에서 이탈해 민단으로 복귀한 사람도 기자회견을 통해 이 같은 주장을 하곤 했다. 내부 사정을 잘 안다면서도 그들이 내놓은 구체적 증거나 자료는 여전히 없었다. 불기소나 사업 편의 및 본국 방문 등의 혜택을 받는 대가로 정보기관이 적어주는 대로 읊었을 가능성이 높다.

이에 대해 한통련은 자신들을 모략하고 음해하는 주장이라는 입장을 견지해왔다. 곽동의는 한통련 의장 시절 "우리보고 조선 총련에서 지원받았다고 했는데 지원해줄 이유도 없고 준다고 하더라도 받을 이유가 없습니다. 그걸 받는 순간 우리 운동은 순식간에 무너져버리기 때문이지요. 그건 우리 사회에선 철칙입니다"[132]라며 단호하게 총련 지원설을 부인했다. 곽동의는 앞서 2000년 10월 김대중 정부에 낸 진정서에서도 자금과 관련해 이렇게 썼다.

한민통의 활동 자금은 민단 동포 유지들의 성금과 회원들의 회비였습니다. 이는 한민통의 결성 당시부터 1994년 한통련 현행 규약 개정 시까지 계속해서 명시되었던 '회원의 회비 납부 의무'를 통해서도 드러납니다. 이러한 회원들의 회비 이외의 활동 자금의 출처는 재일 민단 교포들의 성금입니다. 한통련이 기부자들의 명단을 쉽게 공개하지 못하는 것은 그들의 거의 모두가 현재까지도 본국을 내왕하는 기업가들로서 만일 이름이 밝혀질 경우 상당한 불이익이 초래될 것을 우려한 때문입니다. 본국의 예를 보더라도 기업가들이 야당과 운동단체에 기부금을 납부할 때 공개적으로 하지 못하는 경우가 많은데, 현행법상 반국가단체로 규정되어 있는 한민통/한통련의 경우에는 더더욱 그러할 것입니다. 그러나 한민통/한통련에 대한 반국가단체 규정의 철회와 자유로운 양심의 자유가 실질적으로 보장되는 때에는 재외 민주·통일운동에 기여한 그들의 공로를 온 국민에게 알릴 것입니다.[133]

회원의 회비와 일반 재일동포의 성금으로 충당했을 뿐 총련의 돈은 한 푼도 받지 않았다는 이 말의 진위가 밝혀지기 위해서는 세월이 더 필요한 것 같다. 그러나 과거 한국 정부가 한민통(한통련)을 반국가단체로 몰면서 색깔몰이를 했기 때문에 그들로서는 자금 출처에 특히 조심해야 했던 것은 분명하다. 상식적으로 보면 북한이나 총련에서 직접 돈을 받았을 가능성은 낮다. 회원 대부분이 한국 국적인데다 대한민국 지지를 천명한 단체가 북한 쪽에서 자금을 조달할 경우 존립 근거가 무너질 수밖에 없기 때문이다. 한통련의 살림살이가 계속 기울어 온 것을 봐도 북한이나 총련의 비밀 지원설은 근거가 없어 보인다. 필자의 확인에 따르면, 2022년 상근자의 활동비는 10만~17만 엔 정도에 불과하다. 최저임금도 되지 않는다. 1990년대 초 한통련 조국통일위원장으로 일했던 강종헌은 "나도 교통비가 없어서 헤맬 정도로 어렵게 활동했어요. 지금도 그 사람들 그럴 겁니다, 아마. 만약에 북에서 키운 조직이라면 그렇게 놔두겠어요? 아무리 그 사람들이 1990년대 기아선상에서 허덕이더라도 통일운동에는 자금을 줄 것 아니겠어요? 그런데 그런 것 없었어요."[134]라고 말했다.

자금 대느라 빌딩 두 채 판 정재준

곽동의의 말대로 한통련은 한국 정부와 정보기관에 악용될 가능성을 우려해서였는지 한 번도 후원금의 구체적 내역을 밝힌 적이 없다. 그래도 운영 자금의 출처를 일부 짐작할 수 있는 몇 가지 단서는 《민족시보》에 있다. 초기에는 사무실 운영과 상근자 활동비, 행사 비용 등 기본 재정을 회비와 간부들의 부담금으로 해결했던 듯하다. 1973년 10월 제1회 재정위원회에서 2억 엔을 목표로 모금 활동을 결의해 그날 당일에만 3,750만 엔을 모았다.[135] 1974년 9월에 열린 중앙위원회에서도 회비 납부를 독촉하는 내용이 있다. 재정위원장 조성제는 예산안 토론에서 "기본 재정은 중앙위원을 중심으로 한 조직에서 염출하는 회비와 재정위원들의 부담과 활동으로 충당해야 한다"라면서 "우리 모두가 일상생활의 경비를 아껴서 조직의 재정을 완전히 확보"해서 "박정희 독재정권을 하루빨리 타도"하자고 말했다. 또 재정위원회 사무국장 김명수는 "부득이한 사정으로 이름을 밝히지 않고 특별 찬조를 한 동지들이 많다"[136]라고 보고했다.

정보부의 자료에도 비슷한 내용이 있다. 1980년 김대중 내란음모 사건 때 주일 한국대사관 영사 정낙중이 쓴 영사증명서에는 한민통의 재정 보고 회의(1976년 1월) 참석자가 작성한 메모를 토대로 한 그해 한민통의 자금 내역이 기록돼 있다. 이에 따르면 1975년도 사용액 총 9,900만 엔의 재원은 회비 및 사업 수익금 4,610만 엔, 찬조금 5,290만 엔이었으며, 1976년 예산 8,040만 엔은 회비 1,200만 엔과 파친코 수입 300만 엔, 《민족시보》 광고료 300만 엔, 찬조금 6,240만 엔으로 조달할 계획이었다.[137] 한민통 회원과 일반 동포의 후원이 많았음을 알수 있다. 김대중구출대책위원장이었던 정재준이 회고록에 남긴 기록도 이런 내용을 뒷받침해준다.

한일 간의 정치 정세에 따라 구출운동이나 민주화투쟁은 활발해지고 조직은 확대돼 나갔다. 활동 비용과 조직 운영 및 유지 비용도 엄청나게 요구됐다. 반면에 찬조금이나 기부금을 내는 사람들은 날조 녹음 사건 이후 중앙정보부의 감시와 협박으로 날이 갈수록 줄어들었고, 그로 인하여 나의 부담은 지나칠 정도로 무거워졌다. 그 때문에 나는 스가모역 앞 지하 2층, 지상 5층의 스가모센터 빌딩을 12억 엔에, 또 가미후쿠오카역 앞 신축 빌딩을 10억 엔에 매각해 매각 자금의 일부를 민단 도쿄본부나 한민통 등의 조직 활동 자금에 충당했다.[138]

박정희 정권의 탄압이 심해지면서 사업가였던 주요 간부들이 1970년대 후반부터 상당수 이탈함에 따라 한민통은 재정에 큰 타격을 받았다. 이를 타개하는 데는 오사카에서 대형 불고깃집을 운영한 방호환처럼 비밀 후원자의 역할이 컸던 듯하다. 방호환은 2003년 2월에 방영된《문화방송》의「이제는 말할 수 있다」'반한 베트콩, 한민통의 진실'에서 자신이 그때까지 한민통을 후원하고 있다고 공개했다. 앞서그는 1974년 9월에 사업상 이유로 한민통 탈퇴를 선언했다. 그런데도계속해서 한민통 활동을 지원해온 것이다. 한민통 의장이었던 배동호도 1988년 독일 거주 동포들의 민주단체인「민주사회건설협의회」의장 이종수와 가진 인터뷰에서 '한민통이 반국가단체로 낙인찍힌 뒤에는 많은 사업가가 비밀리에 성금을 내고 있다'고 말했다.

한민통은 수십 명이 상근하고 있고 동경본부를 비롯, 오사카 등 지방 조직에도 사무소를 두고 상근하는 동지들이 있습니다. 이런 거대한 조직을 이끄는데 자금이 어디서 나오냐? 북에서 나오는 것이 아니냐? 하고 우리를 모략합니다. 그러나 이는 순전히 사업하는 동지들의 헌신적 협조와 한민통을 아끼는 애국 동포들의 성금에 의해서 유지됩니다. 물론 한민통이 '반국가단체'라는 누명을 쓴 후부터는 자금을 대는 분들은 누구나 자기 이름이 공개되는 것을 바라지 않습니다. 사업가의 경우 국내에 드나들기가 첫째 어렵습니다. 그리고 세금 관계도 있고 해 일단 비공개로 하고 있으나 한국 정부도 자세히 알고 있다고 봅니다. 예를 들어 민단에 있는 사람이 조총련에 헌금하는 경우도 있습니다. 재일동포는 미국이나 구라파와는 달리, 2세의 경우 좀 다르기는 합니다만, 일본에 건너와 이들로부터 뼈저린 탄압과 차별대우를 받으면서 살아왔습니다. 그래서 우리들의 후손만은 이들로부터 간섭받지 말고 떳떳하게 살도록 해야겠다는 것이 소원입니다. 그래서 '훌륭한 조국', 즉 민주화된 조국이 반드시 이뤄져야만 되겠다 하는 것이 이들의 소원입니다. 그래서 이들은 민족 민주 사업에 나선 단체엔 흔쾌히 혹은 은밀히 성금을 하고 있습니다. 즉 민족적 의지가 그 어느 지역보다도 강하게 작용하기 때문입니다.[139]

총련계 동포의 후원

배동호는 이종수와 한 인터뷰에서 "민단에 있는 사람이 총련에 헌금하는 경우도 있다"라고 말했지만, 거꾸로 총련계 인물 중에서 한민통에 돈을 내는 사람도 있었을 것이다. 이는 예나 지금이나 아주 민감한 문제다. 후원자의 소속이 총련이라면 그 돈의 성격을 둘러싼 의문이 제기될 수밖에 없으며, 총련계 동포의 후원 사실이 밝혀지면 한민통으로서는 그 돈이 '자발적으로 낸 깨끗한 돈'임을 증명해야 하기 때문이다. 그 경우 어떤 설명을 하더라도 논란을 피할 수 없고, 특히 공안기관의 개입을 부를 가능성이 높다. 이 때문에 한민통 핵심인사 중 누구도 그 사실을 시인하지 않았지만, 한통련(한민통)에 후원금과 성금을 낸 총련계 동포도 있었다. 한민통에서 《민족시보》 주필로 활약하다가 결별했던 정경모의 회고록인 『시대의 불침번』에는 이런 대목이 있다. 내용이 길지만, 얽히고설킨 재일동포 사회를 보여주는 내용이어서 그대로 인용한다.

1978년 어느 날 무슨 볼일이 있어 오사카까지 갔던 길에 가까운 친구 문병언 씨를 만났소이다. 오사카까지 간 길이라면 으레 문 동지를 만나 같이 한잔 걸치는 것이 상례로 되어 있었는데, 얼마 전 배동호 씨가 찾아와서 나에 대해 듣기 거북한 말을 남기고 돌아갔다는 이야기를 하더이다. (…) 나는 거기에 대해서는 암 말도 안 하고 "돈 얘기는 없었는가?" 하고 물었소이다. 아니나 다를까, 배동호는 "한민통 경비로 지금 급해 500만 엔이 필요하니 원조해달라"고 하더라는 것이외다. 그래서 문 동지가 "돈 얘기라면 이제까지 정경모 선생을 통해서 요구가 왔었는데 왜 이번에는 당신이 직접 왔는가?"라며 요구를 거절했다는 것이외다. 그랬더니 배동호는 곤란한 표정을 지으면서, 실은 정경모가 이러저러한 말을 한청 간부에게 했다며 나에 대해서 좋지 않게 말을 하더라는 것이었소이다.

여기서 문병언 동지를 소개해야 되겠는데, 이분은 부동산 거래로 거액의 재산을 모은 사람으로 총련 안에서도 거물급 상공인으로 알려진 인물이었고, 내가 한민통에서 신문 만드는 일을 시작하자 스스로 나를 찾아와서 친구가 되어준 사람이었소이다. 상공인이면서 책도 부지런히 많이 읽었던 까닭에 아사히신문사에서 나온 내 첫 번째 책부터 《세카이》에 실린 기사까지 다 읽고서 나와 연락이 닿아 단시간 사이에 서로 격의 없는 친구가 되었소이다. 그러니까 그때가 김대중 납치 사건이 일어나고, 남쪽에 민주화운동 바람이 거세게 불고 있던 무렵이 아니었겠소이까. 내가 신문을 내고 있다니까 비용으로 쓰라고 엄청난 금액의 자금을 한민통에 대주던 참으로 고마운 사람이었는데, 마치 맡겨놓은 돈을 찾아오라는 듯이 300만이다 500만이다 하는 돈을 가져오라고 배동호한테 부탁을 받으면 처음에는 고분고분 말을 들었던 것이외다. 그러다 내가 차츰 하라는 대로 말을 안 들으니까 배동호가 직접 나선 것인데 내게 덤터기를 씌워 조직에서 몰아내고, 또 봉이나 마찬가지인 문병언을 독점하겠다는 뜻이니 그 심보가 야비하고 고약하지 않소이까. (…) 정경모를 몰아내면 그 돈이 자기네들 주머니로 굴러 들어오리라고 믿었던 것이외다. (…) 그것은 결국 오산이었고, 꿩도 알도 그자들 입에는 들어가지 않았지만 말이외다.[140]

일본 사회에서는 민단과 총련계 동포가 서로 긴밀히 섞여 살 수밖에 없기 때문에 이러한 일이 충분히 가능하다. 「디어 평양」, 「수프와 이데올로기」 등 가족 3부작 다큐멘터리를 만든 양영희 감독이 쓴 자전 에세이 『카메라를 끄고 씁니다』에 나오는 고씨 아줌마네처럼 남편은 한국 지지, 아내는 총련 활동가인 경우도 있다.[141] 이렇게 지연과 혈연으로 연결됐을 뿐 아니라 정경모–문병언의 예에서 보듯이 '마음이 통해' 가까운 사이로 지낼 수도 있다. 문병언의 경우는 어땠을까? 총련의 지시에 따라 또는 총련에서 나온 자금을 정경모를 통해 한민통에 냈을까? 그 내막을 정확히 알 길은 없지만, 문병언이 상부 지시에 따라 조직적이고 계획적인 후원을 했다고 보기는 어려울 듯하다. 그런 후원이었다면 배동호가 찾아왔을 때 그와 직접 선을 이었을 가능성이 높다. 그러나 그는 배동호의 요청을 거절했으며 정경모가 한민통을 떠난 뒤에는 모든 지원을 끊었다.

한통련에 대한 탄압이나 국내의 반공주의 정서를 감안하면 한통련이 문병언이나 방호환의 후원 사실을 밝히기는 힘들었을 것이다. 또한 당사자들도 공개를 원치 않았을 것이다. 하지만 재정의 투명성은 조직의 건강성과도 직결된다. 재정 공개는 한통련의 명예 회복을 위해서라도 스스로 풀어야 할 과제다.

4

머나먼
명예 회복

잘못 끼운 첫 단추를 바로잡을 기회가 두 차례
있었지만, 법원은 두 번 다 한민통 문제를 정면으로
다루지 않고 슬쩍 피해갔다.

한통련대책위의
행동하는
양심들

　　오랫동안 핍박과 고난의 길을 걸었던 김대중이 한국 대통령에 당선된 것은 그의 수난을 자신들의 수난으로 여기면서 싸워온 한통련 사람들에게는 더할 수 없는 기쁨이자 영광이었다. 1961년 5·16군사정변에 반대하면서부터 막혔던 한국 입국이 드디어 가능해질 것을 생각하면 가슴이 벅찼다. 오랫동안 만나지 못했던 가족과 재회할 수 있고, 자신들에게 들씌워진 반국가단체라는 불명예도 씻어낼 수 있다는 기대에 부풀었다. 만나는 사람마다 '그동안 고생 많았다. 축하한다'고 한통련 사람들에게 인사를 건넸다.

　　그러나 한통련의 설렘과 기대는 곧 실망과 낙담으로 바뀌었다. 한통련 사람들은 김대중의 대통령 취임식장에 아무도 초대받지 못했다. 한통련 출신으로 현해탄을 건넌 인사는 조활준과 김종충, 정재준 세 명뿐이었으며, 이들도 한통련 대표가 아니라 개인 자격이었다. 셋 다

1980년대부터 한통련과는 공식적인 관계를 끊은 사람들이었다. 김대중의 일본 수석비서였던 조활준과 고향 친구 김종충은 그나마 취임식장 안에 자리를 배정받았지만, 김대중구출대책위원장이었던 정재준은 부인과 함께 취임식장 바깥의 도로변에 서서 식을 지켜봐야 했다. 그날 오후 세종문화회관에서 열린 축하 리셉션에서도 김대중에게 따뜻한 말 한마디나 눈인사를 받지 못하고 외면당했다. 그는 취임식 5일 전인 1998년 2월 20일 저녁 도쿄의 데이코쿠호텔에서 과거 김대중 구출운동을 했던 일본인들을 초청해 김대중 당선 축하연을 열었기에 서울에서 받은 홀대가 더욱 당혹스러웠던 것 같다. 그가 남긴 회고록에는 김대중에 대한 서운함이 빼곡하다.

한정된 멤버가 초대받았을 리셉션장 통로 오른쪽의 맨 앞에 우리 부부는 서서 다른 사람들과 함께 대통령의 입장을 기다리고 있었다. 일본에서 온 사사키 히데노리(당시 중의원) 씨 등은 내 왼쪽에 서 있었다. 드디어 김대중 대통령 부부가 입구에 도착해서 무대로 향하는 일직선의 통로를 천천히 걸으면서 양쪽에 서 있는 사람들과 차례로 악수를 하면서 대화를 주고받고 있었다. 대통령이 내 오른쪽에 다가왔을 때 나는 얼굴을 바라보면서 오른손을 내밀어 손을 쥐고는 축하의 인사를 건넸다. 그런데 대통령은 아무런 말도 하지 않고 내 얼굴을 보자마자 고개를 외면하면서 손을 떼고는 무대로 올라갔다. 나는 대통령 인사말까지만 보고는 오랜만에 만난, 일본에서 온 사람들과 말을 주고받을 기력을 잃어버렸기에 자리를 떠나 호텔에 되돌아왔다. (…)
1995년 4월 도쿄의 어느 호텔에서 만났을 때였다. 김대중 선생이 방일했을 때 납치 사건 이후 처음으로 대면한 자리였다. 그때 만나서 악수하고 대화할 때도 나에 대한 김대중 선생의 모든 동작에 이상함을 느꼈다. 이번에도 마찬가지다. 우리의 '김대중 선생 구출운동'의 분노와 눈물, 희생, 고투에 대한 '냉대'는 왜인가. 생각해도 생각해도 불가해하다. (…)

취임식의 다음 날인 2월 26일 아침, 나는 5시에 기상하고 7시 30분부터 조순승 의원과의 아침 식사 자리에 참석했다. 열두 명 정도의 참석자였다고 기억한다. 나는 아내와 함께 한시라도 빨리 한국을 떠나고 싶어서 아침 식사 값으로 일본 돈 10만 엔을 조활준 씨에게 맡기고 조순승 의원에게 먼저 실례하겠다고 말하고는 택시를 잡아타고 비행장을 향하였다. 달리는 차 안에서 아내는 눈물을 지으면서 "한국이여, 안녕히. 나는 다시 한국에는 오지 않을 것입니다"라고 했다. 그리고 "그러나 당신이 한국에 오는 것을 반대하지 않습니다"고 덧붙였다.[1]

DJ 취임식 날 침울함에 빠진 한통련

김대중이 취임식을 하는 시각, 일본 도쿄의 한통련 사무실 분위기는 착 가라앉아 있었다. 텔레비전으로 취임식 방송을 지켜보던 곽동의 표정은 굳었다. 당시 중앙본부 사무부총장이었던 손형근은 "그날 사무실 분위기가 꽤 안 좋았죠. 곽동의 의장께서는 취임식에 가고 싶었고 가려고 했으나 초청받지 못했거든요. 주변 사람들은 '어떻게 된 거냐, 왜 취임식에 안 가느냐'고 묻는데 대답하기가 난처해서 아주 복잡한 심경으로 사무실에 있었어요"[2]라고 말했다.

김대중은 취임 첫해인 1998년 10월 일본을 공식 방문했다. 그는 과거 자신의 구출운동을 한 일본인과 재일동포 70여 명을 10월 9일 저녁 도쿄 영빈관으로 초청해 다과회를 열었다. 그는 초청 인사들에게 "내가 대통령이 된 것은 인권과 대의를 위해 힘쓴 여러분들의 승리"라면서 "한국의 대통령으로서, 인간 김대중으로서 여러분의 기대에 어긋나지 않게 하여 저를 친구로 삼은 것이 자랑스럽고 보람된 것으로 느끼게 하겠다"[3]라고 말했다. 덴 히데오, 사사키 히데노리 등 전·현직 의원,《세카이》전 편집장 야스에 료스케의 부인 등 김대중의 오랜 '친구'들이 다 모인 그 자리에도 곽동의 등 한통련 핵심인사들은 초대받지 못했다. 한통련 관련자 중에는 역시 조활준과 김종충 두 사람만 참석했다. 당시 한통련 사무총장이었던 김정부는 2008년 진실화해위원회 참고인 진술에서 이렇게 회상했다.

김대중 대통령이 자기 구명운동을 했던 데 대해 감사의 말씀을 하고 싶다면서 많은 손님들을 초청했어요. 일본 지식인들도 많이 갔고, 민단 사람들도 많이 초청됐어요. 그런데 우리 한통련 관계자들은 옛날에 그만둔 사람 한둘을 빼고는 아무도 못 갔어요. 그때 저희들이 김대중 대통령과 친한 분을 통해 부탁 하나를 드렸어요. 곽동의 선생님 등 우리들을 만나지 않더라도 모처럼 일본에 오셨으니 돌아가신 배동호 선생님 묘소에 비서를 보내 꽃이라도 하나 보내줬으면 좋겠다, 그러면 우리 마음이 시원하겠다고 했지요. 김대중 선생님이 그런 성격이 아니지 않습니까? 조금이라도 틈이 생기면 안 되는 완벽한 사람이기 때문에 그것도 거부하셨단 말이에요. 당시 우리 1세대 선생님들로서는 상당히 슬픈 얘기랄까 섭섭한 심정이었죠. 그때 민단 사람들이 하는 얘기가 "보라고, 김대중 대통령

까지 당신들을 못 보겠다는 것 아니냐"는 거였어요. 일본 사람들도 "한민
통이 김대중 선생을 의장으로 모셔왔는데 이제 보니까 김대중 씨가 한민
통하고 전혀 관계가 없다더라. 한민통이 거짓말을 한 것 아니냐"고 했어
요. 그래서 우리의 처신이 상당히 어렵게 되었었죠.[4]

필자는 이번 책을 쓰면서 김대중 정부가 출범 초 한통련 문제를 어
떻게 하면 좋을지 그들 나름대로 검토한 흔적을 발견했다. 새 정부 출
범 첫해인 1998년 이종찬 국정원장이 한통련 의장 곽동의를 서울로
불러서 만났다는 것이다. 현대사 전공자인 성공회대학교 한홍구 교
수도 이 얘기를 이종찬에게서 오래전에 들은 적이 있다고 했다. 이종
찬을 만나 사실인지 물어봤다. 그는 관련 기록을 찾지 못했지만, 상황
은 명료하게 기억했다. 이종찬은 "곽동의 씨가 내가 국정원장으로 있
을 때 왔었지. 원장실에서 혼자서 만났어요. 그 사람들이 계속해서 대
통령한테 면담 요구를 했기 때문에 아주 좀 시끄러웠거든. 내가 (대통
령한테) 얘기를 했더니 뭘 요구하는지 얘기를 들어보라고 나한테 하셔
서 내가 들어오라고 했어요. 키가 크고 머리가 뒤로 벗겨진 사람 맞지?
지금 기억하기로는 곽동의 씨가 그때 굉장히 섭섭하게 얘기를 하면서
자기들이 추천하는 사람들을 자유 왕래시켜 달라고 그랬어요. 그래서
내가 거절은 안 하고 검토해보겠다고 그렇게 했지. 그 뒤 면담 보고서
를 만들어 주례 보고 때 대통령께 직접 얘기를 했어요. '그들이 자유 왕
래를 요구를 했습니다'라고. '그런데 이 문제는 아직 민단 내부 문제가
해결이 안 됐기 때문에 조기에 그렇게 했을 때는 대통령께서 오해를
살 부분도 있으니까 앞으로 충분히 검토하겠습니다'라고 말씀드렸지.

거기에 대해 대통령께서는 별 말씀을 안 하시더라고. 그렇게 끝낸 일이 있었어요."⁵라고 말했다.

이종찬은 비공개 만남이었기에 주변 사람들 아무에게도 얘기하지 않았다고는 말했지만, 그 만남이 사실이라고 확정할 수는 없다. 당시 국정원 기조실장이었던 이강래와 청와대 정무수석 문희상 등 김대중 정부 핵심인사들은 모두 "전혀 모르는 일"이라고 했다. 손형근, 김지영, 김창오 등 일본의 한통련 주요 인사들도 "듣는 게 처음이며, 그랬을 가능성이 거의 없다"라고 말했다. 김창오는 "곽 의장은 2004년 10월 한국에 처음 갈 때도 출발 하루 전까지 가도 괜찮을지 고심했어요. 그런데 1998년에 국정원을 어떻게 믿고 혼자 한국에 들어갈 수 있겠어요? 이종찬 원장이 시기를 착각한 것 아닌지 모르겠"다⁶고 의문을 표시했다. 곽동의의 아들인 곽양춘 릿쿄대학 교수도 "1997년에 어머니가 갑자기 돌아가신 뒤에 아버지가 많이 힘들어해서 우리 집으로 이사 와서 같이 생활하고 있었어요. 제가 아는 한 아버지가 2004년 이전에 한국을 가신 적은 없어요."⁷라고 말했다.

곽동의의 1998년 방한이 사실이든 아니든, 분명한 것은 김대중과 김대중 정부가 한통련 문제의 해결을 뒤로 미루면서 임기 말까지 외면했다는 점이다. 해방 후 첫 여야 간 정권 교체로 들어선 김대중 정부의 한통련(한민통) 정책은 과거 정부와 다르지 않았다. 김대중 정부의 이러한 입장이 확연하게 드러난 것은 2000년 5월이었다.

5·18민주화운동 20주년을 맞아 광주에서는 제4회 '동아시아평화·인권국제회의'가 열렸다. 일본 150명, 대만 20명, 중국 1명 등 총 170여 명이 참가한 이 국제행사의 발표자 중에 홋카이도에 사는 재일동

포 임병택이 있었다. 홋카이도 삿포로시 시정연구소 사무국장이었던 그는 20대부터 한청 홋카이도본부에서 활동했다. 1994년 연령 초과로 한청에서 나온 뒤에는 한통련과 조직적인 관계를 맺고 있지는 않았다. 2000년 광주에서 열린 국제회의에서 '광주항쟁과 재일 한국인'이라는 주제 발표를 하기로 예정돼 있었지만, 그는 한국 국적임에도 여권 발급을 거부당했다. 삿포로 한국영사관은 그가 유신 시절부터 반독재운동을 해왔고 반국가단체 활동(한통련)을 계속해왔다면서 '반성문'을 쓰지 않으면 여권을 내줄 수 없다고 밝혔다. 임병택은 이를 단호하게 거부했고, 이에 여권이 나오지 않았다. 하지만 당시 그 국제회의에 참석하는 이미어 등 총련계 교포 네 명은 입국 허가를 받았다.[8] 임병택은 그해 8월 "여권 발급 조건으로 반성문 성격의 서면을 요구하는 것은 부당하다"라며 서울행정법원에 소송을 제기했다. 김대중 정부는 그의 입국 문제가 사회적 쟁점이 된 뒤인 그해 10월 충남 아산에서 열린 '외국인등록법문제국제심포지엄' 때는 토론자로 초청받은 임병택에게 임시 여행증명서를 발급했다. 임병택은 2000년 11월 《한겨레21》과 한 인터뷰에서 이렇게 말했다.

제가 요구받았던 소명 절차에 대해서 소개를 드리면, 지난 5월에 여권 발급 거부를 당했을 때, 대사관에서는 '사죄서를 쓰라'고 했고, 영사관에서 표현하기로는 '각서'라고 했습니다. 여권 발급 거부 취소소송 재판 중에 외교통상부에서는 '한통련에서 탈퇴했다는 사실을 증명하는 내용의 한마디를 쓰라'고 했구요. 그리고 이번에 여권 발급을 받으면서 영사관에 다시 갔을 때는 한통련에 소속되어 있지 않은 것을 증명하라고 말하더군

요. 그러니까 그 사람들이 뭘 원하는지 저도 잘 모르겠어요. (웃음)[9]

　반성문 없이 입국한 임병택의 사례가 한통련에 대한 정부 정책의 변화를 의미하지는 않았다. 2000년 12월 한통련대책위 결성식에 참여하려던 김정부 사무총장 등 한통련 간부들은 여전히 입국이 거부됐으며, 2001년 2월 「한국청년단체협의회」 창립총회에 참석하려던 강성실 위원장 등 한청 대표단도 여권을 받지 못했다. 이에 한통련은 외통부 장관을 상대로 여권 발급 거부처분 취소소송을 냈다. 서울행정법원(재판장 강영호)은 2002년 8월 "외교부의 거부처분이 절차상 적법하려면 먼저 서면에 의해 여권 등을 발급해주지 못하는 근거 법령과 그에 해당하는 사실관계를 구체적으로 적시해야 한다"[10]라면서 절차상 하자를 들어 한통련의 손을 들어줬다.

　이 판결 후 김대중 정부는 누구에게나 보장되어야 하는 여행과 이동의 자유를 한통련 사람들에게 확대하는 것이 아니라 '절차상 하자'만 피하는 쪽으로 대응했다. 한통련과 한청 회원 일곱 명이 2002년 10월 '부산아시안게임'을 관람하고 응원하기 위해 입국을 신청하자, 이번에는 이유를 밝히면서 거부했다. 즉 외교부는 도쿄 한국대사관 영사부를 통해 "반국가단체 구성원이며 친북 활동을 해온 신청자들을 입국시키면 국내의 친북 세력과 연계하여 반국가 활동을 전개하며 국내외서 친북 연합전선을 형성하고 활동을 강화할 것이 분명하므로 국가의 이익과 공공의 안전을 해친다"라며 신청자들에게 문서로 여권 거부를 통보했다. 그리고 나서 담당 영사는 구두로 "반성문을 제출하거나 관계 당국의 조사를 받는다면 입국을 허가하겠다"라는 국정원의

조건을 제시했다.[11]

색깔론 두려워한 DJ

김대중은 왜 자신을 두 번이나 구해준 옛 동지인 한통련 사람들을 외면했을까? 그가 한통련 복권과 관련해 남긴 글이나 말이 없어 상세히 알기는 힘들지만, 주변 사람들의 얘기로 분위기를 짐작할 수는 있다. 첫 번째 설명은 집권 초에 맞닥뜨린 1997년 외환위기(IMF 사태) 때문에 정신이 없어서 다른 데는 신경을 쓸 여력이 없었으며, 자신의 과거사와 관련된 일은 극구 피했다는 것이다. 김대중 정부 초대 국정원 기조실장, 청와대 정무수석을 지낸 이강래는 "DJ 대통령은 집권 초기에 IMF사태 때문에 과거를 돌아보면서 과거를 챙길 만한 여유가 없었다. 또 하나는 현직 대통령이 되고 난 다음에는 자신과 관련한 사적인 것을 어떻게 할 생각이 별로 없었다. 무슨 말인가 하면, 공직을 이용해서 자신의 사적인 과거사를 다루려고 하지 않았다"[12]라고 말했다. 청와대 공보수석을 지낸 박지원도 "DJ 대통령은 재임 때 당신의 문제는 안 다루려고 했다"[13]라고 말했다. 그러나 이러한 설명만으로는 설득력이 약하다. 한통련의 복권은 김대중 구출운동에 대한 개인적인 빚 갚기나 보은 차원이 아니라 과거 독재정부 시절의 잘못을 바로잡는 공적인 일이기 때문이다.

다른 설명은 박정희와 전두환 정권이 김대중을 빨갱이라고 공격한 데서 생긴 레드 콤플렉스 때문이라는 것이다. 김대중 계파인 동교동계 소속 의원이었던 이훈평은 "DJ는 그때 한통련을 해주고 싶어도 못 해쳤을 것이다. 이유는 두 가지다. 하나는 JP(김종필)하고 손잡고 공동 집권했기 때문에 그쪽 눈치를 봐야 했고, 둘째는 레드 콤플렉스가 강했다. 그런 것을 손댔다가는 괜히 보수 세력에게 책잡힐 것을 우려했다. 우리들 동교동계 사람들도 마찬가지였다"[14]라고 말했다. 이종찬도 비슷한 설명을 했다. 그는 필자와 한 인터뷰에서 "이 사람들이 한국에 들어왔을 때 새 정부에게 올 수 있는 파장을 나는 염려를 했지. 그러지 않아도 DJ에 대해서 색깔 논쟁을 자꾸 하는 때여서 가급적이면 그런 소지를 차단을 하려고 했"다고 밝혔다. 그러면서 이종찬은 "그때 나는 DJ가 한통련하고 상당히 결별했던 걸로 알고 있었다. DJ 자신도 이제는 거기에 연루돼서 국민들에게 이상한 시각을 받을 필요가 없다는 생각을 분명히 하고 있었다"[15]라고 덧붙였다. 김대중 스스로가 한통련과 선을 긋고 있었다는 얘기다. 한통련의 명예 회복을 위해 노력해온 이인람(이기욱의 개명) 변호사가 김대중 정부 사람들을 만나면서 가졌던 느낌도 이와 비슷했다. 이인람은 필자와 한 인터뷰에서 "김대중 대통령의 참모들이 한통련에 대해 갖고 있는 인식이 안 좋았다. 한통련 문제는 한승헌 변호사가 주로 관장했는데 그는 참 훌륭하신 분인데도 한통련에 대해서는 저랑 의견이 달라서 서운한 걸 느낀 적이 있다. 한통련이 김대중 씨 구출운동을 한 건 인정하지만 그들이 친북적이라는 인식을 하는 것 같았고, 그래서 과거에도 DJ한테 별 도움이 안 됐다는 시각을 가지고 있었다"[16]라고 말했다. 이러한 점을 종합하면, 김대중 정부의 한통련 외면은 레드 콤플렉스로 인한 김대중의 소심함, 1990년부터 '범민족대회' 참석차 평양을 방문한 한통련에 대한 경계심 등이 복합적으로 작용한 결과였던 듯하다.

'행동하는 양심'으로 칭송받은 김대중과 그의 정부가 한통련 복권에 관심을 기울이지 않자, 국내 각계의 '행동하는 양심들' 100여 명이 2000년 12월 서울 세종문화회관에 모여 한통련대책위를 결성했다. 강만길 고려대학교 교수와 고영구 변호사, 김승훈 신부, 이창복 의원, 홍근수 목사 다섯 명이 공동대표, 이기욱(이인람) 변호사가 집행위원장을 맡았다. 한통련대책위의 「창립선언서」에는 김대중 정부에 대한 실망과 분노가 묻어났다.

공안 당국은 말한다. 고국을 방문하고 싶으면 한통련을 탈퇴하고 반성문을 쓰라고! 도대체 한통련 회원들이 무엇을 반성해야 한단 말인가? 군사 정권에 맞서 반독재민주화투쟁을 벌인 것을 반성하란 말인가? 일본에서 온갖 차별에 맞서 민족 주체성을 지켜내고, 민족의 통일을 위해 투쟁한 것을 반성하란 말인가? 아니면 김대중 대통령을 죽음의 구렁텅이에서 건져내기 위해 노력한 것을 반성하란 말인가?

이제는 바로잡아야 한다. 음습한 밀실에서 애국적 해외동포들과 민주인 사를 반국가인사로 낙인찍고 간첩으로 조작한 부끄러운 역사를 바로잡 아야 한다. 부모의 임종도 가로막고, 유골이 되어 선산에 묻히는 것마저 허용하지 않은 반인륜적인 고국 방문 금지를 일삼아온 왜곡된 역사를 바 로잡아야 한다. 그것만이 해외에서 조국의 민주와 발전을 위하여 외롭게 노력해온 동포들에 대한 최소한의 도리이다. (…)

우리는 김대중 정권의 햇볕정책이 북한과 조총련에게까지 쬐이는 지금, 우리와 같은 국적의 한통련 회원들이 고국을 그리면서도 고국을 찾지 못 하는 이 역설에 비통해하면서 한통련 회원들이 그토록 살려내기 위해 애썼던 김대중 씨를 수반으로 한 정부에 촉구한다.

1. 정부는 한민통/한통련에 대한 반국가단체 규정을 취소하고 한통련의 명예를 회복하라!

1. 정부는 대한민국 국적을 보유한 한통련 회원들의 자유로운 고국 왕래를 보장하라!

1. 정부는 애국적 재일동포들을 반국가단체 구성원으로 조작한 박정희에 대한 기념사업을 즉각 중단하라!

1. 정부는 용공 조작의 흉기 「국가보안법」을 즉각 철폐하라!

임종인과 이인람, 한홍구의 의기투합

한통련대책위는 이인람과 임종인, 한홍구, 전해철, 김진국, 이덕우 등이 주도했다. 한홍구 외에는 전부 재야운동단체인 「민주주의민족통일전국연합」('전국연합')* 인권위원회에서 함께 활동하던 변호사다. 중심인물은 임종인과 이기욱(이인람), 한홍구였다. 임종인은 1992년 처음 한통련을 알았다. 전국연합 인권위원회 부위원장이던 임종인이 그해 8월 '원수폭금지대회'** 에 초청받아 일본에 갔던 게 계기였다. 행사 기간 동안 임종인의 통역으로 나온 사람이 한통련 활동가

---

* 1991년에 발족된 재야운동단체. 전국연합은 1990년대 민족민주운동의 구심체 역할을 했다.

** 매년 8월 히로시마에서 열리는 원자폭탄과 수소폭탄 금지 세계대회. 「원수폭금지일본협의회」('원수협')와 「원수폭금지일본국민회의」('원수금')가 각각 대회를 개최한다. 원수협은 공산당이 주도하며, 원수금은 사회당이 주력이다.

신귀성이었는데, 그에게 한통련의 수난과 핍박 얘기를 자세하게 들었다. 처음 듣는 얘기에 충격받은 임종인은 일본에 머무는 동안 곽동의 등 한통련 지도자들을 만나 신귀성의 말이 사실인지 확인했다. 그는 필자와 한 인터뷰에서 "며칠 함께 지내면서 한통련 사람들이 북한에 귀속되거나 대한민국을 부정하는 사람들이 아니라는 것을 알게 됐다"라고 말했다. 임종인은 이듬해 도쿄의 국제기독교대학에서 「치안유지법」을 공부하면서 "재일동포 사회와 한통련의 씨줄과 날줄을 정확하게 알게" 됐다.[17]

임종인과 육군 법무관 동기이자 절친한 사이인 이인람은 다른 경로로 한통련 문제에 눈을 떴다. 1993년 안기부(국정원의 옛 이름)의 과도한 권한을 축소하는 내용으로 「국가안전기획부법」 개정 논의가 벌어지던 시점에 터진 이른바 김삼석·김은주 '남매 간첩 사건' 변호를 맡으면서였다. 반핵평화운동가인 김삼석은 공동 저술한 책 「청년과 군대」를 일본어판으로 내기 위해 1992년 일본에서 이좌영 등 한통련 사람들을 만났고, 원고료 명목 등으로 50만 엔을 받은 혐의로 구속돼 징역 4년형을 선고받았다. 어학연수 중이던 여동생 김은주도 오빠와 함께 한통련 사람들을 몇 번 만났다가 구속돼 징역 2년에 집행유예 3년형을 받았다. 이인람은 김씨 남매를 변호하면서 한통련이 억울하게 반국가단체로 규정돼 있음을 알았다. 그는 "사건을 다루다 보니까 자연스럽게 한통련이 어떤 조직인지 공부하지 않을 수가 없었죠. 그 후 한통련 사람들을 일본에서 만나 그들이 한국 민주화운동을 위해 어떻게 싸워왔는지를 듣고 더 잘 알게 됐죠"[18]라고 말했다. 한홍구는 한국 현대사를 전공하면서 한민통 문제를 잘 알고 있었으며, 일본에서 공부하던 임종인이 미국으로 건너와서 1년간 있을 때 그와 가까이 지내면서 한통련에 대한 인식을 공유했다. 한홍구는 2001년 12월 《한겨레21》에 '한민통과 김대중의 배신'이라는 글을 써서 한통련에 대한 차별 문제를 정면으로 제기하기도 했다.

40대의 두 젊은 변호사와 소장 학자는 김대중 정부 초기만 해도 한통련의 명예 회복이 당연히 이뤄질 줄 알았다. 해방 후 처음으로 정권 교체가 이뤄진데다 한통련을 잘 아는 이가 대통령이 되었기 때문이다. 이들은 청와대 비서관이나 여당 국회의원을 만나서 한통련 문제를 열심히 설명하기도 했다. 그러나 돌아오는 반응은 무응답 또는 '우리는 더 이상 할 게 없다'는 것이었다. 셋은 결국 한통련대책위를 결성하자고 의기투합했다.

> 한국이 민주화돼서 DJ를 비롯한 많은 민주화운동가들이 대통령도 되고 국회의원도 되고 했는데 일본에서 민주화운동을 한 한통련 사람들에 대해서는 귀국도 못 하게 하는 건 말이 안 되잖아요. 당시 한화갑, 정균환 등 김대중 정부의 실세들을 다 만나서 한통련 문제를 풀어야 한다고 얘기를 했는데 이들은 한결같이 '대통령님 목에 방울을 다는 일인데 우리는 못 한다'고 하는 거예요. 정권교체로 들어선 민주정부가 한통련에 대해 아무것도 안 하는 것을 보고는 대책위를 만들어야겠다고 생각했죠. 민변의 변호사 등 제가 아는 분들에게 그런 제 생각을 얘기했더니 다 동의했어요.[19] (임종인)

김대중 정부가 들어선 뒤에도 한통련은 여전히 반국가단체라는 족쇄를 차고 있는 거예요. 그 규정은 김대중을 잡아넣으려고 박정희 독재정권이 만든 것이니 결자해지 차원에서라도 풀어야 한다고 정권 쪽 사람들에게 여러 차례 건의했는데도 답이 없었어요. 김대중 정부가 끝나기 전에 이 문제를 해결하려면 단순히 호소만 갖고는 안 되는구나, 사회적 압박이 필요하다는 판단이 들어서 대책위를 만들게 됐어요.[20](이인람)

한통련대책위는 2001년 11월, 잊혀가는 해외동포의 민주화운동에 대한 여론을 환기하기 위해 성공회대학교에서 '해외동포와 한국민주화운동심포지엄'을 개최했다. 하지만 한통련 대표들은 이 행사에도 여권을 받지 못해 참석하지 못했다. 한통련 의장 곽동의는 「조국동포들에게 전하는 글」을 보내 울분을 토로했다.

김대중 대통령은 취임사에서 다음과 같이 말씀하셨습니다. "저는 소외된 사람들의 눈물을 닦아주고 한숨짓는 사람에게 용기를 북돋워주는 그런 국민의 대통령이 되겠습니다." 저희들은 그 말씀이 온전히 실현되기를 바라왔습니다. 그리고 의리는 저버리지 않으리라고 믿어왔습니다. 그러나 그것은 모두 허망한 꿈으로 사라지고 말았습니다. 정치지도자는 도덕 의리와 공약을 지킬 때 국민의 존경과 지지를 받을 수 있을 것입니다.
암흑시대에 저질러진 잘못을 청산하는 것은 '국민의정부'를 자처하는 현 정권에게 주어진 역사적 사명일 것입니다. 군사정권에 대한 역사의 심판이 내려진 지도 오래되었습니다. 그 군사정권이 정권 안보를 위해 민주 애국단체를 반국가단체로 찍은 범죄적 조치를 국민의정부가 들어선 3년 반이 넘은 오늘까지 유지하면서 고향 방문까지 막는 반인륜적 분노를 금

할 수 없습니다. 불의가 정의를 난도질하는 행태는 이제 없어져야 하지 않겠습니까!²¹

한국의 한통련대책위 출범에 발맞춰 일본에서도 한통련의 명예 회복을 위한 모임이 꾸려졌다. 일본의 행동하는 양심들은 2001년 4월 도쿄에서 「한통련의 명예회복과 한국 무조건 자유왕래를 위한 대책위원회」('한통련명예회복대책위')」를 결성했다. 요시마쓰 시게루 목사, 사사키 히데노리 의원, 덴 히데오 의원, 나카기타 류타로 변호사 등이 공동대표를 맡았다. 모두 1970~1980년대에 김대중 구출운동과 한국 민주화에 큰 힘을 보탰던 사람들이다. 일본의 한통련명예회복대책위는 재일동포와 일본 시민을 상대로 한통련의 명예 회복과 자유로운 귀국을 요구하는 서명운동에 착수해 그해 11월까지 약 10만 명의 서명을 받았다. 그 명단은 김대중 정부에 전달됐다.

한국과 일본의 한통련대책위는 김대중 정부를 움직이기 위해 연대 활동도 활발하게 벌였다. 2002년 4월 도쿄에서 열린 '한통련명예회복대책위원회 결성 1주년 모임'에 한국의 한통련대책위 고영구 공동대표와 이기욱(이인람) 집행위원장, 임종인 조직위원장, 한홍구 홍보위원장이 참석했다. 고영구는 인사말에서 "30년간 한국의 민주화와 통일을 위해 노력해온 동포들을 간첩이라 하면서 그 조직을 반국가단체로 규정해서는 안 된다"라며 "우리는 김대중 대통령에게 하루빨리 한통련의 명예를 회복시켜 자유로운 귀국을 보장하도록 할 것을 요구한다"²²라고 말했다. 고영구는 이러한 활동으로 인해 2003년 4월 노무현 정부 초대 국정원장 후보자 청문회에서 야당 의원들로부터 실정법에 따른 반국가단체를 옹호했다는 추궁에 시달렸다. 그는 청문회에서 "그들이 실정법을 위반한 사실은 있다 하더라도 그들의 범죄 동기라든지 또는 민주화를 위해서 노력했던 것에 대한 평가, 이러한 것들로 비추어보아서 그들을 포용하는 것이 좋지 않겠는가, 이런 순수한 뜻"[23]이었다고 말했다.

노무현과의 청와대 면담 무산

비록 김대중 정부에서는 한통련 문제에 아무런 진척을 이루지 못했지만, 의미가 없는 것은 아니었다. 한국과 일본 한통련대책위의 활동으로 한통련 사람들이 당하는 고통의 실상이 널리 알려지게 됐기 때문이다. 국내 언론도 2000년 10월 월간《말》의 일본 현지 취재 기사 '독재정권은 갔어도 반국가단체 족쇄는 여전'을 시작으로 마침내 한통련 문제를 본격적으로 다루기 시작했다. 1970~1980년대에 한민통(한통련)을 빨갱이 집단이라고 매도했던 방송도 바뀌었다. 2003년 2월《문화방송》은 다큐멘터리 「이제는 말할 수 있다」 '반한 베트콩, 한민통의 진실'에서 한통련이 어떻게 반국가단체로 낙인찍혔는지 그 내막을 자세하게 보도했다. 그해 8월에는 KBS도 「한국사회를 말한다」 '입국금지, 최후의 망명객들'에서 고국에 돌아오지 못하는 한통련 사람들의 사연을 다뤘다.

2003년 2월 노무현 정부의 출범도 한통련 문제 해결에 새로운 기대를 걸게 했다. 그러나 노무현 정부 초기는 김대중 정부 때와 다를 바가 없었다. 그해 5월 「5·18기념재단」이 주최한 '광주국제평화캠프'에 초청된 해외 민주인사 20명 가운데 13명이 입국 거부됐는데 그중 세명은 한통련 회원이었다. 역시 임기 첫해인 그해 6월 노무현 대통령이 일본을 방문해 가진 '동포간담회' 때도 이전 정권들과 마찬가지로 한통련 인사들은 초대받지 못했다.

이러한 일들을 보면서 임종인, 이기욱(이인람), 한홍구 등 한통련대책위의 핵심인사들은 김대중 정부 때의 경험을 반면교사 삼아 새롭게 운동을 정비했다. 이들은 정부의 변화를 앉아서 기다리다가는 아무것도 바뀌지 않으며, 정부의 방관적 태도만 굳힐 수 있다고 우려했다. 이에 판을 좀 더 크게 벌이기로 하고, 운동의 대상자를 한통련뿐 아니라 해외의 민주인사 전체로 확대했다. 자연히 운동의 주체도 다양해지고 커졌다. 기존의 한통련대책위와 함께 민변, 「참여연대」, 「민주화실천가족운동협의회」, 「민주화운동기념사업회」, 「6·15공동선언실현과 한반도평화를 위한 통일연대」, 「5·18기념재단」 등 주요 사회단체가 힘을 모았다. 이들은 2003년 5월부터 일곱 차례에 걸쳐 간담회를 가진 끝에 「해외민주인사 명예회복과 귀국보장을 위한 범국민추진위원회」('해외민주인사범추위')를 결성하기로 했다. 마침내 그해 8월 최병모, 명진, 함세웅, 정현백, 이종수, 천정배, 최열, 황석영 등 공동대표 28명, 고문 16명, 집행위원 14명에 이르는 해외민주인사범추위가 출범했다. 실무 책임자인 집행위원장은 임종인, 홍보위원장은 한홍구, 사무총장은 김건수가 맡았다. 이들은 결성 선언문에서 "음습한 밀실에서 애국적 해외동포들과 민주인사를 반국가인사로 낙인찍고 간첩으로 조작한 부끄러운 역사를 바로잡아야 한다. 부모의 임종도 가로막고, 유골이 되어 선산에 묻히는 것마저 허용하지 않은 반인륜적인 고국 방문 금지를 일삼아온 왜곡된 역사를 바로잡아야 한다. 그것만이 해외에서 조국의 민주와 통일을 위하여 외롭게 노력해온 해외동포들에 대한 최소한의 의리이자 도리이다"[24]라고 밝혔다.

해외민주인사범추위는 곧바로 당국의 입국 제한 조처 때문에 귀국하지 못하는 해외 민주인사 64명의 명단을 공개하고, 이들의 한가위 고향 방문 행사를 그해 9월 중순에 추진하기로 했다. 송두율·김성수·정규명 등 유럽의 민주인사, 양은식·전순태·배강웅 등 미주의 민주인사, 곽동의·김정부·손형근·김창오·최철교 등 일본의 민주인사가 고루 포함됐다. 일본 쪽은 대부분 한통련과 한청에 관계된 사람들이었다.

해외민주인사범추위는 청와대와 국정원, 외교부 등 정부 쪽과 여러 차례 만나서 이들의 귀국을 논의했다. 처음에 정부는 64명 가운데 34명만 반성문 제출 없는, 즉 조건 없는 귀국을 보장하겠다는 뜻을 보였다.[25] 임종인은 "노무현 정부도 초기에는 한통련 사람들이 입국할 때 반성문을 쓰거나 조사를 받아야 한다는 입장이었다. 우리가 '그건 광복된 후에 김구 선생 등 해외 독립지사들에게 입국 조사를 받아야 한다고 요구하는 것이나 마찬가지'라고 강하게 항의하자, 그때서야 한통련에 대해서는 조사나 반성문 없이 전원 귀국을 허용하는 쪽으로 정리가 됐다"[26]라고 말했다. 이러한 논의를 거쳐 노무현 정부는 국정원이 반드시 조사해야 한다고 고집하는 송두율(독일), 김영무(독일), 정경모(일본) 세 명을 뺀 61명에게는 조건 없는 귀국을 허용하기로 했다. 당시 언론은 문재인 민정수석이 '최병모 대표 등을 직접 만나 이렇게 합의했다'고 보도했다.[27] 최병모의 설명은 이와는 조금 다르다. 그는 필자와 만나 "문재인 민정수석, 고영구 국정원장하고 제가 협의해서 그렇게 했다기보다는 우리 범추위가 국정원에 '여권 안 내주고 자꾸 방해하는 근거가 뭐냐'고 질의를 여러 차례 했다. 그랬더니 펄펄 뛰면서 우리는 방해한 일 없다고 하더라. 그래서 외교부에 질의를 했더니 거기서는 국정원이 문제없다고 하면 우리가 안 내줄 이유가 없다고 서로 책임을 미뤘다. 우리는 그러면 전부 여권 신청을 하자고 해서 그렇게 했더니 여권이 나왔다. 이건 사실 문재인 민정수석이나 고영구 원장하고 협의해서 나온 건 아니었다"라고 말했다. 그는 또 "고영구 원장의 요청으로 시내 국정원 안가에서 그와 만났더니 송두율 교수가 오면 조사를 하지 않을 수가 없다고 통보하더라. 한통련 인사에 대해서는 그런 말이 없었다"[28]라고 말했다. 해외민주인사범추위에서 강하게 압박하고 밀어붙인 결과 정부가 어쩔 수 없이 물러난 것이라는 취지의 말이지만, 당시 청와대와 국정원이 김대중 정부와 달리 해외 민주인사의 입국에 전향적으로 접근한 것은 부인할 수 없는 사실이다. 모든 해외 민주인사에 대한 조사나 반성문을 요구하던 국정원이 한발 물러섰던 것이다. 이는 한통련대책위 등 외부의 힘도 있지만, 국정원 상부와 청와대 등 정권 내부에서 그런 방향에 동의했기 때문에 가능했던 일이다. 한통련대책위 공동대표를 맡았던 고영구 국정원장이 한통련 사람들이 받는 차별과 불이익을 누구보다 잘 알고 있었던 점도 국정원과 청와대의 기류 변화에 상당한 작용을 했을 것이다.

2003년 9월 마침내 해외 민주인사 61명이 수십 년 만에 처음으로 고국 땅을 밟았다. 재독 학자 송두율을 뺀 60명은 광주 국립5·18민주묘지와 부산 민주공원 등을 돌아보고, 가족과 친구들을 만났다. 체포영장이 발부된 송두율은 「민주화운동기념사업회」의 권유에 힘입어 다른 사람들보다 며칠 늦게 귀국했으나, 국정원에서 과거 북한 방문 등과 관련한 조사를 받고 「국가보안법」 위반 혐의로 기소됐다. 2심에서 징역 3년에 집행유예 5년을 선고받고 석방돼 2004년 8월 독일로 돌아갔다.

DJ, 한통련에 "진심으로 감사"

한통련 의장 곽동의는 한민통 결성 이후 30년 만에 처음이었던 2003년 한통련 귀국단에 포함되지 못했다. 그는 출국 직전 "과로로 쓰러져 방문을 단념"[29]했다. 그러나 한통련 사람들의 얘기를 들어보면, 곽동의는 국정원이 자유로운 귀국을 보장할지 확신을 갖지 못해서 스스로 귀국을 미뤘을 가능성이 높아 보인다.

한국에 온 한통련 소속 29명은 사회적, 정치적 복권을 확실히 하기 위해서 기왕이면 노무현 대통령을 만나고 싶어 했다. 청와대에서 대통령과 만나면 자신들의 명예 회복을 세상에 당당하게 알릴 수 있을 거라는 생각이었다. 마침 과거 한국의 민주화운동을 지원한 해외인사 44명을 청와대로 초청해 대통령이 만나는 모임(9월 23일)이 계획돼 있었다. 한통련대책위 공동대표 최병모는 문재인 수석을 만나 해외인사 초청 모임에 한통련 대표들도 참석할 수 있게 해달라고 요청했다. 그 행사에 추가하기 힘들면 잠시나마 따로 만날 수 있게 해달라고 부탁했다. 문재인은 협조를 약속했으나, 무슨 까닭에서인지 이 일은 성사되지 못했다.[30]

한통련 사람들은 입국 이튿날 동교동으로 김대중을 예방했다. 양동

곽동의와 김대중의
만남.《한겨레》

「한통련의 완전한 명예회복과 귀국보장을 위한 대책위원회」 발족 기자회견. 2019년 4월
23일.《한겨레》

민 부의장, 곽수호 부의장, 김정부 기획실장, 손형근 사무총장 네 명의 대표단은 최병모 해외민주인사범추위 공동대표, 임종인 집행위원장과 함께 30년 만에 김대중을 만났다. 1973년 초 하코네에서 김대중의 열변에 감동받았고, 그 뒤 그의 구출운동에 앞장섰던 사람들이다. 김대중은 이 자리에서 "납치 사건의 해결을 위해서나 내가 투옥되거나 사형 언도 받았을 때 여러분들이 정말 성심성의를 다해서 노력해준 것을 알고 있고, 진심으로 감사히 생각하고 있습니다"[31]라고 말했다. 김대중이 한통련에 공개적이고 정식으로 감사 인사를 한 것은 이때가 처음이었다.

해외민주인사범추위는 이듬해인 2004년 10월 이번에는 한통련 사람들만으로 고국 방문단을 구성했다. 인원도 146명으로 대폭 늘었으며, 임시 여행허가증이 아니라 정식 여권을 받아 입국했다. 곽동의도 이번에는 함께 입국해 김대중과 눈물로 상봉했다. 한통련의 반국가단체 규정을 없애지는 못했지만, 그들에 대한 사실상의 복권 조처는 이렇게 노무현 정부에서 이뤄졌다.

그러나 이명박 정부가 들어서자마자 국정원의 태도는 다시 바뀌었으며, 한통련에 대한 각종 차별과 박해가 되살아났다. 문재인 정부 출범 이후에도 한통련에 대한 인권 침해는 계속됐다. 이에 행동하는 양심들인 최병모, 임종인 등 한통련의 친구들이 다시 나섰다. 이들은 2019년 4월 「한통련의 완전한 명예회복과 귀국보장을 위한 대책위원회」('새 한통련대책위', 대표 최병모, 집행위원장 임종인, 대변인 이주희)를 결성했다. 새 한통련대책위는 인권위 및 2기 진실화해위원회에 「한통련명예회복을 위한 진정서」 제출 등의 활동을 계속하고 있다.

김정남 – 송영순 – 배동호의
비밀통신[*]

1970~1980년대 《민족시보》에는 「3·1민주구국선언문」(1976년 3월),
「김영삼의 단식투쟁성명문」(1983년 5월), 「김근태의 법정진술서」(1985
년 12월) 등 국내 민주화운동의 주요 문건 대부분이 전문 그대로 실렸
다. 독재정권의 언론탄압으로 국내의 신문과 방송에는 한 줄도 보도되
지 않았던 것들이다. 정권의 삼엄한 감시와 경계를 뚫고 이러한 문건
과 법정 진술 내용이 일본으로 나가고, 《민족시보》를 통해 널리 알려
질 수 있었던 것은 현해탄을 가로지른 비밀통신 덕분이었다. 이 비밀
통신 채널은 한국 민주화운동의 막후 기획자였던 김정남과 재일동포
사업가 송영순 그리고 한민통의 실질적 지도자인 배동호 3인 사이에
개설돼 있었다.

---

[*]   이 글은 필자의 《한겨레》 신문 기사(2019년 9월 21일) '겁났으나, 그들 풍찬노숙
하는데 연락 끊을 순 없었다'와 '송영순, 독재정권의 발목을 잡아채다'를 기초로
했다.

1975년「김지하의 양심선언문」은 이 비밀통신 채널이 어떻게 작동했는지를 잘 보여준다. 2차 인민혁명당 사건*이 조작됐다고 폭로한 김지하가 사형선고를 받을지도 모른다는 위기감이 팽배할 때였다. 정보부가 김지하를 공산주의자로 몰아가자,「일본가톨릭 정의와 평화협의회」의 소마 노부오 주교는 8월 4일 도쿄에서 기자회견을 열었다. 기자회견에서는 "소위 '자필 진술서' 내용을 그들이 부르는 대로 낙서처럼 받아써 가지고 내던져버렸던 것이다"라는 내용의「김지하의 양심선언문」이 발표됐다. 공산주의자라고 자신이 수사기관에서 쓴 문서는 고문에 못 이겨 거짓으로 한 것이라는 김지하의 양심선언이었다. 며칠 뒤「김지하의 양심선언문」전문이《민족시보》1975년 8월 21일 자에 실렸다.

「김지하의 양심선언문」은 형기를 마친 한 출옥자를 통해 윤형중 신부에게 전달되고, 이어서 제임스 시노트 신부를 통해「일본가톨릭 정의와 평화협의회」에 전달된 것으로 입을 맞췄지만, 사실은 김정남이 비밀통신 채널을 통해 일본의 송영순에게 보낸 것이었다. '민주 교도관' 전병용이 감옥에 있는 김지하로부터 이 선언문을 받아서 김정남에게 전달했고, 김정남은 이를 왜관수도원장을 지낸 오도 하스(한국명 오도환) 선교사에게 부탁해서 송영순에게 전달했다.[32]「김지하의 양심선언문」이 일본에서 전 세계에 공개됨으로써 김지하가 공산주의자로 조

---

* 1974년 학생운동가들을 민청학련 사건으로 부풀리면서 1차 인민혁명당 사건 (1964) 관련자들을 배후로 조작했다. 이 중 여덟 명을 대법원 선고 다음 날인 1975년 4월 9일 새벽에 사형 집행했다.

작됐다는 사실이 확인됐으며, 이로 인해 그를 구원하려는 운동이 세계적으로 확산됐다.

일본가톨릭 정의와 평화협의회의 송영순

「김지하의 양심선언문」이 《민족시보》에 실린 데서 알 수 있듯이 김정남-송영순 라인에는 배동호도 연결돼 있었다. 1978년 『전태일 평전』과 1980년 5·18민주화운동의 진실을 알리는 문건 등 많은 귀중한 자료가 김정남-송영순-배동호의 비밀통신 채널을 통해 일본으로 나가 일본 가톨릭계의 기자회견이나 《민족시보》를 통해 공개됐다.

현해탄의 비밀통신 채널은 김정남과 송영순 사이에서 시작했다. 김정남은 2019년 9월 필자와 한 인터뷰에서 강원도 원주교구의 지학순 주교 구속이 계기였다며, "박정희 정권은 원주에서 민주화운동을 하던 지학순 주교를 여러 핑계를 대 1974년에 구속했어요. 이를 계기로 한국 가톨릭이 독재 반대 등 사회에 대한 목소리를 본격적으로 내기 시작했죠. 그때 일본 가톨릭이 한국 가톨릭을 지원하기 위해 나섰고요. 그런데 정권의 언론통제가 심할 때여서 천주교 쪽 움직임 등 국내의 민주화운동 소식을 알릴 길이 외신밖에 없을 때였어요. 마침 천주교 쪽에 송영순 채널이 있다는 것을 알고, 제가 송 선생님과 본격적으로 연락을 주고받았어요"라고 말했다.

송영순은 16세 때인 1946년 형을 찾아 일본에 건너가 고학으로 대학(리쓰메이칸대학)과 대학원(메이지대학)을 졸업한 전기공학도였다. 송영순은 고국의 산업 발전을 위해 1960년 「재일한국인산업기술연구회」를 만든 데 이어 한일 국교 정상화 직후에는 직접 고국에 투자해 신한애자㈜라는 회사를 설립했다. 사업가로서 민주화운동을 지원하는 것은 매우 위험한 일이었지만, 송영순은 기꺼이 동참했는데, 배경은 두 가지였다. 김정남에 따르면, 그중 하나는 한국에서 겪은 부조리와 불합리 때문이었다. 회사 운영 과정에서 부패와 정경유착을 경험했고, 이에 민주화의 필요성을 절실하게 느낀 것이다.

또 하나는 한국 천주교와 두터운 관계가 있었기에 자연스레 비롯된 일이었다. 그 자신이 독실한 가톨릭 신자인데다 외가 쪽이 김수환 추기경과 연결(송영순의 장모가 김 추기경의 사촌)돼 있어 천주교 지도자들과 사이가 매우 가까웠다. 송영순의 아들 정빈은 "김 추기경님이나 지학순 주교님이 일본에 오면 우리 집에서 머물곤 했어요. 아버지는 이분들을 존경했고요. 한번은 지 주교님이 시노트 신부님과 같이 주무시고 한국에 가셨는데 며칠 뒤 지 주교님이 구속됐다는 뉴스를 보고는 깜짝 놀라셨어요. 그 뒤에 천주교 쪽 심부름을 더 열심히 하신 거 같아요"[33]라고 말했다.

가톨릭 신부가 독재정권에 의해 구속되는 상황을 목도한 한국 가톨릭은 「정의구현사제단」 창설 등 민주화운동에 적극적으로 뛰어들었다. 시라야나기 세이이치 대주교가 이끄는 일본 가톨릭도 한국 가톨릭을 지원하고 나섰다. 송영순은 일본에서 지학순 구출운동 등에 참여했는데, 일본 가톨릭은 송영순에게 「일본가톨릭 정의와 평화협의회」 간사를 맡겼다. 송영순은 이 때문에 독재정권 시절 오랫동안 한국에 귀국할 수 없었고, 사업 투자금의 상당액을 잃었다. 그러나 그는 한국의

왼쪽부터 함세웅, 지학순, 송영순. 1985년 7월 4일 명동 샬트르 성바오로 수녀원. 송정빈
제공

민주인사들과 폭넓게 교류했다. 김정남과 주고받은 편지(1985년 3월 9
일 자 김정남이 송영순에게 보낸 편지)를 보면, 그가 한국에 나오면 만나야 할
인물로 이창복, 장일순, 김지하, 지학순, 유강하, 문정현, 이돈명, 함세
웅 등의 이름이 나온다.

　송영순이 「일본가톨릭 정의와 평화협의회」 간사를 맡고, 한국 가톨
릭에서는 김정남이 비밀 대외창구 역을 맡으면서 양쪽의 연락이 본격
적으로 이뤄졌다. 김정남과 송영순은 그전에 서로 만난 적이 없었지
만, 비밀통신을 통해 서로 전적으로 신뢰하게 됐다. 김정남은 한국의
민주화운동 관련 소식과 자료를 송바오로(송영순의 세례명)에게 보내기
만 하면 됐다. 그러면 문건의 번역과 일본 언론 배포 등은 송영순이 도

맡아서 처리했다. 도쿄대학의 와다 하루키 교수는 한글 문건을 일본어로 번역하는 과정에서 송영순을 많이 도왔다. 이런 인연으로 와다 하루키는 송영순과 호형호제했다. 그는 2004년 8월 송영순의 장례미사 때 읽은 조사에서 "1974년 이래 한국인은 민주주의를 위해 훌륭하게 싸웠다. 그 싸움을 일본에, 또 세계 여론에 전하기 위해 혼신의 노력을 다했던 송영순 씨도 진실로 (한국) 인물 현대사의 주역의 한 사람"[34]이라고 평했다.

김정남-송영순 채널을 이어준 이들은 외국인 신부나 수녀, 수도사 등 가톨릭 성직자였다. 이들은 한국과 일본을 오갈 때 김정남과 송영순이 건네준 편지와 자료를 몸속 깊이 숨겨서 이동했다. 한번은 편지를 지니고 가던 수녀가 공항 단속에 걸려 아찔한 순간도 있었지만, 김정남이 아닌 다른 신부에게 받았다고 둘러대 비밀통신 채널은 계속 유지될 수 있었다.[35] 한국의 경우 일본에서 오는 편지는 명동성당 뒤에 있는 가톨릭여학생회관이 중간 기착지였다. 콜레트, 안젤라, 시그리도 등 외국인 아피(AFI)* 세 명과 한국인 아피들이 그것들을 받아 보관하고 있다가 김정남에게 건네줬다.

한민통의 배동호는 송영순을 통해 김정남과 연결됐다. 김정남은 "어느 날 송영순 선생이 보내온 편지 중에 조지라는 가명 편지가 들어 있었어요. 한국 민주화운동과 연대하고 싶어서 송영순 선생한테 부탁한 게 아닌가 싶어요. 내용이 워낙 정중하고 진실해서 제가 답변을 하지 않을 수가 없었어요. 그것이 첫 시작이었어요."[36]라고 증언했다.

---

* 국제가톨릭형제회로 불리는 평신도단체 또는 그 회원.

배동호와 송영순이 어떻게 알게 됐는지는 확실하지 않다. 아들 정빈에 따르면, 송영순은 민단 활동은 했으나 한민통에 가입하지는 않았다. 그렇다면 송영순과 배동호 두 사람은 일본에서 한국 민주화운동을 하는 과정에서 자연스럽게 서로 알게 되고, 신뢰 관계를 쌓았을 가능성이 높다.

죽을 때까지 가명으로만 편지

배동호는 조지, 김정남은 마리아라는 가명을 이용했다. 김정남-배동호 두 사람의 비밀통신은 1989년 배동호가 숨질 때까지 계속됐지만, 둘은 끝까지 이름은커녕 성씨조차 서로 밝히지 않았다. 김정남은 "누군지는 처음부터 어렴풋이 알았어요. 송 선생이 대략 말해 줬죠. 배 선생님도 저에 대해서 꽤 아시는 것 같았어요. 그러면서도 서로 모른 척했죠. 혹시 편지가 적발되더라도 피해를 줄이기 위해서였죠. 비밀스럽게 하다 보니까 배 선생님이 돌아가실 때까지 한 번도 만난 적이 없어요. 그게 안타깝고, 편지에서조차 배 선생님이라고 불러보지 못한 게 아쉬워요."[37]라고 말했다. 배동호 역시 주변에 김정남의 존재는커녕 한국 민주화 진영의 인사와 서신을 교환하고 있다는 사실을 전혀 알리지 않았다. 손형근은 "저를 비롯한 한통련 2세대뿐 아니라 배동호 선생과 연배가 비슷한 1세대들도 두 사람의 교류를 알지 못했어요. 송영순 선생의 이름도 처음 듣습니다. 편지가 드러날 경우에 한국 민주화 진영에 불어 닥칠 공안몰이 피해를 우려해서 철저하게 함구하신 것 같아요."[38]라고 말했다.

두 사람은 한국 정치권의 움직임과 민주화운동 상황, 운동 방향 등을 허심탄회하게 주고받았다. 1987년 6월민주항쟁 때 두 사람 간에 오간 편지 내용을 살펴보자.

조지 선생께…

제가 보기로 현재의 최대의 쟁점과 공격무기는 박종철 군의 고문살인 사건의 조작입니다. 엄밀한 의미에서 주범을 빼고 공범을 배제한 것이지만, 그러나 범인 조작이라고 하기에 충분한 것입니다. 저는 이것이 해외에서도 최대의 이슈가 되어야 한다고 생각합니다. (…)

사실 선생님께서 보시는 바와 같이 통일민주당이 오물들을 털어버리고 민주 세력의 구심체로 출현한 것은 아닙니다. 그것은 다만 우리의 희망일 뿐입니다. 저도 마찬가지입니다만, 언제 어떤 모습으로 일그러져 나갈지 몰라 하루하루가 불안한 형편입니다. 이번 조직책 인선 문제에 있어서도 기계적 반분이 아니라 그 기준을 가급적 지키되 누구나 납득할 수 있는 상식선에서의 결정 원칙과 상호 신뢰의 원칙을 영(김영삼)과 중(김대중) 사이에 해내지 못하는 것입니다. (…) 양 김씨의 관계도 언제 어떻게 비끄러질지 우려스럽기 한량없습니다. (…)

5월 21일 밤 마리아 올림

김정남이 편지지 열네 장 분량으로 쓴 이 편지에는 박종철이 경찰의 물고문으로 숨진 뒤 국내에서 불붙은 반정부시위와 이에 대한 해외에서의 지원 요청, 야당의 두 지도자인 김대중-김영삼 씨의 갈등 등이 자세하게 적혀 있다. 도쿄의 배동호가 40여 일 뒤 김정남에게 보낸 답신도 양 김씨의 분열을 안타깝게 바라보는 해외동포들의 시각이 들어 있다.

친애하는 마리아 동지께

우리의 6월투쟁은 민중 승리의 첫걸음을 내어디뎠습니다. 완전 승리를 목전에 두고 노태우에게 투쟁 승리의 노른자위를 빼앗긴 셈이 되고 말았는데 이제 우리는 빼앗긴 노른자위를 되찾는 투쟁이 즉각적으로 전개되어야 한다고 봅니다. (…)

'우리는 민주화된 후라도 일심 협력하겠다'고 국민 앞에 다짐한 두 사람이 아직 사태가 고정되지도 않았는데 벌써 대권을 노리며 상호 견제하고 세력 규합에 급급하니 대세를 그르칠 전망이 큽니다. 이 문제에 대하여 시급한 조치가 있어야 하겠습니다. '두 사람은 마음을 비우라'고 한 추기경의 경고를 받아들이는 듯하더니 그 약속을 헌신짝처럼 팽개쳐버리면 그와 마찬가지로 양 김씨는 국민에게 버림받을 것은 명약관화 아닙니까. 우선 급하게 양 김에게 강력한 쐐기를 박아두고 양 김을 몰고 나갈 방도를 찾아야 하지 않겠습니까. (…)

87년 7월 9일 조지

민주화 후원금도 보내

김정남-배동호의 편지는 지금 보면 그다지 새롭지도 않은 정보를 나누거나 연대투쟁을 요청하는 정도의 특별할 것 없는 내용이지만, 당시로서는 발각되면 엄청난 탄압을 부를 수 있는 위험천만한 문건이었다. 1978년 한통련이 반국가단체로 규정된 뒤로는 그들과의 접촉만으로도 중형에 처해질 수 있었다. 더 위험했던 건 배동호가 이 채널을 통해 가끔 보낸 '성금'이었다. 전태일과 그의 어머니 이소선의 투쟁을 그린 영화 「어머니」의 상영 수입금 일부를 평화시장 노동교실 운영비에 보태 쓰라며 이소선 여사에게 보낸 게 대표적이다. 이소선은 이에 대해 "…귀회가 모금해서 보내주신 1,000$를 잘 받았습니다. 그 1,000$는 내가 가장 소망하고 있는 노동교실 마련에 소중하게 쓰일 것입니다. (…) 1978년 12월 21일 전태일 모 이소선"이라고 쓴 감사 편지를 보냈다. 김정남도 배동호와 송영순한테서 성금을 받았다. 그는 그 돈을 재일동포 양심수들의 영치금 등으로 긴요하게 사용하고는 반드시 영수증을 챙겨서 일본에 보냈다. 이 일은 위험하기도 했지만, 자주정신을 해칠 수 있기에 김정남은 돈을 보내지 말아달라고 간곡하게 요청하곤 했다. 1987년 5월 21일 자로 김정남은 배동호에게 "말씀드리기가 참으로 죄송하오나 자료(성금을 일컫는 말)가 제게 크게 부담이 됩니다. 그러지 않아도 꾸려갈 수 있사오며, 자칫 자료 같은 것이 있으면 오히려 더 나태, 자만, 안일해질 수도 있기 때문에 그리고 자립, 자주의 정신에도 크게 어긋나오니, 거듭 간곡한 말씀으로 더불어 바라옵건대, 더 이상의 배려 없으시기 바라옵니다"라는 편지를 보냈다.

김정남은 배동호와 연결된 채널이 엄청나게 위험하다는 것을 잘 알고 있었지만, 그럼에도 10여 년 동안이나 비밀통신을 계속했다. 다시 김정남의 말이다. "적발되면 죽을 수도 있다는 것을 알았기에 편지를 주고받으면서도 늘 겁이 났어요. 그러나 편지 교환을 그만하자고 말씀드릴 수가 없었어요. 배 선생님은 조국의 민주화를 위해서 해외에서 풍찬노숙 하는데 저의 신변 안전을 위해서 그만하자고 할 수는 없었죠."[39]

송영순이 보존한 기록들

김정남-송영순-배동호가 주고받은 편지는 300통 정도가 고스란히 남아 있다. 이 중 김정남과 배동호 사이에 오간 편지는 30통 정도다. 항상 긴장 속에 살았던 김정남은 일본에서 오는 편지를 읽은 뒤 곧바로 소각했지만, 일본의 송영순은 모두 고이 보관했다. 자신에게 오는 것이 아니라 배동호 등 다른 사람에게 가는 편지, 그리고 배동호가 김정남에게 보내는 편지는 복사해 자신이 한 부씩을 반드시 보관했다. 송영순이 숨진 뒤 아들 정빈은 아버지 서재에 있던 금고 속에서 이 편지들을 발견했다. 종이상자 열 개 분량의 편지와 한국 민주화운동 관련 자료를 모두 김정남에게 보냈다. 송정빈은 2019년 필자와 한 인터뷰에서 "제가 어렸을 때 아버지가 저한테 한국에서 온 자료를 주면서 문방구에 복사 심부름을 자주 시켰어요. 꼭 두 부 또는 세 부를 주문했어요. 한번은 그 이유를 물어봤더니 '내가 만일 무슨 일이 생겨도 이들 소중한 서류는 살아남아야 한다. 나랑 같은 서류를 가지는 사람이 한 분 있고, 한 부는 여기에 보관할 것'이라고 하셨어요. 아버지가 돌아가신 뒤 집에 있는 사무실 캐비닛을 처음 열어봤는데 편지 등 민주화운동 자료들이 가득했어요. 아버지와 긴밀하게 연락을 취하셨던 김정남 선생님께 다 보냈어요. 한국에서 더 소중하게 쓰여야 할 것 같아서요."[40]라고 말했다. 김정남은 송영순이 보관했던 편지와 자료를 한국학중앙연구원에 기탁했다.

김정남씨가 배동호, 송영순씨와 주고받았던 비밀 편지를 살펴보고 있다.

이명박
진실화해위원회의
배반

　　　　명예 회복을 위한 한통련의 노력은 김대중 정부 때부터 시
작됐다. 첫 시도는 김대중 정부 때 만들어진「민주화운동관련자명예
회복 및 보상심의위원회」('민주화보상심의위')를 상대로 한 활동이었다.
한통련은 2000년 10월 곽동의 의장의 이름으로 민주화보상심의위에
반국가단체 규정 철회와 자유 왕래를 요구하는 진정서를 제출했다. 한
통련대책위가 발족(2000년 12월) 되기 전이었다. 다음은 그 진정서의 일
부다.

　　현재 한통련은 민족의 자유와 민주주의를 위하여 투쟁하여온 자랑스러
　　운 역사에도 불구하고 여전히 반국가단체라는 멍에를 벗지 못하고, 본국
　　에 대한 자유로운 왕래를 실현하지 못하고 있습니다. 한통련 구성원들은
　　오랜 독재와의 싸움 끝에 진전된 민주주의를 구현하고 있는 조국에 가고

싶어도 '반성문을 제출하라'는 등의 당국의 차가운 냉대를 받고 눈물을 삼켜야 했습니다. 더군다나 현재 대한민국의 대통령이 한통련이 그토록 결사적으로 구명하고자 노력해왔던 김대중 씨라는 것을 생각하면 더욱 역사의 아이러니를 느낄 뿐입니다.

지난 1997년 대통령선거 당시에 김대중 후보를 아직 반국가단체의 명예를 벗지 못하고 있는 한민통/한통련과 연관 지어 낙선시키려 했던 이른바 '한민통 관련 사진 위조 사건'이 웅변하듯이, 한민통/한통련에 대한 '반국가단체 판시'는 해외에서 반독재민주화투쟁의 확산에 당황한 독재정권이 한민통을 파괴하고 김대중 대통령을 말살하기 위한 정치 음모였음이 명백합니다.

이제는 그 진상을 밝히고, 한민통/한통련을 반국가단체로 잘못 규정해온 것을 바로잡을 때입니다. 그리고 한통련의 훼손된 명예를 회복시키고, 본국 왕래의 자유 보장을 통해 야만과 폭력으로 얼룩진 과거의 정치사를 청산해야 합니다. 그것만이 해외에서 조국의 민주와 발전을 위하여 외롭게 노력해온 같은 민족에 대한 최소한의 예의라고 믿어 의심치 않습니다.[41]

한통련은 민주화보상심의위로부터 답변이 오기를 기다렸으나, 감감무소식이었다. 민주화보상심의위가 펴낸 『민주화운동백서』에도 한통련(한민통)이라는 단어는 없다. 애초 민주화보상심의위는 '민주화운동과 관련하여 희생된 자와 그 유족에 대하여 국가가 명예 회복 및 보상'을 하기 위한 기관이기에 한통련 문제를 다루기에는 적절하지 않기도 했다.

2년간 국정원 파견 조사관 서랍 속에

　　한통련은 2003년 2월 노무현 정부 출범에 기대를 걸었다. 장인의 빨치산 전력이 논란이 됐을 때 "그럼 마누라와 이혼하란 말입니까"라며 색깔론을 정면 돌파하는 노무현의 화끈한 정치 스타일이 한통련 문제를 해결하는 데도 도움이 될 것이라고 봤다. 한통련이 노무현 정부 초기인 2003년 3월 인권위에 「한통련명예회복청원서」를 낸 데 이어 석 달 뒤인 그해 6월 노무현 대통령에게 같은 내용의 탄원서를 보내는 등 새 정부 출범 초부터 재빨리 움직인 것은 이런 기대에서였다. 그러한 노력과 한통련대책위의 활동에 힘입어, 한통련 사람들은 2003년 9월을 계기로 조건 없이 고국에 오갈 수 있게 됐다. 하지만 출입국이 가능해졌다고 해서 한통련의 명예가 회복된 것은 아니었다. 과거 독재정권 시절에 잘못 판시된 '반국가단체 규정'을 없애야 완전한 명예 회복이 가능했다. 이 규정을 철회하는 것은 대통령이나 정부가 직권으로 해결할 수 있는 문제가 아니다. 제도적이고 합법적인 절차를 통한 사회적 승인이 필요했다.

　　마침 노무현 정부가 만든 진실화해위원회(초대위원장 송기인)가 2005년 12월 출범했다. 진실화해위원회는 과거의 각종 인권탄압과 폭력, 살인, 의문사 등의 진실을 규명하기 위해 만든 국가기관이다. 한통련은 진실화해위원회야말로 반국가단체 규정에 대한 진실을 명확하게 가려줄 수 있는 사회적 기구라는 판단에서 2006년 11월 진실 규명 신청을 했다.

　　그러나 기대와 달리 한통련 건은 하염없이 뒤로 밀렸다. 1기 진실화해위원회*에 접수된 진실 규명 신청이 무려 1만 860건으로, 조사관마다 최소 수백 건씩을 맡았기 때문이다. 6·25전쟁 때의 집단학살이나 군사독재정권 때의 간첩 조작 등 일반인의 관심이 많은 국내 사건이 먼저 다뤄졌다. 이처럼 뒤로 밀리기도 했지만, 한통련 건은 하필 국정원에서 파견 나온 조사관에게 배당됐다. 조사관 중에는 시민단체 활동가 등 민간 출신뿐 아니라 국정원과 검찰, 경찰 등 수사기관에서 파견 나온 사람도 있었다. 조사 업무의 효율성을 높이기 위한 것이었지만, 파견 조사관 중에는 소속 기관의 부끄러운 과거를 드러내는 것을 주저하고 외면하는 경우가 적지 않았다. 의도적이었는지 과다한 업무 탓이었는지 알 수 없지만, 한통련 진실 규명 건 역시 국정원 파견 조사관의 책상 서랍 속에서 오랫동안 묻혀 있었다.

진실 규명 신청을 한 지 2년이 다 된 2008년 8월에야 한통련 건에 대한 조사 개시 결정이 내려졌다. 이명박 정권이 출범한 지도 반년이 지난 때였다. 1기 진실화해위원회 조사관으로 일했던 김영진은 필자와 만나 "재일동포 간첩 사건 몇 건과 한통련 건이 국정원 출신 조사관 손에 들어간 채 나올 생각을 하지 않고 있었다. 민간 출신의 한 조사관이 문제 제기를 해서 뒤늦게 담당을 바꾸는 등 재조정이 됐다"[42]라고 했다.

진실화해위원회가 한통련 건 조사에 본격적으로 나서게 된 또 다른 배경이 있다. 노무현 정부 때 만든 국방부과거사위(위원장 이해동)가

---

* 2005년에서 2010년까지 활동한 진실화해위원회를 1기로 부른다. 2기 진실화해위원회는 2020년 12월에 출범했다.

한통련 건 조사를 진실화해위원회에 요청했기 때문이다. 재일동포 유학생 김정사 간첩조작 사건을 조사한 국방부과거사위는 2007년 11월 '김정사 사건' 조사보고서에서 "한민통의 반국가단체성에 대해서는 중정(정보부)과 검찰에 대한 조사가 필요한데 위원회의 조사 권한과 조사 기간의 한계가 있어 더 이상 조사를 진전시킬 수 없었다"라며 "김정사 사건이 별도로 진정되어 있는 진실화해위원회에서 이 부분에 대한 조사를 기대할 수밖에 없다"라고 밝혔다. 보안사가 김정사를 어떻게 간첩으로 조작했는지에 대해서는 국방부과거사위가 밝혀냈지만, 김정사 사건에서 한민통을 반국가단체로 끼워 넣기 했던 내막은 국방부과거사위 조사로는 한계가 있기에 진실화해위원회가 이 부분을 철저히 조사해달라는 요청이었다. 국방부과거사위는 이러한 요청 사항을 보고서에 담기만 한 게 아니라 진실화해위원회 쪽에 직접 설명하기도 했다. 국방부과거사위 부위원장이었던 이기욱(이인람)은 김정사에 대한 보고서가 나온 뒤 "진실화해위원회 인사들에게 그 맥락과 배경을 설명하면서 조사의 필요성을 강조"[43]했다. 그는 국방부과거사위 활동이 종료된 직후인 2007년 12월부터는 진실화해위원회 비상임위원으로 직접 활동했다.

'획기적 내용' 담은 김정사 보고서

진실화해위원회는 독립된 국가기관이지만, 정권의 성격에 따라 분위기에 상당한 영향을 받았다. 정권에 따라 위원 구성이 달라졌기 때문이다. 1기는 위원장 등 열다섯 명의 위원을 국회(8명)와 대통령(4명), 대법원장(3명)의 추천 또는 지명으로 구성했다. 대통령 몫 네 명에 따라 위원회의 성향이 진보 우세거나 보수 우세가 되는 구조였다. 위원들의 첫 임기 2년이 노무현 정부 말인 2007년 11월에 종료됨에 따라 12월에 위원장이 송기인에서 안병욱으로 바뀌는 등 위원회가 새로 구성됐다. 이 때문에 2009년 11월까지는 이명박 정부 시절이었음에도 진실화해위원회에서 진보 성향의 위원들이 다수를 차지할 수 있었다. 2010년 초부터는 이명박 정부 성향의 위원이 진실화해위원회에서 확실하게 다수를 차지했다. 이 시점을 잘 기억하면서 상황 전개를 따라가 보자.

진실화해위원회는 2008년 초쯤 그동안 흩어져 있던 재일동포 관련 사건들을 집중적으로 다루기 위해 조사 3국에 일본팀을 만들었다. 국정원에서 파견한 조사관이 묵히고 있던 한통련 건도 이때 일본팀으로 넘어왔다. 한통련 건은 김정사 사건과 함께 김영진 조사관에게 이관됐다. 이에 앞서 김정사도 한통련과 비슷한 시기인 2006년 10월에 진실화해위원회에 진실 규명을 신청했다. 김영진은 2008년 3월 일본에서 김정사와 임계성 등 김정사 사건 당사자들을 만난 데 이어 그해 9월에는 곽동의, 김정부, 손형근 등 한통련 인사들의 진술을 청취하는 등 조사에 박차를 가했다. 김정사 사건을 조사한 보고서가 2009년 11월 진실화해위원회 전원위원회에 먼저 올라갔다. 애초 김정사 조사보고서에는 김정사가 보안사와 정보부, 검찰에 의해 어떻게 간첩으로 조작됐는지 그리고 한민통이 반국가단체로 규정되는 과정 및 내용이 비교적 자세하게 적혀 있었다. 진실화해위원회 위원들이 모두 참석하는 회의체인 전원위원회에서 보수 성향의 위원 두세 명이 '그런 내용은 어차피 곧 나올 한통련 보고서에 들어갈 텐데 여기에 왜 넣느냐'고 제동을 거는 바람에 많은 부분이 빠졌다. 그럼에도 김정사 사건 보고서의 첫 머리에 있는 '결정 요지'에는 다음과 같은 문장이 들어가 있다.

5. 이 사건 공판에서 자수 간첩 윤효동은 '한민통이 북한과 조총련의 사주에 의해 조직되어 활동하고 있다, 한민통 조직국장 곽동의를 포섭하여 1970년 4월경 입북시킨 바가 있다'라고 증언하였는데, 윤효동은 중앙정보부에 의해 거물급 간첩으로 조작되었음이 확인되어, 한민통과 곽동의에 대한 윤효동의 공판 증언은 신빙성이 없음이 확인되었다.

6. 사법부는 이 사건 판결에서 처음으로 한민통을 반국가단체로 규정하였는데, 판결문상에 한민통이 반국가단체인 이유나 근거가 나타나 있지 않으며, 단지 "북괴와 조총련의 지령에 의거 구성되고, 자금 지원을 받아 목적 수행을 위해 활동한 반국가단체"라고 규정하고 있을 뿐이다. 한민통이 북한과 연계되어 남한 사회의 체제 전복을 목적으로 국가 변란을 기도하거나 정부를 구성하거나 정부를 사칭한 사실은 확인된 바 없다. 그럼에도 불구하고 이 사건에서 한민통을 반국가단체로 규정하여, 김정사의 간첩 혐의와 중형을 선고하는 근거가 되었다.

7. 이후 이 사건 판결은 김대중 내란음모 '조작' 사건에서 김대중에게 사형을 선고하는 근거가 되는 등 다수의 재일동포와 관련된 「국가보안법」 위반 판결에서 선결례가 되어 유사한 인권침해를 야기하였다.

8. 국가는 수사기관이 수사 과정에서 피의자들에 대해 불법 구금, 고문, 폭행, 협박을 하여 사건을 조작한 점, 검찰이 수사 과정의 불법행위를 묵인하고 수사하지 않은 점, 법원이 증거재판주의를 위배하여 중형을 선고

한 점에 대해 피해자에게 사과하고 화해를 이루는 적절한 조치와 함께, 피해자의 피해와 명예를 회복시키기 위해「형사소송법」이 정한 바에 따라 재심 등의 조치를 취하는 것이 필요하고, 또한 구체적인 반국가행위나 혐의를 적시함이 없이 한민통을 반국가단체로 규정한 잘못을 시정할 필요가 있다.[44]

1978년 김정사 사건 재판 때 한민통을 반국가단체라고 규정한 것은 '잘못'이므로 이를 '시정'해야 한다고 진실화해위원회가 정부에 권고한 것이다. 한통련은 이 보고서에 대해 "획기적 내용이라고 높이 평가하고 정부가 진실화해위원회 권고를 조속히 이행하고, 김정사 씨 등 피해 당사자에 대한 명예 회복과 한통련에 대한 반국가단체 규정을 철회할 것을 요구"[45]했다. 비록 김정사 사건 보고서이기는 하지만, 한통련으로서는 명예 회복으로 가는 절반의 승리였다. 김정사 사건을 다룬 팀과 조사관이 한통련 사건을 담당하고 있으니 곧 나올 한통련 보고서가 이상하게 나올 가능성도 없었다.

한통련의 예상은 틀리지 않았다. 법원이 1978년 한민통에 적용한 반국가단체 규정이 잘못됐음을 밝히는 내용의「한민통 반국가단체 규명사건」보고서가 마침내 완성돼, 2010년 6월 30일 진실화해위원회 전원위원회에 상정됐다. 그 보고서에는 다음과 같은 내용이 들어 있다.

한민통은 민단에서 제명된 세력과 정치인 김대중이 유신정권 반대와 남북통일에 뜻을 같이하여 결성한 조직으로, 주요 활동 내용은 박정희 정권의 장기 집권과 비민주정치에 대한 반대, 민주적 제반 권리 요구, 조국 통일과 재외동포 권리 향상 등으로, 이는 권위주의 체제에 대한 정당한 항거로 볼 수 있다.

한민통 규약과 강령 등에서 「국가보안법」에서 정한 반국가단체로서의 국가 변란의 목적이나 의도를 찾을 수 없고, 한민통이 정부를 참칭하였다거나 지휘통솔 체계를 갖춘 국가조직 체계를 갖추고 있거나, 정부를 사칭하였거나 새로운 정부를 조직한 내용 등의 행위 사실은 일체 찾아볼 수 없다. 따라서 한민통에 대한 반국가단체 규정은 부당하므로 이를 시정할 필요가 있다.

한민통은 반국가단체로 규정됨으로 인해 그 구성원들은 국가로부터 출입국을 거부당하여 수십 년간 귀국하지 못한 사실이 있고, 재외국민으로서의 기본적 권리를 보장받지 못하였고, 간첩 사건의 배후로 지목되는 등 명예를 훼손당한 사실이 있으므로 국가는 이에 대해 사과할 필요가 있다.[46]

'이명박 위원들'이 걷어찬 보고서

이날 진실화해위원회 전원위원회에는 한민통과 관련해 두 개의 안건이 올라갔다. 하나는 한민통에 대한 반국가단체 규정이 잘못됐다는 보고서 원안(제1안)이었으며, 다른 하나는 한민통 건은 진실화해위원회의 조사 대상이 아니기에 각하해야 한다는 각하 안(제2안)이었다. 제2안은 이것이 조사 대상이라는 판단 아래 2008년 8월 조사 개시 결정을 내려놓고 조사가 다 끝난 사안에 대해 뒤늦게 자기 부정을 하는 안건이었다. 이 각하 안은 보고서가 전원위원회에 올라가기 전에 거치는 소위원회에서 느닷없이 나왔다. 주요한 인권침해 사건을 주로 다루는 3국을 관할하는 제3소위원회였다. 제3소위원장은 2010년 2월 임기가 끝난 민주당 추천의 김준곤 대신 한나라당(국민의힘 전신) 추천을 받은 정승윤*으로 바뀌었다. 서울남부지검 검사 출신으로 부산대학교 법학전문대학원 교수였던 정승윤은 「뉴라이트재단」 이사 등 이른바 신보수운동에 앞장선 인물이었다.

소위원회는 전원위원회에 올릴 의안을 사전 심의하고 조정하는데, 대개는 보고서의 일부 내용을 수정하거나 보완하는 정도에 그친다. 그러나 한민통 건은 소위원회에서 진실화해위원회의 조사 대상이 아니라는 '근본적인' 반대에 부딪혔다. 정승윤 등 보수 성향의 위원들이 이런 주장을 폈다. 각하론의 가장 큰 이유는 한민통 건은 「진실·화해를 위한 과거사정리 기본법」에 규정된 시기에 해당하지 않는다는 것이었다. 법에는 "일제강점기 직전부터 권위주의 통치 시기"까지 일을 다루도록 규정돼 있는데, 한통련이 주장하는 인권침해 사안 중 하나인 여권 발급 거부는 2002년까지 계속됐던 사안으로 법이 정한 시기와 다르다는 것이다. 또 한통련에 대한 여권 발급은 노무현 정부 때부터는 이뤄지고 있으니 중대한 인권침해를 당한 것이라고 볼 수 없기에 진

* 정승윤은 2008년 총선 때 한나라당 후보로 부산 금정구에 출마하는 등 끊임없이 정치권 진출을 꾀했다. 지난 대선 때는 윤석열 대선후보 「선거대책위원회」(정책본부공정법치분과위원장)에서 "오또케"라는 여성 비하 용어를 사용했다가 해촉됐으나, 「대통령직인수위원회」 정무사법행정분과 전문위원을 거쳐 2023년 1월 「국민권익위원회」 부위원장에 임명됐다.

실화해위원회의 조사 대상이 안 된다고 주장했다. 그러면서 이들은 '어차피 소위원회에서는 단일안으로 합의를 보기가 어려울 테니 진실 규명을 하자는 보고서 원안과 각하 안 두 가지를 모두 전원위원회에 올리자'고 했다. 3소위원회에 속했던 이기욱(이인람)은 "소위원회에서는 치열한 토론이 전혀 이뤄지지 않았다. 일부 위원이 완강하게 각하를 주장하면서 전원위원회에서 논의해보자고 해서 그냥 두 안이 올라 갔다"라고 말했다.[47]

이 시점은 7개월 전 김정사 사건 보고서를 처리하던 때와는 진실화 해위원회의 구성이 완전히 달라져 있던 때였다. 2009년 말과 2010년 초에 걸쳐 2년의 임기가 끝난 위원들이 대거 교체됐기 때문이다. 여야 정당 추천과 대법원장(당시 이용훈) 추천 몫의 위원들은 진보-보수 비율이 이전과 같았지만, 대통령 추천 위원 네 명은 전원 보수 일색이 된 것이다. 이에 따라 열다섯 명 위원 가운데 보수 성향이 과반을 차지했다. 위원장도 2009년 12월 진보 성향의 안병욱이 물러나고 보수 성향의 이영조로 바뀌었다. 이영조는 보수 성향의 사회단체인 「바른사회 시민회의」 사무총장 등을 지냈으며, 2005년 말 한나라당 추천으로 진실화해위원회 상임위원으로 일했다. 그 역시 정승윤 못지않게 정치 지향적 인물이다. 2004년 총선 때 한나라당 공천 신청을 했다가 탈락했으나, 2012년에는 서울 강남을의 새누리당(한나라당 후신) 후보로 전략 공천을 받았다. 그가 공천을 받자,「역사정의실천연대」와「전국민족민주유가족협의회」,「한국전쟁전후민간인피학살자전국유족회」 등 과거사 관련 시민단체가 반대 성명을 내는 등 사회적으로 큰 반발이 일어 났다. 과거사 관련 시민단체의 당시 기자회견은 그가 진실화해위원장으로서 어떤 전횡과 언행을 했는지를 잘 보여준다.

이영조 씨는 2010년 10월 국가 예산을 들여 미국에서 급조해 개최한 국
제 심포지엄 발표문에서 이승만 정권에서 일어난 '반민특위의 습격과 와
해'라는 현대사의 씻을 수 없는 비극에 대해 이승만이 국가 기반을 닦고
공산주의로부터 국가를 지키기 위한 시급함 때문이었다는 궤변을 서슴
지 않고, 국가가 공식적으로 정리한 5·18민주화운동과 제주4·3항쟁을
'민중반란', '공산주의 세력이 주도한 폭동'이라 칭하며 천박한 역사의식
으로 광주시민과 제주 시민의 가슴에 씻을 수 없는 못을 박았다.
그는 취임하자마자 진실위* 활동을 세계에 알리는 3주년 영문 책자의 배
포를 금지함으로써 진실위 활동이 국제적으로 알려지는 것을 은폐하였
다. (…) 2010년 11월에는 이미 진실위 전원위원회에서 진실 규명으로
의결된 '포항 미군 사건'에 대해 전원위원회의 결의를 뒤집고 임의로 번
복하여 진실 규명 불능으로 결재해 다시 물의를 일으켰다. (…)[48]

여론 악화에 부담을 느낀 새누리당은 결국 이영조의 공천을 전격적
으로 취소했다.
한민통 건은 2010년 6월 30일 점심시간이 임박해서야 진실화해위
원회 제139차 전원위원회에 상정됐다. 회의록과 참가자들의 증언을
바탕으로 논의 내용을 구성해보면 이렇다. 회의는 처음부터 '반칙'이
있었다. 정식 토론과 표결권은 열다섯 명의 위원에게만 있으며, 회의

---

* 　진실화해위원회를 더 줄인 말.

배석자인 국장이나 조사관 등은 발언권이 없다. 그런데도 1안이 논의에 부쳐진 뒤 첫 발언은 배석자인 정책보좌관 박길용이 했다. 파견 검사였던 박길용은 "여권 발급을 못 받는 것은 부당한 인권침해라고 보기 어렵다"라거나 "법원에서 일관되게 한민통을 반국가단체로 인정하고 있는데 진실화해위원회가 그 이적성 여부를 다시 판단하는 것은 맞지 않는다", "법원의 판단을 번복해서는 안 된다고 개인적으로 생각한다"라고 말했다. 발언권 없는 보좌관이 공식 회의석상에서 요청받지도 않은 자신의 견해를 위원들에게 밝혔음에도 아무런 주의를 받지 않았다. 이후 본격 토론에서는 이기욱(이인람)과 정승윤이 진실 규명 찬성과 반대 의견으로 서로 맞섰다.

> 한민통을 반국가단체로 규정하려면 소위 단체의 강령이나 규약 또는 활동 내용이 어떠하기 때문에 반국가단체라고 설시가 되어야 되는데 1978년 판결문에는 그런 것이 없다. 김대중 씨를 정적으로 여긴 박정희 대통령이 그를 제거하기 위해서 한민통을 반국가단체로 규정했다고 판단한다. 실제로 1980년 김대중 씨가 사형선고 받은 것은 내란음모가 아니라 반국가단체 수괴 혐의 때문이었다.
> 반국가단체와 이적단체는 아주 다르다. 법원에서 당신들은 이적성이 있는 이적단체 정도는 되는 것 같다고 하면 어쩔 수 없는 것이지만, 반국가단체는 아니라는 것은 그들의 강령이나 규약, 활동으로 봐서 명백하다. 국내에 있지 않고 해외에 있는 사람들이어서 이 문제가 아직 해결이 안 됐는데 진실화해위원회가 아니면 이것을 해결해줄 데가 없다. (이기욱)

김정사 사건과 달리 이 건은 특정인의 인권침해 등 구체적인 사건이 있는 것이 아니고 한민통의 성격을 규정하는 것이기에 학술적인 성격이 강하다. 한민통의 성격을 규명하려면 그들이 어떤 목적에서 결성됐고 그 자금은 어디에서 나왔고, 구성원들이 어떤 성향의 사람들이며 그들이 한 활동은 어떤 성격의 것인지 등을 전체적으로 조사해야 하는데 그들이 일본에 있기 때문에 그것은 불가능하다. 그런 면에서도 진실 규명을 하기에는 부적절하다. 또 이분들에 대한 인권침해는 과거에만 있었던 것이 아니라 앞으로도 인권침해를 당할 우려가 있기 때문에 우리 위원회의 조사 대상이 아니라고 본다. (정승윤)

이 사람들의 국적이 대한민국이어서 우리나라 국민이다. 그러면 고국에 왔다 갔다 할 수 있어야 하는데 반국가단체로 묶여서 참여정부 이전까지는 여권이 안 나왔다. 그때까지 「헌법」상 거주 이전의 자유를 침해당했다. 또 이 사람들이 집회를 한다든지 하면 전부 잘못된 행위로 규정이 되기에 집회결사의 자유도 침해받았다. 이렇게 우리 국민으로서 인권침해를 받은 부분이 있다. (이기욱)

이것에 대한 논의는 무슨 사건이 있고 그것이 인권침해냐 아니냐가 아니라 단체의 성격에 반국가성이 있느냐, 이적성이 있느냐는 형태로 될 수밖에 없다. 그렇다면 이건 개별 사건을 놓고 다퉈야지 포괄적으로 반국가단체인가 아닌가로 따지는 것은 맞지 않다. 한민통의 성격을 다루려면 그것이 어떤 단체인지를 규정해야 하는데 우리 위원회가 하는 것은 적절하지 않다. (정승윤)

진보 박상훈, 보수 허동현의 엇갈린 표결

이기욱(이인람)은 박정희 독재정권 때 아무런 근거나 증거도 없이 한민통을 반국가단체로 규정한 것은 국가의 횡포이자 구성원에 대한 인권침해이기에 그 잘못을 바로잡아야 한다는 주장을 거듭 폈다. 반면에 정승윤은 한민통이 반국가단체냐 아니냐를 따지는 것은 학술적 영역이라면서 과거사를 다루는 진실화해위원회의 조사 대상이 아니라는 논리로 맞섰다. 두 사람이 평행선을 달리자, 이영조 위원장은 한민통 보고서에 대한 사전 검토 책임을 맡았던 허동현의 의견을 물었다. 경희대학교 교수 허동현은 뉴라이트 성향의 역사학자로, 한나라당 추천을 받은 인물이었다. 그는 "중대한 인권침해냐 아니냐는 것을 살펴보면 기본권을 침해한 것이 사실이다. 이 안건은 진실을 밝히는 측면보다는 화해라는 측면에서 접근하는 게 적절한 것 같다"라며 참석자들의 예상과 달리 1안인 진실 규명의 손을 들었다. 허동현에 이어 발언에 나선 전남대학교 법학전문대학원 교수 정병석도 진실 규명의 필요성을 역설했다.

제2안을 각하해야 한다는 첫 번째 이유는 '구체적인 인권침해가 없다'는 것이고, 두 번째 이유는 '헌정질서 파괴행위 등 위법하거나 현저히 부당한 공권력의 행사가 있었던 것으로 보기 어렵다'는 것이다. 여기에 동의할 수 없다. 한민통 문제는 「진실화해위원회기본법」 제2조 4호에 있는 "헌정질서 파괴행위 등 위법 또는 현저히 부당한 공권력의 행사로 인하여 사망, 상해, 실종 사건, 그 밖에 중대한 인권침해 사건과 조작 의혹 사건" 가운데 조작 의혹 사건의 대표적인 예라고 본다. 구체적인 인권침해도 있지만, 기본적으로 한민통 결성의 배경이 된 김대중 씨와 관련된 인물들을 반국가단체로 몰기 위해서 의도적으로 조작된 사건으로 본다. 그러기에 우리 위원회의 대상이 된다.

법원의 판단을 존중해야 된다고 보좌관이 얘기했는데 법원은 당시에 김정사 사건에서 한민통을 반국가단체라고 하면서도 실제로는 제대로 다루지도 않고 판결문에 넣었다. 그 이후 법원에서는 이 문제를 정면으로 다룬 적이 없다. 정부에 의한 조작 의혹 냄새가 진한 그런 사건이기에 기각한다는 것은 있을 수 없다.

정병석이 이처럼 진실 규명에 대한 찬성을 논리적으로 피력하자, 의외의 인물에게서 의외의 논리로 각하론이 나왔다. 법원 내 진보적 연구 모임인 「우리법연구회」 회장을 지냈으며, 이용훈 대법원장이 위원으로 추천했던 박상훈이었다.

여기 보고서에는 한민통 구성원이 직접적으로 재판받은 적이 없으니까 우리가 한번 직접적으로 해결해주자는 뉘앙스가 있다. 그런데 김정사 사건이 법원에서 재심을 받을 때 한통련이 반국가단체인지 여부를 법원에서 판단하지 않을까 싶다. 김정사 사건에서는 그가 반국가단체 구성원과 회합하고 통신했다는 것이 중심 문제였기에 재심을 하게 되면 한민통이 반국가단체인지 여부를 당연히 판단할 것이다.

김정사 재판에서 다루면 될 사안이니만큼 진실화해위원회에서는 군이 진실 규명 보고서를 채택할 필요가 없다는 주장이었다. 판사들이 얼마나 권력의 눈치를 보는지 누구보다 잘 알 만한 사람이 판사에게 맡기자면서 각하론의 손을 들었다. 박상훈의 발언을 끝으로 토론은 마무리되고, 1안에 대한 표결에 들어갔다. 이날 참석 위원 열네 명 중에 '한민통 반국가단체 규명 사건'에 찬성한 사람은 김외숙, 윤병선, 이기욱(이인람), 이상환, 정병석, 허동현 여섯 명이었다. 이 가운데는 보수 쪽 위원도 두 명 있었다. 허동현과 자유선진당이 추천한 윤병선 건국대학교 경제학과 교수였다. 김외숙은 대법원장, 이상환은 민주당 추천을 받았다.

이어 2안인 각하에 대한 표결에서는 강규형, 김민호, 김용직, 김현태, 박기동, 박상훈, 이영조, 정승윤 여덟 명이 찬성했다. 왜곡된 역사의식으로 논란을 빚은 『대안교과서 한국 근·현대사』를 펴낸 「교과서포럼」 운영위원 출신의 강규형 명지대학교 교수, 『대안교과서 한국 근·현대사』 집필진이었던 김용직 성신여자대학교 교수, 보수 성향의 「바른교육실천행동학부모위원회」 위원장을 지낸 김민호 성균관대학교 법학전문대학원 교수 등은 이영조, 정승윤과 함께 내로라하는 우파투사였다. 부장판사 출신 박기동 변호사는 한나라당 추천 위원이었다. 그래서 박상훈이 던진 '한통련 진실 규명 반대', 즉 각하 찬성표는 더 이채롭다.

결국 이명박 시대의 진실화해위원회는 재일 한국인의 민주단체인 한민통(한통련)에 대한 진실 규명을 거부했다. "왜곡되거나 은폐된 진실을 밝혀냄으로써 민족의 정통성을 확립하고 과거와의 화해를 통해 미래로 나아가기 위한 국민 통합에 기여"해야 하는 자신들의 설립 목적과 취지를 외면한 결정이었다. 한통련은 즉각 "각하 결정을 용인할 수 없다"라며 진실화해위원회에 이의 신청을 했다.

한통련을 아무런 근거 없이 '반국가단체'로 조작한 대법원의 '판시'는 그 것만으로도 중대한 인권침해이며 무엇보다도 한통련에 대한 명예훼손 에 해당합니다. 「결정통지서」와 함께 첨부한 귀 위원회의 「조사 개요」를 정독해보면 당연히 '한통련에 대한 반국가단체 규정은 부당하다'는 판정 이 나올 것입니다. 그럼에도 불구하고 귀 위원회가 그러한 정당한 판정 을 내리지 않은 배경에는 보수 정권의 영향 아래서 적절하지 못한 정치 적 판단이 있었다고밖에 달리 생각할 수 없습니다.

실제로 한통련에 대한 인권침해 사례는 존재하고 있습니다. 대법원이 78 년 한민통에 대한 부당한 반국가단체 규정으로 명예가 훼손된 한통련의 손실은 막대합니다. 이 부당한 규정으로 한통련 구성원은 근 30년 동안 한국 정부의 여권 발급을 거부당했으며 동시에 한통련과 회원 단체가 실 시하고 있는 재일 한국인을 위한 민족교육 사업에 대한 국가의 각종 지 원을 거부당했습니다. (…)

이와 같이 한통련에 대한 부당한 '반국가단체' 규정으로 지금까지 인권 침해가 빈번히 발생한 것은 부정할 수 없는 사실이며, 앞으로도 인권침 해가 다발할 가능성이 클 것으로 예측됩니다. 이상과 같은 이유로 한통 련은 귀 위원회의 '각하 결정'을 용인할 수 없으며, 이의를 제기하는 바입 니다.[49]

이에 대해 진실화해위원회는 그해 10월 "진실화해위원회는 결정

과정에서 (한통련의 인권침해 주장 등) 이에 대한 검토와 여러 논의를 거쳐"
그렇게 "판단한 것이며, 위원회의 이러한 결정을 번복할 만한 새로운
증거들도 추가 제출된 바 없다"라며 한통련의 이의 신청을 받아들이
지 않았다.

한통련이 「이의신청서」에서 예상한 대로 이후 한국 정부는 한통련
의장 손형근에게 여권 발급을 거부했으며, 다른 회원들에게는 10년짜
리 여권이 아닌 1년이나 3년, 5년짜리 여권을 차별적으로 발급했다.
또 1장에서 살펴본 허경민의 경우처럼 한통련 회원이라는 이유로 사
업상 불이익을 받는 사례도 나왔다.

2기 진실화해위원회도 1기 꼴 나려나

긴 인고의 시간을 보낸 한통련은 2기 진실화해위원회가
2020년 12월에 출범하자, 자신들이 당하는 인권침해에 대한 진실을
밝혀달라는 신청서를 2021년 9월 다시 제출했다. 2기 진실화해위원
회 역시 1년 가까이 감감무소식으로 있다가 이듬해 9월에야 조사관
에게 한통련 건을 배정하고는 진정인의 대리인인 임종인과 한홍구를
상대로 첫 예비조사를 했다. 담당조사관은 그때까지 기초적인 내용도
전혀 파악하지 못한 상태였다. 진실화해위원회는 2022년 11월 한통
련 건을 다른 조사관에게 재배정했다. 그러나 한통련은 걱정이 더 크
다. 윤석열 정부의 출범으로 2기 진실화해위원회에서도 1기 진실화해
위원회와 같은 일이 반복될지 모른다는 우려 때문이다. 2기 진실화해
위원은 아홉 명으로 줄었지만, 대통령과 여당 몫의 위원이 무조건 다

수를 차지하게 돼 있다. 대통령이 한 명, 대통령 소속의 정당이 네 명을 추천하도록 법에 규정돼 있기 때문이다. 이에 따라 2022년 말부터 2023년 초 2년 임기의 새 위원이 임명되면서 위원회는 보수 성향이 우세해졌다. 더구나 윤석열 대통령과 여당이 추천한 위원들은 '건전' 보수가 아니라 극보수로 분류되는 사람들이다.

정근식 후임으로 위원장이 된 김광동의 활동 궤적은 1기 때의 이영조를 빼닮았다. 뉴라이트 활동을 열심히 했던 김광동은 『대안교과서 한국 근·현대사』 집필에도 참여했다. 그는 보수 성향 언론 매체인 《미래한국》에 기고한 칼럼에서 '5·16이란 4·19를 계승한 민족 근대화 혁명'이라고 했고, 한 공청회에서는 제주4·3사건을 '남조선노동당을 중심으로 한 공산주의 세력에 의한 폭동'이라고 주장해 물의를 일으키기도 했다. 또 "과거를 파헤치는 모든 권력은 실패한다. 우리는 김영삼 정부의 '역사 바로 세우기'는 물론 김대중 노무현 정부 10년 동안 과거사 진상 조사를 수도 없이 되풀이했다. '진실과 화해'라는 명목으로 스무 개 가까운 과거사 진상조사위가 작동되었고 정치권력의 뜻에 따라 과거사를 사법 심판도 없이 재단했다. 결과는 모두 참혹한 종말이었다"[50]라며 과거사 진실 찾기 자체를 부정하는 인물이다.

변호사 출신의 차기환 역시 왜곡되고 편향된 생각을 가진 극보수 인물이다. 그는 2012년 자신의 트위터 계정에 '경악! 북한군 광주 5·18 남파 사실로 밝혀져'라는 제목의 《뉴스타운》기사를 공유하는 등 5·18민주화운동을 폄하해왔다.[51] 또 세월호 유가족인 유민 아빠 김영오 씨의 단식투쟁을 비하하는 '일베' 게시 글을 자신의 SNS에 올리는 등 피해자 가족을 비난했으며, 「4·16세월호참사특별조사위원회」('세월호특조위') 비상임위원 시절 세월호특조위 활동을 고의로 방해했다는 의혹을 받기도 했다. 이처럼 편향적인 이념과 과거사를 왜곡하는 인사들이 다수가 된 2기 진실화해위원회가 한통련에 대한 진실 규명을 제대로 내놓을지는 의문이다. 한통련 사람들은 1기 때의 허동현, 윤병선처럼 편견 없이 잘못된 '과거'를 바라보는 합리적 보수가 2기 진실화해위원회에 더 많기를 바라고 있다.

법원,
비겁하거나
게으르거나

한민통(한통련)을 「국가보안법」에 따른 반국가단체로 교묘하게 몰아간 것은 정보부와 검찰이었으나, 이를 법적으로 승인하고 굳힌 것은 법원이었다. 법원은 1978년 김정사 사건에서 어이없게 한민통을 반국가단체라고 판시했을 뿐 아니라, 이후 여러 재판에서도 '한민통=반국가단체'라는 규정을 아무 의심 없이 수용했다. 잘못 끼운 첫 단추를 바로잡을 기회가 두 차례 있었지만, 두 번 다 한민통 문제를 정면으로 다루지 않고 슬쩍 피해갔다.

제2장에서 살펴본 것처럼 법원은 김정사 사건을 사실상 정보부가 요구하는 대로 판결했다. 1심(재판장 허정훈)은 특히 검찰 공소장을 거의 그대로 판결문에 옮겨 적을 정도로 '주문' 판결에 충실했다. 1심은 한민통의 강령과 규약이 뭔지, 그들의 활동이 진짜로 반국가적인지, 이를 뒷받침하는 증거가 있는지 등을 면밀히 따져보지도 않았다. 정보부

가 낸 허점투성이의 영사증명서와 윤효동의 일방적 주장만으로 기껏해야 반정부 활동을 해온 민주단체에 반국가단체라는 무시무시한 굴레를 씌웠다.

엄밀히 보자면 1심 판결문에는 '한통련은 반국가단체다'라고 판정하는 문구나 내용이 하나도 없다. 김정사의 간첩 배후로 지목된 재일동포 임계성이 어떤 인물인지를 설명하는 대목에서 "북괴 및 「재일조선인총연합회」의 지령에 의거 구성되어 그 자금 지원을 받아 그 목적 수행을 위하여 활동하고 있는 반국가단체인 재일 「한국민주회복통일촉진국민회의」의 간부 겸 대남 공작지도원"이라는 구절이 있을 뿐이다. 공소장에 있는 문장 그대로인데 문안 자체를 보면 재판부의 자체 '판단'이 아니라 재판 이전에 '이미' 확정돼 있었던 결정이다. 물론 재판 이전에는 그런 규정, 즉 판례가 전혀 없었다. 그만큼 1심 재판은 엉터리였다. 2심이나 대법원도 김정사의 혐의를 인정해 유죄판결을 내리면서도 한민통과 관련해서는 별다른 '판단'을 전혀 하지 않았다. 판단은커녕 한민통의 성격에 대한 고심도 없었던 대법원의 김정사 사건 판결로 인해 한민통은 슬그머니 반국가단체로 만들어지고 말았다.

하자 많은 대법원의 한통련 판례

김정사 사건의 1심과 2심, 3심 재판부는 자신들의 재판이 한민통을 반국가단체로 만들고 있다는 의미를 몰랐을까? 김정사 공소장에 한민통의 혐의가 명시적으로 적히지 않은 채 지나가는 말처럼 "반국가단체인 재일 「한국민주회복통일촉진국민회의」"라는 짧은 표현이 슬쩍 끼워져 있었기에 수사기관이 노리는 바가 뭔지를 법원이 몰랐던 걸까? 그럴 리 없다. 1심 재판부가 윤효동을 법정에 불러 김정사의 혐의와 관계가 없는 내용, 즉 한민통의 성격에 대한 증인 신문을 한 걸로 봐서 최소한 1심은 수사기관이 추구하는 목표를 충분히 알았을 것이다. 2심과 3심 재판부도 김정사 사건 재판 뒤에 도사린 노림수를 알 수밖에 없었다. 1심 판결 뒤에 '한민통이 반국가단체로 처음으로 규정됐다'는 판결 해설이 언론에 일제히 보도됐기 때문이다. 그런데도 2심과 3심의 판사들은 여전히 한민통의 이적성 여부에 대해서는 법정에서 따지지 않았다. 2심과 3심 판결문에는 '한민통'이라는 단어 자체도 없다. 검찰은 대법원에서 김정사의 유죄가 확정된 뒤 기다렸다는 듯이 "대법원이 한민통을 반국가단체로 인정했다"라면서 언론플레이를 했다. 전체 시나리오는 정보부가 짰겠지만, 법원 역시 독재정권이 꾸민 사기극에서 자신의 역할을 충실하게 수행했다.

이후 법원은 논리도 근거도 없는 '한민통=반국가단체'론을 대법원 판례라며 아무런 고민 없이 받아들였다. 첫 번째 적용은 1980년 김대중 내란음모 사건이었다. 김대중이 사형을 선고받았던 것은 내란음모 혐의가 아니라 한민통 의장, 즉 반국가단체의 수괴라는 죄목 때문이었다. 1심과 2심은 상명하복이 중심 규율인 군인이 재판장을 맡은 군법회의였다. 군법회의였지만, 내용이 워낙 중요했던 만큼 1심과 2심에서는 한민통이 과연 반국가단체인지 등에 대해 치열한 법정 공방이 벌어졌다. 김대중과 변호인들은 '한민통은 대한민국 지지를 기본 정책으로 내걸고서 조국의 민주 회복과 평화통일을 달성하기 위해 결성된 단체로서 반국가단체가 결코 아니'라면서 기소 내용을 반박했다. 그러나 신군부의 하수인인 군검찰은 1978년 김정사 재판 때처럼 주일 한국대사관의 영사증명서와 윤효동을 또다시 법정에 등장시켜서 한민통은 반국가단체라는 주장을 폈다. 결국 육군 소장 유근환이 재판장을 맡은 육군계엄고등군법회의는 1980년 11월 판결에서 "한민통 일본본부의 조직 구성원, 기관지 및 활동 상황 등을 전체적으로 평가할 때 한민통 일본본부가 대외적으로는 대한민국 지지라는 정책을 내걸었다 하더라도 이는 어디까지나 활동의 편의를 위한 선전적 명분에 불과하고 그 내부의 진정한 목표는 대한민국의 변란을 목적으로 한 것이었다고 보여지므로 한민통 일본본부가 반국가단체라 함을 인정한 원심은 정당하다"[52]라고 밝혔다. 대법원(재판장 이영섭) 역시 열세 명의 대법관 판사 전원일치로 한민통의 반국가단체 규정을 그대로 받아들였다. 1981년 1월 김대중에 대한 대법원 판결문 중 한민통 관련 부분은 다음과 같았다.

「한국민주회복통일촉진국민회의」 일본본부는 정부를 참칭하고 대한민국을 변란할 목적으로 불법 조직된 반국가단체인 북괴 및 반국가단체인 「재일조선인총연합회」의 지령에 의거 구성되고 그 자금 지원을 받아 그 목적 수행을 위하여 활동하는 반국가단체라 함이 본원의 견해로 하는 바이요.[53]

김대중 내란음모 사건 때 대법원이 '한민통=반국가단체'론을 "본원의 견해"라고 밝힌 뒤 이후 한민통(한통련) 관련 사건에서는 붕어빵 찍어내듯 판결문이 쓰였다. 김대중 사건 자체가 전두환 일파의 신군부에 의해 완전히 조작됐고 재판 역시 신군부의 각본에 따른 것이었지만, 법원은 이후 한민통(한통련) 관련 사건 때마다 1980년 김대중 재판 때의 한민통 판결 공식을 그대로 따랐다.

판례에 기댄 찍어내기 판결들

1989년 문부식의 「한미연구소」 사건과 김현장·김영애 부부 사건을 시작으로 해서 1993년 김삼석·김은주 남매 간첩 사건, 1994년 이화춘 사건과 광주시의원 이윤정 사건이 대표적이다. 1999년 모녀 간첩 사건과 2007년 이시우 사건에서도 한통련에 대한 기존 판례를 그대로 따랐다.

문부식의 「한미연구소」 사건, 김현장·김영애 부부 사건은 한민통(한통련)과 연락을 주고받은 것을 「국가보안법」 위반이라면서 처벌한 첫 사례였다. 1982년 부산 미국문화원 방화 사건으로 오랫동안 실형을 살았던 문부식과 김현장 두 사람은 1989년 각각 다른 사건으로 구속기소 되는데, 두 사건에 모두 한민통이 등장한다. 먼저 문부식의 경우는 그가 미국 문제를 공부하기 위해 설립하려던 「한미연구소」라는 단체가 이적단체라면서 안기부에 의해 구속됐다. 그와 함께 「한미연구소」를 운영하기로 했던 세 명도 같은 혐의로 구속됐는데 재야단체인 전민련의 국제협력국 간사인 고현주가 그중 한 명이었다. 고현주는 전민련에서 '범민족대회'를 추진하면서 한민통의 배동호, 김은택 등으로부터 '범민족대회' 일본대책위 구성과 관련한 문건 등을 팩스로 받았는데 그것이 반국가단체와의 통신죄라는 것이었다. 「한미연구소」사건 관련자 네 명은 모두 실형이 확정돼 옥살이를 했다. 1990년 5월 대법원(이회창(재판장), 김상원, 김주한)은 문부식 사건 판결에서 한민통과의 팩스 통신을 불법으로 판단하면서 "'한민통'이라 불리는「한국민주회복통일촉진국민회의」의 일본본부는 원심 판시와 같은 이유에서 반국가단체라 할 것이고 '한통련'은 1989년 2월 12일 위 '한민통'의 구성원들이 이를 발전적으로 개편하여 그 명칭만을 바꾼 것에 불과하여 역시 반국가단체에 해당함을 알 수 있는바, (…) 피고인은 반국가단체와의 통신연락죄의 죄책을 면할 수 없다 할 것이니 같은 취지의 원심의 판단은 옳고, 따라서 이 점에 관한 논지도 이유 없다"[54]라고 적었다.

1989년 8월 안기부에 의해 구속된 김현장과 그의 부인에게 씌워진 주요 혐의 중 하나는 한민통(한통련)과 통신을 했다는 것이었다. 전민련 국제협력국장인 김현장은 당시 큰 사회적 이슈였던 조선대학생 이철규 변사 사건과 관련해 연대투쟁을 위해 한민통의 배동호, 곽동의 등과 팩스로 회의 결과 등을 주고받았는데 이것이「국가보안법」위반이라는 것이었다. 1990년 10월에 나온 대법원(김용준(재판장), 박우동, 이재성, 윤영철)의 한민통에 대한 판단은 5개월 전에 있었던「한미연구소」때와 동일했다.

> 원심이 종전의 한민통이 북한 및 조총련의 지령에 따라 구성되었다가 1989년 2월 12일 그 단체 구성원들이 이를 개편하면서, 명칭만을 바꾸었을 뿐 아무런 실체에 변동이 없다는 점을 들어 이를 반국가단체로 인정한 것은 수긍이 가며 그 사실 인정에 사실 오인의 잘못이 없다.

그리고 현재까지 「국가보안법」이 그대로 시행되고 있는 이상 비록 한통련 주요 간부들의 '범민족대회' 참석을 위한 입국이 허가되었다고 해서, 위 단체에 대해 「국가보안법」 적용을 면제 내지 유보하겠다는 법 집행의 관행이 생겨난 것이 아니니 위 단체를 여전히 반국가단체로 볼 수밖에 없다.[55]

위 두 사건에서는 피고들이 팩스 등을 통해 한통련과 통신했던 것이 문제가 됐다면, 1993년 안기부에 의해 구속된 이른바 김삼석·김은주 남매 간첩 사건은 피고들이 일본에서 한통련 간부 등과 직접 만난 것을 문제 삼았다. 반핵평화운동가인 김삼석은 일본에서 어학연수 중이던 동생 김은주와 함께 도쿄에서 이좌영 등 한통련 인사를 만나 자신이 쓴 「청년과 군대」 등의 책자를 주고, 번역 출판료 명목으로 50만 엔을 받았다. 서울고법 제3형사부(고현철(재판장), 조병훈, 김기원)는 두 사람에게 1990년 문부식 「한미연구소」 사건의 대법원 판례를 들어 유죄를 선고했다. 즉 "한통련은 과거 한민통 일본본부의 구성원들이 1989년 2월 12일 그 명칭만을 바꾸고 발전적으로 개편한 것으로서 「국가보안법」상의 반국가단체인 북한 및 역시 같은 반국가단체인 조총련의 지령에 의거 구성되고 그 자금 지원을 받아 그 목적 수행을 위하여 활동하는 반국가단체에 해당한다. 따라서 이와 다른 견해에서 한통련이 「국가보안법」상의 반국가단체가 아니라는 주장도 이유 없다"[56]라고 밝혔다. 2016년에 열린 김삼석·김은주 남매의 재심에서도 서울고법 제1형사부(이승련(재판장), 김무신, 이숙연)는 "대법원은 이와 같이 (1990년 두 판례) 한통련을 반국가단체로 인정한 이래 현재에 이르기까지 일관하여 반국가단체로 판시하고 있는 점 (…) 등에 비추어보면 한통련은 여전히 반국가단체로서의 성질을 가진다고 할 것"[57]이라고 밝혔다.

일본에서 재일동포 숙부인 이좌영을 여러 차례 만나고 생활비 등을 받아 썼다가 간첩죄 등으로 1994년 구속돼 7년형이 선고된 이화춘 사건에서도 한통련이 주된 내용으로 등장했다. 이좌영은 1974년 울릉도 간첩단 조작 사건의 총책으로 지목된 인물로 한통련의 간부로 있었다. 따라서 이좌영을 만나서 돈을 받은 것은 「국가보안법」 위반이라는 주장이었다. 광주고등법원 형사부(권남혁(재판장), 노영대)는 1995년 6월 판결에서 "한민통이 명칭만을 한통련으로 바꾸었을 뿐 실체에 변동이 없이 유지되고 있으며, 그 노선, 활동 등에 비추어보면 반국가단체라고 할 것"이라고 했다. 이는 1990년 대법원의 김현장·김영애 부부 사건 판결문 등을 그대로 따른 내용이다.

또 1994년 8월의 광주시의원 이윤정* 사건도 마찬가지다. 이윤정은 일본에서 한통련 부의장이던 곽영문 등과 만나 국내 재야단체에서 나온 책자를 건네주고 곽동의가 쓴 『조국통일론』 등을 받아왔으며, 선거용으로 일부 자금 지원을 받은 것이 문제가 돼 3년 6월의 실형을 선고받았다. 대법원(이돈희(재판장), 김석수, 정귀호, 이임수)은 1995년 6월 판결에서 "약칭 한민통은 (…) 그 명칭만을 한통련으로 변경하였음을 알 수 있으므로, 한통련 역시 반국가단체라고 아니할 수 없다"[58]라고 밝혔다.

---

*   1980년 광주에서 5·18투쟁에 앞장서는 등 민주화운동과 통일운동에 매진했던 이윤정은 암 투병 중 2023년 2월 숨졌다.

1999년에 구속기소 됐던 이른바 '모녀 간첩 사건'에서도 한통련 간부와 만난 것이 핵심 혐의였다. 딸이 일본에 어학연수를 갔을 때 어머니는 지인으로부터 소개받은 곽영문 한통련 부의장에게 딸의 체류비 등 여러 도움을 받고 연락을 주고받았다가 간첩 혐의로 구속됐다. 서울고법 형사5부(재판장 이종찬)는 간첩행위에 대한 엄격한 해석으로 2000년 10월 무죄를 선고했으나, 대법원(이용우(재판장), 서성, 배기원, 박재윤)은 2003년 6월 '피고가 한통련 부의장인 곽영문을 여러 차례 만나고 곽동의에게 직접 『조국통일론』을 받은 점' 등을 들어, 유죄 취지로 재판을 다시 하라고 서울고법에 내려보냈다.

국가기밀 탐지·누설 등 간첩 혐의로 2007년 구속됐던 평화운동가 이시우 사건에서도 한통련 간부와 만난 것(반국가단체와의 통신 회합죄)이 여러 죄목 가운데 하나로 들어 있었다. 이시우 사건은 1심부터 3심까지 줄곧 무죄로 판결 났던 데서 알 수 있듯이 애초부터 기소권 남용이라는 비판을 받았다. 이시우가 '6·15남북공동선언 2주년 기념행사'의 일환으로 일본에서 열린 비무장지대 사진전과 강연회에 갔다가 한통련 간부인 강춘근과 총련 쪽 인사 등을 잠깐 만나 인사를 나눴던 것을 문제 삼은 것이었다. 서울중앙지법(한양석(재판장), 최웅영, 김원목)은 2008년 1월 "강춘근 등과의 만남이 의례적, 사교적 차원을 넘어서서 어떤 목적 수행을 위한 일련의 활동 과정에서 이루어진 것이라고는 인정할수 없고, 달리 이를 인정할 아무런 증거가 없다"라고 밝혔다. 이시우 사건 판결은 한통련에 대한 판례 변경이 아니라 한통련 간부와 인사만 나눠도 처벌하는 것은 지나치다는 지극히 상식적인 법 해석이었다.

김대중 사건 재심 때 한민통 외면한 신영철 판사

　　그동안 법원은 한통련의 반국가단체 여부에 대해 객관적이고 냉정하게 따져볼 기회가 두 차례 있었다. 김정사 사건과 김대중 사건 재심이 그것이다. 앞에서 살펴본 대로 애초 두 사건의 판결은 모두 결격 사유를 지니고 있었다. 김정사 사건 때는 "반국가단체인 한민통"이라는 문구를 정보부와 검찰 등이 공소장에 슬쩍 끼워놓았지만, 법원은 이를 정면으로 다루지도 않고 재판했던 중대한 하자가 있었다. 김대중 사건은 군사정변으로 집권한 신군부 세력이 김대중을 말살하기 위해 조작한 사건이었기에 재판 자체가 무효였다고 할 수 있다. 더구나 이 두 재판은 법원의 독립성이 충분히 보장된 상태에서 이뤄진 것도 아니었다.

　　그러기에 2004년 김대중 내란음모 사건에 대한 재심은 법원으로서는 잘못된 자신의 과거와 직면할 수 있는 매우 소중한 기회였다. 한통련의 이적성 여부를 독립적이고 객관적으로 다시 판단할 기회였지만, 법원은 이를 피해갔다. 서울고법 제3형사부(신영철(재판장), 김태용, 박순관)는 두 가지 이유를 들어 한통련 문제를 다루지 않았다. 하나는, 김대중 사건의 재심은 「5·18민주화운동 등에 관한 특별법」(「5·18특별법」)에 따른 것이기 때문에 내란음모죄만 판단의 대상이 될 뿐 반국가단체 수괴 혐의는 대상이 아니라는 것이었다. 그러나 대법원 판례에 따르면, 김대중 사건처럼 여러 혐의가 합해진 경우 그중 일부만 재심을 하더라도 다른 항목도 "양형을 위하여 필요한 범위에 한하여 심리"할 수 있다. 따라서 반국가단체 수괴 혐의도 판단의 대상으로 삼을 수 있다.

하지만 신영철 재판부는 이번에는 김대중이 1987년 특별사면을 이미 받았다면서 반국가단체 수괴 혐의에 대해서는 "면소" 판결을 했다. 중대한 사안에 대한 판단을 사실상 회피한 것이다. 재판부는 법정에서 읽은 판결 이유에서는 한통련(한민통)과 관련된 부분을 살짝 언급하며 "한통련과 관련해 한통련이 결성되기 이전에 김대중 피고인이 납치됐고 한통련이 반한단체가 돼서는 안 된다는 김대중 피고인의 소명이 충분이 납득할 만하다. 한통련 일본 의장에 취임한 것도 본인의 의사와는 상관이 없었다. 또 한통련 결성 이후 7년이 지난 이후에 기소를 한 것은 공소권 남용으로 보인다. 하지만 이 부분은 「5·18특별법」이 규정한 재심 사유에 들어가지 않고 「형사소송법」상으로도 재심의 사유가 안 되고 이미 사면을 받았다. 따라서 유무죄 판결을 하지 않고 면소를 결정한다"59라고 말했다.

한통련의 반국가단체 여부에 대해서는 전혀 판단하지 않은 채 다만 김대중이 한통련(한민통) 의장으로서 역할을 한 적이 없다는 점과 그런 그를 검찰이 늦게 기소한 것은 공소권 남용이라는 점만 밝혔다. 이는 김대중에게 립 서비스만 한 것일 뿐 한통련 혐의를 벗겨주는 내용은 아니다. 더구나 이 내용은 법정에서 재판장이 읽은 내용일 뿐 정식 판결문에는 적혀 있지도 않다.60

서울고법의 이 판결이 대법원에서도 확정되자, 극우 이데올로그인 조갑제는 자신의 블로그에 "김대중 씨가 1980년 봄에 내란을 선동했다는 부분은 무죄가 되었으나 그가 「국가보안법」상의 반국가단체인 한민통에 가입한 사실은 무죄가 된 것이 아니다. (…) 김대중 씨가, 북한 정권이 대한민국을 파괴하기 위해 설립 추진한 한민통에 가입했었다는 사실은 이번 재심에도 불구하고 뒤집어지지 않았다"[61]라고 적었다. 한마디로 김대중은 법적으로는 여전히 반국가단체 수괴라는 주장이다. 사법부가 한민통에 대한 판단을 다시 하지 않았기 때문에 김대중에 대한 이러한 색깔론 공세가 계속 이어지는 것이다.

김정사의 호소에도 고개 돌린 재심 법정

법원이 한통련 문제를 정식으로 다룰 기회는 김정사와 유성삼이 2010년 재심을 신청했을 때 다시 한 번 찾아왔다. 김정사는 2011년 2월부터 시작된 재심 과정에서 자신의 간첩죄뿐 아니라 한통련의 반국가단체 규정을 풀기 위해 무척 애썼다.

나는 원래 재심할 때 내 문제만 하려고 했어요. 이기욱 변호사가 한민통 문제도 재심 때 다루자고 제안하기에 싫다고 했지요. 그건 나와는 아무런 관계가 없는데 왜 내 재판에서 해야 하느냐고 생각했거든요. 1979년 출옥한 뒤 일본에 왔을 때 한민통 사람들이 나 때문에 자신들이 반국가단체가 됐다면서 나를 미워해서 저도 좋은 감정이 아니었고요. 그런데 이 변호사와 헤어져 일본 집에 돌아와서 재심을 준비하면서 정재준 씨가 쓴 책(『김대중구출운동소사』)을 읽어봤어요. 그 책에서 그들이 반국가단체가 돼서 고생을 많이 한 것을 알게 됐죠. 그래서 '아, 내가 나서서 그들의 억울함을 풀어주어야겠구나'는 결심을 했어요. 이 변호사를 다시 만나서 그런 결심을 얘기하고는 한번 읽어보라고 그 책을 줬어요.

저와 변호사는 재심 재판 때 기일을 늘려가면서까지 판사한테 한민통 문제를 호소했어요. 그런데 선고 때 그 얘기는 판사가 한마디도 안 했어요. 재판에서 무죄가 선고된 뒤 기자들이 소감을 묻기에 저는 한통련 반국가 단체 규정이 안 풀려서 억울하다고 했어요. 재판 다음 날 국립묘지 김대중 대통령 묘소를 찾아가서 김 대통령한테도 "죄송합니다, 한민통의 반국가단체를 해결해서 당신이 1980년에 겪은 고통의 근원을 없애려고 했는데 그걸 못해서 죄송합니다"라고 했어요.[62]

김정사의 말대로 서울고법 제8형사부(황한식(재판장), 황순교, 황의동)는 2011년 9월 한통련 문제의 본질은 전혀 건드리지 않았다. 대신 김정사가 보안사에서 "불법 구금 상태에서 각종 고문과 가혹행위 등을 당하여 임의성 없는 자백을 하게 됐"던 점, 영사증명서는 "어느 모로 보나 증거능력이 인정되지 않는다"라는 대법원 판례 등을 근거로 김정사에게 무죄를 선고했다. 재심 판결문에 한민통과 관련한 언급이 아예 없지는 않다. 김정사가 반국가단체인 한민통의 지령을 받고 한국에 잠입한 혐의와 그들과 회합하고 통신한 혐의에 대해 판단하면서 다음과 같이 썼다.

김정사가 임계성을 만날 당시 한민통이 반국가단체라거나 임계성이 한민통의 간부 겸 대남 공작지도원인 사실을 알고 있었다는 점을 입증하기 위하여 검사가 제출한 증거들은 모두 증거능력이 없거나 위 사실을 인정하기에 부족한 것이므로, 검사가 제출한 증거만으로는 위 사실을 인정하기에 부족하여 피고인 김정사가 위와 같은 사실을 알고 임계성으로부터 지령을 받았음을 전제로 한 피고인들에 대한 이 부분 각 공소사실은 범죄의 증명이 없는 경우에 해당하여 「형사소송법」 제325조 후단에 의하여 무죄를 선고하였어야 할 것이다. 그럼에도 원심이 이와 달리 이 부분 각 공소사실에 대하여 모두 유죄로 인정한 것은 사실을 오인하거나 증거 채부에 대한 법리를 오해한 위법이 있다.[63]

임계성이 북한 공작원이라는 증거가 없는 상태에서 1978년 서울고법이 임계성을 만난 김정사를 간첩 혐의 유죄로 선고한 것은 위법이라고 판단하면서도, 당시 재판에서 인정된 한민통의 반국가단체 규정 자체에 대해서는 판단하지 않았다. 김정사가 임계성을 만났을 때 한민통이 반국가단체인 줄을 알았다는 증거가 없기에 죄가 안 된다는 논리다. 이는 한민통은 반국가단체라는 그동안의 법원 판례에 기반한 것이다. 판사 출신 박상훈 변호사가 1기 진실화해위원회 회의 때 '김정사 재판에서 판사가 한통련의 반국가단체 규정의 타당성 여부를 따질 것'이라고 했던 예상은 보기 좋게 빗나갔다. 재심 대법원(박병대(재판장), 김창석(주심), 양창수, 고영한)에서도 영사증명서의 증거능력을 부인하면서 "피고인들에 대한 상고를 기각"해 무죄를 확정했지만, 한민통에 대한 판단은 전혀 없었다. 김정사 재심 변호사 이인람은 "재심을 하면서, 곽동의가 북한에 갔다는 시기에 일본에 체류했다는 것을 증명하는 증거들과 국가기록원에 보관 중인 자료들, 한통련(한민통)이 우리나라의 민주화와 평화통일, 재일동포의 지위 향상을 위해 일해온 활동 기록 등을 찾아서 법정에 제출했어요. 이번에는 한통련의 반국가단체 여부를 제발 제대로 판단해달라고 호소했죠. 그런데 김정사 씨 재심 고등법원은 한통련의 반국가단체 여부를 판단하지 않았고, 대법원도 마찬가지였어요. 우리나라가 민주화된 지 오래이고, 수많은 재야 민주인사들과 단체들이 복권됐음에도 법원은 한통련에 대해서는 외면했어요. 아니 그냥 외면한 것이 아니라 한통련을 두 번 죽인 것이라고 봐요"[64]라며 법원에 크게 실망했음을 드러냈다.

이처럼 법원은 절차적으로나 내용적으로 많은 문제를 안고 있는 한통련의 반국가단체 판시를 재판단할 수 있는 기회를 일관되게 회피해 왔다. 본질적인 쟁점을 일부러 피했다면 비겁하고, 복잡한 내용을 잘 몰라서 그랬다면 게으르다. 어떤 경우든 그동안 여러 판결문에 '한민통(한통련)=반국가단체'라고 판시했던 법원의 대응으로는 무책임하다.

한통련(한민통) 관련 판결

김정사 사건(1심), 1977년 "북괴 및 「재일조선인총연합회」의 지령에 의거, 구성되어 그 자금 지원을 받아 그 목적 수행을 위하여 활동하고 있는 반국가단체인 재일 「한국민주회복통일촉진국민회의」."

김대중 내란음모 사건(3심), 1981년 "한민통 일본본부는 정부를 참칭하고 대한민국을 변란할 목적으로 불법 조직된 반국가단체인 북괴 및 반국가단체인 「재일조선인총연합회」의 지령에 의거, 구성되고 그 자금 지원을 받아 그 목적 수행을 위하여 활동하는 반국가단체라 함이 본원의 견해."

문부식 「한미연구소」 사건(3심), 1990년 "한통련은 한민통의 구성원들이 이를 발전적으로 개편하여 그 명칭만을 바꾼 것에 불과하여 역시 반국가단체에 해당."

김현장·김영애 부부 사건(3심), 1990년 "한통련 주요 간부들의 '범민족대회' 참석을 위한 입국이 허가되었다고 해서, 위 단체에 대해 「국가보안법」 적용을 면제 내지 유보하겠다는 법 집행의 관행이 생겨난 것이 아니니 위 단체를 여전히 반국가단체로 볼 수밖에 없다."

김삼석·김은주 남매 사건(2심), 1994년 "한통련은 과거 한민통 일본본부의 구성원들이 그 명칭만을 바꾸고 발전적으로 개편한 것으로서 (…) 반국가단체에 해당한다."

이화춘 사건(2심), 1995년 "한민통이 명칭만을 한통련으로 바꾸었을 뿐 실체에 변동이 없이 유지되고 있으며, 그 노선, 활동 등에 비추어보면 반국가단체라고 할 것."

이윤정 사건(3심), 1995년 "그 명칭만을 한통련으로 변경하였음을 알 수 있으므로, 한통련 역시 반국가단체라고 아니할 수 없다."

모녀 간첩 사건(3심), 2003년 "일본에 가서 (한통련 부의장인) 곽영문을 직접 만나 상당한 시간을 함께 보내면서 대화를 나눴고, (한통련 의장인) 곽동의로부터 『조국통일론』이라는 책을 받은 사실 등이 인정됨."
– 한통련 간부와의 만남을 유죄 판단

김대중 내란음모 사건 재심(2심), 2004년 "(내란음모와 「계엄법」 위반 등) 정당행위에 해당하여 범죄로 되지 아니하므로 무죄를 선고한다. (「국가보안법」과 「반공법」 위반 등) 사면되었으므로 「형사소송법」에 의하여 면소를 선고한다."

– 한민통의 반국가단체 여부는 판단하지 않음

김정사 사건 재심(2심), 2011년 "김정사가 임계성을 만날 당시 한민통이 반국가단체라거나 임계성이 한민통의 간부 겸 대남 공작지도원인 사실을 알고 있었다는 점을 입증하기 위하여 검사가 제출한 증거들은 모두 증거능력이 없거나 위 사실을 인정하기에 부족하므로 무죄."
 – 한민통의 반국가단체 여부는 판단하지 않음

김삼석·김은주 남매 사건 재심(2심), 2016년 "대법원은 한통련을 반국가단체로 인정한 이래 현재에 이르기까지 일관하여 반국가단체로 판시하고 있는 점 (…) 등에 비추어보면 한통련은 여전히 반국가단체로서의 성질을 가진다."

재일한국민주통일연합(한통련) 약사

1961년 10월	민단 개혁파, 「민단정상화유지간담회」 설립
1971년 3월	김재권 공사, '녹음테이프' 공작
1972년 5월	민단 개혁파, 「민단자주수호위원회」 조직
1972년 7월	민단, 한청과 한학동 산하단체에서 제명
1972년 8월	민단 개혁파, 「민족통일협의회」 결성
1973년 8월 8일	박정희 정권, 김대중 납치
1973년 8월 13일	'한민통발기인대회'
1976년 8월	'한국문제긴급국제회의' 개최
1977년 8월	「민주민족통일해외한국인연합」(한민련) 결성
1978년 6월	김정사 유죄 확정, 한민통 반국가단체 규정
1989년 2월	한통련으로 개편
1990년 8월	한통련, '범민족대회' 참가
2003년 9월	한통련 회원 29명 첫 방한
2004년 10월	한통련 회원에게 여권 첫 발급
2010년 6월	진실화해위원회, 한통련 진실규명 각하

2023년 8월로 한통련은 쉰 살을 맞았다. 독립적이고 자주적인 단체 가운데 반세기 이상 활동하는 곳은 우리 역사에서 한통련이 거의 유일하다. 세월이 흐르면 대부분의 사회단체가 문을 닫거나 존속하더라도 성격이 크게 바뀌지만, 1973년 출범한 한통련(한민통)은 한국 민주화와 한반도 통일이라는 깃발을 지금도 꿋꿋하게 지키고 있다. 특히 과거 군사독재정권 시절 한통련 사람들이 한국 민주화운동에 쏟은 노력과 성과는 대단했다. 김대중 구출운동과 김지하 등 양심수 석방운동이 국제적 연대로 발전했던 것은 한통련 덕분이었다고 해도 과언이 아니다.

재일동포가 일본 땅에서 한국 민주화운동을 하는 것은 결코 쉬운 일이 아니었다. 독재정권에 의해 불법적이고 강압적인 인신 구속을 받지는 않을지 몰라도 조국 방문 등 많은 것을 포기해야 했기 때문이다.

가족과 친구가 살고 있는 고향 땅을 못 가는 것은 일상적 차별에 놓여 있는 재일동포에게는 육체적 고문 못지않은 고통이었다. 반국가단체라는 조작된 낙인과 불명예, 사업의 불이익도 감수해야 하는 일이었다. 이들은 그런 아픔은 고문과 옥살이 등 모진 고생을 하는 조국의 동료 시민에 비하면 아무것도 아니라고 생각하면서 민주화가 이뤄지면 자신들에게 가해지는 차별과 불명예도 모두 사라질 거라고 여겼다.

실제로 1987년 민주화 이후 국내에서는 많은 것이 바로잡혔다. 형극의 길을 걸었던 국내의 민주인사는 명예 회복과 함께 유무형의 보상을 받았다. 민주화운동 지도자 가운데는 국회의원이나 시장, 군수, 장·차관, 심지어 국무총리 또는 대통령도 나왔다. 당연한 일이다. 그러나 해외에서 한국 민주화운동에 매진했던 한통련 사람은 명예 회복이나 보상은커녕 독재정권이 억지로 덧씌운 반국가단체라는 족쇄를 찬 채 각종 차별과 박대를 아직도 받고 있다. 재심을 통해 속속 무죄로 드러나고 있는 재일동포 양심수와도 다른 처지에 놓여 있다.

한통련은 유학생 간첩조작 사건에 끼워 넣어져 반국가단체가 됐을 뿐 자신들이 직접 재판을 받은 적이 없다. 그래서 반국가단체 규정을 벗어나려고 재심을 하고 싶어도 청구할 자격이 없어 법적 해결책이 마땅치 않다. 이에 이들은 과거사의 잘못을 바로잡기 위해 설립한 진실화해위원회 1기와 2기에 잇따라 진정서를 냈다. 자신들에게 씌워진 반국가단체 규정이 잘못이었음을 권위 있는 국가기관인 진실화해위원회가 밝혀달라는 요청이다. 그러나 이명박 정부 때의 진실화해위원회(1기)는 막판에 정치 논리로 한통련에 대한 진실 규명을 거부했다. 현재의 2기 진실화해위원회가 다시 이 사안을 살펴보고 있지만, 한통련은 불안한 심정으로 지켜보고 있다. 윤석열 정부가 출범한 이후 진실화해위원 구성이 1기 때처럼 보수적으로 바뀌었기 때문이다.

만약 한통련이 일본이 아니라 한국에 있는 단체였더라도 지금껏 반국가단체 낙인을 벗어나지 못하고 있을까? 아마 아닐 것이다. 정치권과 한국 사회가 지금처럼 모르쇠로 일관한다면 과거 민주화운동 때처럼 일어나 광화문광장이나 서울 여의도 국회 앞에 농성 텐트를 치고 '우리가 왜 반국가단체냐'며 싸워서라도 문제를 해결했을 것이다. 법원이 한통련의 반국가단체에 대한 판단을 회피하고, 1기 진실화해위원회가 엉뚱한 논리를 내세워 자신들을 외면했을 때 한통련 사람들은 한국에 와서 기자회견이나 농성이라도 하고 싶었다. 하지만 현해탄을 사이에 둔 물리적 거리는 이들에게 생각보다 훨씬 멀다. 한국과 일본을 오갈 시간적, 경제적 여유가 없는 탓이다. 할 수 있는 일이라고는 일본 땅에서 성명서를 내는 것뿐이다. 한국의 동료 시민에게는 이들의 목소리가 점점 잘 들리지 않게 되고, 힘을 가진 기관은 한통련의 아픔과 서러움에 쉽게 눈을 감는다.

현재 한통련의 위상은 예전 같지 않고, 과거 전성기에 비하면 그 역할도 상당히 작다. 회원 수도 기백 명에 불과하고, 활동도 주목을 끌지 못하고 있다. 세상이 다양해지고 시대가 변했기 때문일 것이다. 게다가 한통련은 최근 몇 년간 출범 이후 가장 고통스럽고 어려운 시간을 보내고 있다. 경비 절감과 이로 인한 상근자 축소 등을 둘러싼 내부 갈등을 겪었다. 이 때문에 2020년에 예정된 대의원대회를 열지 못한 채 한통련중앙본부(의장 손형근)와 한통련조직개혁위원회(위원장 송세일, 사무장 김창오)로 조직이 갈려 있다. 양쪽은 최근 갈등을 해소하고 설립 50

주년을 맞아 새 지도부를 선출하기로 합의했으나, 내부 분열로 인한 상처는 외부 탄압으로 인한 것보다 오래갈지도 모른다. 한통련의 이러한 내부 문제는 스스로 헤쳐가야 할 사안이다.

민주화된 한국 사회가 할 일은 해외에서 민주화운동에 애썼던 그들에게 독재자들이 씌운 오명을 벗겨주는 일이다. 정치적 또는 법적으로 굳이 규정한다면 이들은 반정부 활동가였을 뿐이다. 해외에서 민주화운동을 했던 단체에 반국가단체라는 굴레를 씌워서 우리 사회에서 추방한 것은 과도하고 명백한 잘못이지 않은가. 옛 시대의 그러한 과오가 속속 드러나고 있는데도 이를 바로잡지 않는 것은 더더구나 사회정의가 아닐뿐더러 역사적 화해에도 어긋난다.

책을 쓰면서 많은 사람의 도움을 받았다. 한통련대책위의 임종인 변호사와 1기 진실화해위원회의 조사관 김영진 씨는 필자가 《한겨레》 기자로 일할 때부터 '한통련 문제'를 일깨워주고, 맥락을 이해할 수 있도록 도움을 줬다. 한홍구 성공회대학교 교수는 자신이 가진 자료를 흔쾌히 건네주면서 집필을 격려했으며, 김대중도서관의 장신기 박사도 귀중한 구술 인터뷰 자료 등을 내줬다. 손형근, 곽수호, 허경민, 김창오 등 한통련 사람들과 간첩 조작 피해자 김정사 씨도 선뜻 인터뷰에 응해주고, 깊이 있는 이야기를 들려줬다. 그 외에도 최병모, 이인람 변호사 등 많은 분에게 도움을 받았다. 「진실의 힘」 조용환 변호사가 출간을 제안하지 않았다면 한통련 기록을 남기겠다는 필자의 마음속 다짐은 제때 실현되지 못했을 것이다. 모든 분께 감사드린다.

1 반세기 넘는 차별과 박해

1 　서울행정법원 2011구합19086 판결문(2011. 12. 21.).

2 　《노동신문》(1996. 8. 15.) 3면.

3 　《노동신문》(1996. 8. 15.) 1면.

4 　'범민족대회' 개막식과 '범민족대회' 참가자들의 결의대회라는 두 행사가 비슷한 장소에서 잇따라 열린 것은 1996년의 독특한 상황 때문이었다. 1996년의 '범민족대회'는 원래 서울에서 열리기로 돼 있었으나, 김영삼 정부가 행사 자체를 불허하는 바람에 서울과 평양, 심양에서 각각 동시에 대회를 갖기로 했다. 남쪽과 해외 대표 일부가 초청되기는 했지만, 이해 북쪽에서 열린 '범민족대회'는 애초 북한 주민만의 행사였다. 따라서 북쪽은 '범민족대회' 개막식 직후에 별도의 김정일에 대한 충성대회를 계획했을 가능성이 크다.

5 　김종철, '반국가단체 누명 벗고 웃으며 한국 가고 싶다', 《한겨레》(2018. 12. 8.) 3-4면.

6 　김치관, '재일 한통련, '재일동포역사기행' 무산 항의 기자회견', 《통일뉴스》(2009. 10. 10.), http://www.tongilnews.com/news/articleView.html?idxno=86842(2022. 11. 10. 검색).

7 　인권위, '여권 유효기간 제한 대상 신설 평등권 침해', https://www.humanrights.go.kr/base/board/read?boardManagementNo=24&boardNo=597166&menuLev

el=3&menuNo=91 (2023. 5. 10. 검색).

8 김치관, '주일 영사부, 여권 발급 조건으로 한통련 탈퇴 강요', 《통일뉴스》(2009. 6. 9.), http://www.tongilnews.com/news/articleView.html?idxno=84769 (2022. 11. 10. 검색).

9 '국정원과 하얀 방 고문 – 공작관들의 고백', 「PD수첩」, 《MBC》(2021. 6. 1.), https://www.youtube.com/watch?v=IbmEVLKgpas (2022. 11. 24. 검색).

10 재외국민이 선거인 등록을 할 때 여권으로만 신분을 증명해야 한다는 「공직선거법」은 문제가 있다는 내용의 헌법소원이 손형근에 의해 헌법재판소에 제기됐으나, 2014년 4월 기각됐다.

11 오태규, 필자와 한 인터뷰, 서울(2022. 10. 29.).

12 안준호, '누굴 위한 보훈인가', 《조선일보》(2010. 6. 30.) 1면, 12면.

13 안영민, 『행동하는 양심』, 아름다운 사람들(2003, 초판), 117-118쪽.

14 1997년 출간된 『민단50년사』에는 재일학도의용군의 전체 수를 641명이라고 했으나, 재일학도의용군동지회가 발간한 『재일학도의용군 6·25전쟁참전사』(2020, 2판)에는 642명으로 기록돼 있다.

15 재일학도의용군동지회, 『재일학도의용군 6·25전쟁참전사』(2020, 2판), 193-201쪽.

16 안영민, 앞의 책, 120쪽.

17 '한민통의 정체', 《경향신문》(1980. 7. 4.) 7면. 계엄사령부가 낸 자료를 바탕으로 모든 신문이 이렇게 보도했다. 당시 한민통과 관련된 정보는 중앙정보부가 수집, 관리했다.

18 곽양춘, 필자와 한 인터뷰, 도쿄(2022. 10. 17.).

19 '석방 교섭에 실패, 일에 체포된 교포', 《동아일보》(1959. 5. 23.) 1면.

20 김치관, '우리 민족 바라는 것은 오직 평화와 통일', 《통일뉴스》(2004. 10. 11.), http://www.tongilnews.com/news/articleView.html?idxno=48365 (2022. 12. 31. 검색).

21 권일, 『권일회고록』, 한민족(1982), 226쪽.

22 한청, 「한청 50년사」, '재일한국청년동맹 결성 50돌 기념식'(2010), 42쪽.

23 '韓青問題の全貌はこうだ', 《韓國新聞》(1962. 4. 9.) 3면.

24 신명식, 『재일코리안 3色의 경계를 넘어』, 고즈윈(2007), 51-52쪽.

25 박정삼, 필자와 한 전화 인터뷰(2022. 9. 1.).

26 곽양춘, 앞의 인터뷰.

27 《조선일보》(2023. 2. 23.) 6면.

28 허경민, 필자와 한 인터뷰, 서울(2022. 8. 16.).

29 필자가 입수한 「2015년 교토국제학교 정기 지도·조사 및 조치결과 보고서」에 따르면, 물품관리와 관련해서는 학생용 PC 외 1종의 컴퓨터를 불용-(폐기) 처리 하면서 학교장의 결재를 받지 않은 관계자 두 명이 주의 조치를 받았을 뿐이다.

30 김효순, 『조국이 버린 사람들』, 서해문집(2015, 초판 1쇄), 91-105쪽.

31 허경민, 앞의 인터뷰.

32 허경민, 앞의 인터뷰.

33 진실화해위원회, '재일동포 허경조에 대한 인권침해 사건', 「2010년 상반기 조사 보고서」 제9권(2010), 517-518쪽.

34 「한국민족자주통일동맹」('한민자통')을 결성할 때 채택했던 활동 방침에는 ▲통일을 저해하는 한일협정 반대, ▲반민족적 베트남 파병 반대, ▲분열주의자 박정희 타도 등이 포함돼 있었다.

35 김효순, 앞의 책, 423쪽.

36 허경민, 앞의 인터뷰.

2 반국가단체 만들기와 굳히기

1 진실화해위원회, '재일유학생 김정사 간첩조작의혹 사건', 「2009년 하반기 조사 보고서」 제9권(2009), 764쪽.

2 유영수, 필자와의 이메일 인터뷰(2023. 6. 12.).

3 《민족시보》(1976. 10. 11.) 5면.

4 국사편찬위원회, 「1970, 80년대 유학 경험을 가진 재일동포 2세의 생애사: 구술 김정사」, 2011년도 구술자료수집사업, 국사편찬위원회(2011), 51쪽.

5 김정사, 앞의 구술 자료, 30-34쪽.

6   유영수, 앞의 인터뷰

7   유영수, 앞의 인터뷰

8   진실화해위원회, 앞의 조사보고서, 760쪽.

9   김정사, 앞의 구술 자료, 68-69쪽.

10   '재일 반한활동 한민통 '반국가단체로' 첫 판결',《조선일보》(1977. 10. 30.) 7면.

11   '한민통은 반국가단체',《동아일보》(1978. 6. 19.) 7면.

12   국군보안사령부,『대공30년사』(1978), 549쪽.

13   국방부과거사위원회,「국방부 과거사진상규명위원회 종합보고서 제3권: 8개 사건 조사결과 보고서 (하)」(2007), 378쪽.

14   국방부과거사위원회, 앞의 보고서, 376쪽.

15   손형근, 필자와 한 전화 인터뷰(2022. 11. 19.).

16   한홍구, '김대중에 대한 군부의 편견과 조작',「김대중 내란음모조작 사건 40주년 학술회의」(2020), 49쪽.

17   이도성, '남산의 부장들 – 광주항쟁 'DJ배후조종' 조작',《동아일보》(1993. 4. 4.) 10면.

18   반헌법행위자열전편찬위원회, '반헌법행위자열전: 정경식 편', 미발표 논문(2022), 13쪽.

19   김정사, 필자와 한 인터뷰, 사이타마(2022. 10. 18.).

20   반헌법행위자열전편찬위원회, '반헌법행위자열전: 안경상 편', 미발표 논문(2022), 13쪽.

21   국방부과거사위원회, 앞의 보고서, 378-379쪽.

22   이기동,『남산, 더 비하인드 스토리』, 시사문화사(2011, 초판 1쇄), 176쪽.

23   윤희영, '왕실장' '기춘 대원군' 김기춘의 몰락… 1인자만 추종해온 40여 년 영욕의 세월',《조선일보》(2017. 1. 21.), https://www.chosun.com/site/data/html_dir/2017/01/21/2017012100470.html(2022. 12. 3. 검색).

24   (사)평화박물관건립추진위원회,「전국 국가폭력 고문피해 실태조사(2차)」, 민주화운동기념사업회(2021. 11.), 209쪽.

25   김병진,『보안사: 어느 조작 간첩의 보안사 근무기』, 이매진(2021, 초판 2쇄), 57-58쪽.

26 김병진, 앞의 책, 68쪽.

27 김병진, 앞의 책, 178쪽.

28 김병진, 앞의 책, 195-196쪽.

29 조갑제, '보안사령부',《월간조선》128호(1990. 11.), 202-203쪽.

30 김병진, 앞의 책, 343쪽.

31 국방부과거사진상규명위원회,「김정사 사건 조사결과 보고서」(2007. 11. 12.), 31쪽.

32 국군보안사령부,『대공30년사』(1978), 549-550쪽.

33 조일제,『역사 앞에서』, 문지사(2012, 초판), 131쪽.

34 조일제, 앞의 책, 136쪽.

35 한홍구, 앞의 논문, 50쪽.

36 정낙중,「임계성 영사보고서」, 국가기록원.

37 진실화해위원회, '재일유학생 김정사 간첩조작의혹 사건',「2009년 하반기 조사보고서 제8권」(2009), 759쪽.

38 국방부과거사위원회, 앞의 보고서, 380쪽.

39 국방부과거사위원회, 앞의 보고서, 42쪽.

40 진실화해위원회, '재일유학생 김정사 간첩조작의혹 사건', 앞의 보고서, 758쪽.

41 1심 판결문(서울형사지방법원 77고합465호). 검찰의 공소사실은 유영수 재심 판결문(서울고등법원 2011재노66호)과 유성삼, 김정사 재심 판결문(서울고등법원 2011재노3호)에 붙어 있다.

42 반헌법행위자열전편찬위원회, '반헌법행위자열전: 허정훈 편', 미발표 논문(2022), 18쪽.

43 이하영, '대법, 81년 학림사건 연루 신철영 위원장 무죄',《부천일보》(2012. 6. 16.), http://www.mypuchon.com/mob/news.html?news_num=15837(2022. 11. 20. 검색).

44 김태규, '77년 법정서 '고문받았다' 말했지만 판사 김황식 아무런 반응도 없었다',《한겨레》(2011. 9. 23.), https://www.hani.co.kr/arti/society/society_general/497711.html(2022. 11. 20. 검색).

45 대법원 2007도7257호 판결문(2007. 12. 13.).

46 서울고등법원 2010재노3호 판결문(2011. 9. 23.).

47 김정사, 필자와 한 인터뷰, 사이타마(2022. 10. 18.).

48 '재일 거물간첩 윤효동 씨 자수', 《조선일보》(1977. 5. 29.) 7면.

49 윤효동이 중앙정보부에서 진술서를 작성한 날짜는 1976년 4월 19일로 돼 있다.

50 진실화해위원회, '재일유학생 김정사 간첩조작의혹 사건', 앞의 보고서, 768쪽.

51 '한민통을 헐뜯기 위한 가소로운 윤효동 사건', 《민족시보》(1977. 6. 11.) 2면.

52 《민족시보》(1977. 6. 11.) 2면.

53 윤효동, 중앙정보부에서 작성한 진술서.

54 김효순, 『조국이 버린 사람들』, 서해문집(2015, 초판 1쇄), 176-177쪽.

55 '일본 속의 반한 베트콩', 《조선일보》(1977. 5. 3.) 3면.

56 '재일 반한 앞잡이… 베트콩파', 《경향신문》(1977. 5. 3.) 3면.

57 이기동, 『남산, 더 비하인드 스토리』, 시사문화사(2011, 초판 1쇄), 174-175쪽.

58 진실화해위원회, '재일유학생 김정사 간첩조작의혹 사건', 앞의 보고서, 773-774쪽.

59 송지영은 1944년 독립운동가들의 연락을 돕다가 일본 경찰에 체포돼 나가사키 형무소에서 징역을 살았으며, 5·16군사정변 후 《민족일보》 사건 때는 조용수 사장과 함께 사형을 언도받아 8년간 옥살이를 하기도 했다. 《조선일보》 편집국장과 논설위원 등을 역임했으며, 전두환 정권 때인 1981년 민정당 공천으로 국회의원(전국구)을 지냈다.

60 국정원과거사위원회, 「과거와 대화 미래의 성찰: 학원·간첩편 (VI)」(2007), 292쪽.

61 국방부과거사위원회, 「국방부 과거사진상규명위원회 종합보고서 제3권: 8개 사건 조사결과 보고서 (하)」(2007), 227-228쪽.

62 국정원과거사위원회, 앞의 보고서 제3권, 568-573쪽.

63 대법원 2007도7257호 판결문(2007. 12. 13.).

64 이재승, '어두운 시대의 소송 기술: 재일교포 간첩 사건에서 영사증명서', 『민주법학』 통권 38호(2008. 12.), 251-254쪽.

65 김대중, 『김대중 자서전 1』, 삼인(2010, 초판 1쇄), 395-401쪽.

66 국방부과거사위원회, 「과거사진상규명위원회 종합보고서」 제1권(2007), 74쪽.

67 봉지욱, '전 중앙정보부 요원 '전두환, 5월 18일 남산에서 지휘'',《JTBC 뉴스》(2021. 11. 24.), https://news.jtbc.co.kr/article/article.aspx?news_id=NB12034875.

68 이기동, 『남산, 더 비하인드 스토리』, 시사문화사(2011, 초판 1쇄), 273-274쪽.

69 이기동, 위의 책, 279쪽.

70 4억 엔 제공설은《문예춘추》1974년 11월호에 나오는데, 다나카 가쿠에이 총리의 측근 기무라 히로야스의 진술에 바탕을 두었다. 기무라 히로야스는 이병희 무임소 장관의 요청으로 그가 다나카 총리를 만날 수 있도록 주선했고, 그 자리에서 신문지로 반듯하게 포장한 사각 뭉치가 가득 찬 종이가방 두 개를 다나카에게 건네는 것을 봤으며, 자신의 경험상 그 종이가방에 든 돈은 최소한 4억 엔은 됐을 것이라고 말했다. 이와 달리 재미 언론인 문명자는 박정희가 대한항공 조중훈을 통해 다나카 가쿠에이 총리 쪽에 3억 엔을 전달했다고 보도했다. 김덕련, '서중석의 현대사 이야기 (148): 일 총리, 청와대 검은돈 받고 김대중 사건 덮었다?',《프레시안》(2016. 3. 9.).

71 이도성·한기흥, '남산의 부장들 146회: 김대중 공소장 일(日)에 가짜 전달',《동아일보》(1993. 6. 27.) 10면.

72 '김재규, 김대중 내란음모 사건 대법 판결문 10년 만에 공개',《한국일보》(1990. 6. 5.).

73 김대중, 앞의 책, 417쪽.

74 이도성·한기흥, '남산의 부장들 147회: 이태영 'DJ 용공 아니다' 증언',《동아일보》(1993. 7. 4.) 10면.

75 정희상, '김재규의 변호인 안동일 변호사의 작심 토로',《시사저널》 515호(2017. 8. 3.).

76 엄상익, '내가 경험한 정보기관 (8): 88년 청문회와 나 2',《월간조선》(2020. 12.).

77 김대중, 앞의 책, 300쪽.

78 배동호, '해외한국인의 민주운동과 김대중',《민족시보》(1980. 11. 1.) 2면.

79 정낙중, 「진실화해위원회 조사대상자 진술조서」(2009. 7. 9.).

80 김대중 등 내란음모 사건 관련자 가족 일동, 「육군고등군법회의 김대중 등 내란음모사건 항소심 공판기록」(1980. 10. 24.), 51쪽, https://archives.kdemo.or.kr/

isad/view/00109927. 이 자료에는 "윤여동 또는 윤여송으로 들렸다"라고 기록
돼 있고, 본문 중에는 언론에서 사용한 가명인 여홍진도 한 차례 등장한다. 당시
공판이 끝나면 방청한 가족들이 서울 삼각지 인근 다방에 모여서 기억한 내용을
각자 말하고, 문익환의 아들 문성근이 정리했다.「한국기독교사회문제연구원」이
보관해오다가「민주화운동기념사업회」오픈 아카이브에 기증했다.

81 김대중 등 내란음모 사건 관련자 가족 일동, 앞의 자료, 52-54쪽.

82 김효순,『조국이 버린 사람들』, 서해문집(2015, 초판 1쇄), 204-205쪽.

83 《朝日新聞》(1980. 8. 17.) 1면, 4면.

84 김충식,『5공 남산의 부장들 (1)』, 동아일보사(2022, 1판 1쇄), 216-217쪽.

3 개혁파의 홀로서기와 찬란한 투쟁

1   권일,『권일회고록』, 한민족(1989), 208-209쪽.

2   곽동의,「곽동의 구술사 1차」, 연세대학교 김대중도서관(2006. 11. 23.), 13쪽.

3   鄭哲,『民團今昔-在日韓國人の民主化運動』, 啓衆新社(1982), Ⅱ쪽.

4   곽동의, 앞의 구술사 1차, 12쪽.

5   곽동의, 앞의 구술사 1차, 10쪽.

6   林茂澤,『在日韓國靑年同盟の歷史』, 新幹社(2011), 55쪽.

7   정아영, '재일동포 사회와 한국 4·19혁명: 한국민단계 학생청년운동을 중심으
    로',『국제고려학』13(2009. 12.), 439쪽에서 재인용.

8   在日韓國靑年同盟,『在日韓國靑年同盟 結成 50周年 紀念式』(2010. 12. 5.), 41
    쪽.

9   林茂澤, 앞의 책, 52쪽.

10 在日本大韓民國民團 50年史 編纂委員會,『民團 50年史』(1997), 353쪽.

11 在日韓國靑年同盟, 앞의 자료집, 41쪽.

12 정아영, 앞의 논문, 439-440쪽에서 재인용.

13 친일인명사전편찬위원회,『친일인명사전』, 민족문제연구소(2009), 219-220쪽.

14 권일, 앞의 책, 152-172쪽.

15 6월 방한 때는 국가재건최고회의 외무분과위원장인 유양수를 만났다는 보도만 있고, 박정희를 만났다는 보도는 그해 12월 말 재일동포 실업인을 인솔해 귀국했을 때였다. 권일의 기억이 착오거나 6월에 비공개로 만났을 가능성도 있다.

16 권일, 앞의 책, 213쪽.

17 권일, 앞의 책, 215쪽.

18 김용원, '고 김재화 선생의 추억',《민족시보》(1993. 10. 1.) 2면, (1993. 9. 21.) 2면.

19 권일, 앞의 책, 96쪽.

20 김용원, '고 배동호 선생의 추억',《민족시보》(1993. 10. 11.) 2면.

21 권일, 앞의 책, 229-230쪽.

22 조기은, '민단계 재일조선인의 한국민주화운동: 민단민주화운동세력과 김대중의 '연대'를 중심으로', 『한국학연구』 75(2020. 12. 30.), 122쪽.

23 鄭哲, 앞의 책, Ⅱ쪽.

24 권일, 앞의 책, 211-212쪽.

25 '사설: 민단 강화대책회의에 붙임',《동아일보》(1969. 8. 11.) 2면.

26 鄭哲, 앞의 책, 188쪽.

27 '극한투쟁도 불사, 유진오 당수 성명',《동아일보》(1967. 6. 2.) 1면.

28 권일, 앞의 책, 318쪽.

29 곽동의, 앞의 구술사 1차, 23-24쪽.

30 곽동의, 앞의 구술사 1차, 25쪽.

31 곽동의, 앞의 구술사 1차, 28-32쪽.

32 김재화, '나의 의정설계',《국회보》 115(1971. 7. 8.), 86-89쪽.

33 곽동의, 앞의 구술사 1차, 35쪽.

34 鄭在俊, 『金大中救出運動小史: ある在日の半生』, 現代人文社(2006), 82쪽.

35 민단50년사편찬위, 앞의 책, 267쪽.

36 이종찬, 필자와 한 인터뷰, 서울(2022. 9. 13.).

37 곽동의, 진실화해위원회 참고인 진술, 도쿄 한통련 사무실(2008. 9. 23.).

38 박성준은 1980년 8월 9일 과거 김대중을 만나게 된 경위와 그에게 배동호와 곽동의를 멀리하라고 얘기했다는 내용 등의 진술서를 작성해서 주일 한국대사관 영사 정낙중에게 제출했다. 이 진술서는 김대중 재판에 제출됐다.

39 김충식, 『남산의 부장들』, 폴리티쿠스(2012, 개정 증보판 1쇄), 468쪽.

40 문명자, 『내가 본 박정희와 김대중』, 월간말(1999), 190-193쪽.

41 민단50년사편찬위, 앞의 책, 267-268쪽.

42 곽동의, 앞의 구술사 1차, 37쪽.

43 鄭在俊, 앞의 책, 85-86쪽.

44 林茂澤, 앞의 책, 260-261쪽.

45 '중감위, 배동호를 제명 처분', 《韓國新聞》(1971. 7. 17.) 1면.

46 이구홍, '한통련 반국가단체 규명 사건 면담 조사', 진실화해위원회(2008. 8. 29.).

47 이종찬, 앞의 인터뷰.

48 이종찬, 앞의 인터뷰.

49 당시 국내 신문에는 6월 2일로 나온다. 《동아일보》(1971. 6. 16.) 7면.

50 鄭在俊, 앞의 책, 88-89쪽.

51 김효순, 앞의 책, 226-227쪽.

52 鄭在俊, 앞의 책, 80쪽.

53 鄭在俊, 앞의 책, 114-120쪽.

54 鄭在俊, 앞의 책, 192-194쪽.

55 '정재준 선생을 추모하면서', 《민족시보》(2011. 2. 1.) 2면.

56 김효순, 앞의 책에서 재인용, 228쪽.

57 '재일 민단 간부 접견 박 대통령', 《경향신문》(1972. 1. 27.) 1면.

58 民團30年史編纂委員會, 『民團30年史』(1977), 102-105쪽.

59 조기은, '민단계 재일조선인의 한국민주화운동: 재일한국청년동맹을 중심으로', 『한국학연구』59(2020. 11.), 493쪽.

60 '在日同胞の 協力を 要請', 《韓國新聞》(1972. 6. 24.) 1면.

61 '在日韓國人社會にあるベトコンの正体は何か?', 《韓國新聞》(1972. 6. 24.) 2면.

62 곽동의, 앞의 구술사 1차, 40쪽.

63 '재일거류민단 본국사무소 개소', 《동아일보》(1972. 11. 9.) 7면.

64 '10월유신 전폭 지지', 《동아일보》(1972. 11. 9.) 1면.

65 '김대중 씨 특별강연', 《민족시보》(1973. 4. 1.) 2면, 3면, 4면.

66 ''한국적 민주주의'와의 새로운 투쟁의 해', 《민족시보》(1973. 1. 1.) 1면.

67 배동호, '국민회의 경과보고', 《민족시보》(1973. 8. 21.) 3면.

68 김대중, 「김대중 내란음모 사건 피의자 신문조서」 제3회(1980. 7. 20.).

69 김대중, 앞의 자료.

70 김대중, 앞의 자료.

71 김지영, 필자와 한 인터뷰, 도쿄(2022. 10. 17.).

72 재일본대한민국민단50년사편찬위, 『민단50년사』(1997), 270쪽.

73 김대중, 앞의 책, 296쪽.

74 문명자, 앞의 책, 156-157쪽.

75 김대중은 곽동의와 다른 한 사람이 그랬다고 기억하지만, 곽동의는 김대중의 의
     견에 강하게 반대한 사람은 자신이 아니라 나종경이라고 말했다. 김대중, 앞의
     신문조서, 곽동의, 「곽동의 구술사 2차」, 연세대학교 김대중도서관(2007. 1. 8.),
     6쪽.

76 김대중, 앞의 책, 300쪽.

77 곽동의, 앞의 구술사 1차, 40-41쪽.

78 문명자, 앞의 책, 157쪽.

79 한홍구, '한홍구의 유신과 오늘: ⑧ 김대중 '납치' 사건 (상)', 《한겨레》(2012. 6. 1.),
     https://www.hani.co.kr/arti/society/society_general/535738.html(2022. 12. 21. 검
     색).

80 "마취제가 독하지 않았든지 양이 적었든지 김대중은 한순간 정신을 잃었다가 다
     시 의식을 차렸다. 그는 이러다 죽을 수도 있겠구나 하는 생각에 의식을 잃은 것
     처럼 일부러 축 늘어져 꼼짝하지 않았다." 김대중, 앞의 책, 309쪽.

81 김대중 납치 현장의 일본인 목격자 두 명은 사건 직후 일본 경찰 조사에서 이러
     한 사실을 밝혔지만 경찰은 이를 외부에 공개하지 않았다. 사회당 소속 하타 의
     원이 사건 발생 거의 4년 만에야 두 명의 목격자를 찾아내 1978년 4월 4일 일
     본 국회에서 밝힘으로써 그들의 신원과 목격담이 공개됐다. 《민족시보》(1978. 4.
     11.) 1면.

82 곽동의, 앞의 구술사 1차, 46-47쪽.

83 《민족시보》는 1972년 11월 21일 민통협의 기관지로 창간돼 이후 한민통 기관지
     로 이어졌다.

84 정경모, 『시대의 불침번』, 한겨레출판(2010, 초판 1쇄), 220-222쪽.

85 김대중, 앞의 책, 323-324쪽.

86 배동호, '국민회의 경과보고', 《민족시보》(1973. 8. 21.) 3면.

87 '김대중 씨 서울 자택에 데려다놔', 《동아일보》(1973. 8. 14.) 1면.

88 김당, 『시크릿 파일 국정원』, 메디치(2016, 초판 1쇄), 61-62쪽.

89 곽동의, 앞의 구술사 1차, 33-35쪽.

90 鄭在俊, 앞의 책, 133-137쪽.

91 '통일의 전당으로 이사', 《민족시보》(1973. 11. 22.) 2면.

92 鄭在俊, 앞의 책, 171-172쪽.

93 이 글은 문명자가 1999년에 쓴 『내가 본 박정희와 김대중』을 토대로 작성했다.

94 김창오, 필자와 한 인터뷰, 서울(2022. 10. 27.).

95 임병택, '광주항쟁과 재일한국인', 『해외동포와 한국민주화운동 심포지엄 자료집』, 성공회대학교 민주주의사료관(2001. 11. 29.), 22-23쪽.

96 '조국의 자주통일운동에 새 기원', 《민족시보》(1976. 8. 21.) 1면.

97 '한민통계 5명 방미 증언 거부', 《조선일보》(1977. 9. 23.) 1면.

98 '한민통, 園田외상과 회담', 《민족시보》(1979. 6. 15.) 1면.

99 '소노다-한민통 간부 접촉 '면담 아니다' 일 정부 해명', 《조선일보》(1979. 6. 14.) 1면.

100 《민족시보》(1977. 8. 21.) 1면.

101 '브란트 서독 사민당수와 환담', 《민족시보》(1978. 1. 1.) 1면.

102 '국내외의 양식에 감사', 《민족시보》(1979. 1. 11.) 1면.

103 '한민통 성명문: 김대중 석방', 《민족시보》(1980. 3. 5.) 1면.

104 '김대중선생구출대책위 발전 해산을 결의', 《민족시보》(1980. 4. 1.) 1면.

105 《민족시보》(1980. 4. 1.) 1면.

106 '특별 결의문', 《민족시보》(1980. 6. 15.) 1면.

107 '북구 4국 외상이 공동성명', 《민족시보》(1980. 7. 15.) 1면.

108 김지영, 필자와 한 인터뷰, 도쿄(2022. 10. 17.).

109 손형근, 필자와 한 인터뷰, 도쿄(2022. 10. 17.).

110 '영화 「어머니」 호평 속에 개봉', 《민족시보》(1978. 11. 21.) 1면.

111 '이소선 여사의 편지', 《민족시보》(1979. 2. 21.) 2면, 3면.

112 '映畵「オモニ」をテコに', 《민족시보》(1979. 1. 21.) 4면.

113 이미숙, '경계를 넘는 연대와 재귀적 민주주의: 1970-80년대의 '일한연대운동'을 중심으로', 『해외에서의 한국민주화운동과 국경을 넘은 연대의 역사』, 한국학중앙연구원(2022), 64쪽.

114 이미숙, 앞의 논문, 64쪽.

115 와다 하루키, '와다 하루키 회고록: 대낮의 김대중 납치 사건, 한국 민주화운동 만나다', 《한겨레》(2006. 8. 31.), https://www.hani.co.kr/arti/culture/culture_general/153327.html(2022. 12. 28. 검색).

116 '김대중 씨를 구출하자! 높아가는 일본 여론', 《민족시보》(1980. 8. 11.) 3면.

117 민단50년사편찬위원회, 『민단50년사』(1997), 265-266쪽.

118 '제2선언(한민통 새강령)', 《민족시보》(1983. 10. 5.) 2면.

119 '반미는 민중의 공통목표', 《민족시보》(1984. 1. 1.) 3면.

120 한통련, 『한통련20년운동사』(1994), 37-39쪽.

121 곽동의, '곽동의 한통련 의장 취임사', 《민족시보》(1989. 2. 21.) 1면.

122 이찬삼, '이찬삼 특파원 제4신(평양 90년 8월)', 《중앙일보》(1990. 8. 16.), https://www.joongang.co.kr/article/2488169#home(2022. 12. 29. 검색).

123 신구강, '투고: 재일 젊은이의 통일 외침', 《민족시보》(1990. 9. 25.) 2면. 이때부터 다른 참가자들의 글에도 '북부 조국', '남부 조국'이라는 표현이 등장한다.

124 김창오, 필자와 한 인터뷰, 서울(2022. 10. 27.).

125 허경민, 필자와 한 인터뷰, 서울(2022. 8. 16.).

126 김창오, 앞의 인터뷰.

127 배동호, '박 독재의 한민통에 대한 모략과 음모책동을 규탄한다', 《민족시보》(1978. 3. 21.) 2면.

128 곽동의, 앞의 구술사 2차, 25-26쪽.

129 한통련, 앞의 책, 125쪽, 137쪽.

130 '주장: 대화 없는 압력은 전쟁의 길', 《민족시보》(2006. 10. 15.) 1면.

131 '성명: 전쟁으로 이어질 제재 강화를 반대한다', 《민족시보》(2013. 2. 15.) 1면.

132 신명직, 『재일코리안 3色의 경계를 넘어』, 고즈윈(2007), 53쪽.

133 「한통련의 명예회복과 귀국보장을 위한 대책위원회」가 만들어졌을 때 한통련은 곽동의 의장 이름으로 김대중 정부 「민주화운동관련자명예회복 및 보상심의위원회」에 진정서를 냈다.

134 강종헌, 필자와 한 인터뷰, 오사카(2018. 11. 23.).

135 '2억 엔 모금에 착수',《민족시보》(1973. 11. 1.) 3면.

136 '제2회 한민통 중앙위원회 개최',《민족시보》(1974. 10. 1.) 1면.

137 주일 한국대사관의 정보부 파견 요원 정낙중이 1980년 7월 14일에 작성한 「한민통 영사증명서」.

138 鄭在俊, 앞의 책, 172쪽.

139 이종수, '배동호 한민통 의장에 묻는다',《민주조국》(1988. 7. 14.). 재독 동포들이 1974년에 만든 「민주사회건설협의회」 의장이자 기관지인《민주조국》편집위원인 이종수가 1988년 7월 5일 도쿄에서 배동호 한민통 의장을 만나서 작성한 인터뷰 원고로, 2020년 「민주화운동기념사업회」에 이종수가 기증했다. 용지 상단에 찍힌 88/07/14라는 날짜와 타이핑된 글 위에 수정 가필된 흔적으로 봐서 인쇄되기 직전의 원고로 보인다.

140 정경모, 『시대의 불침번』, 한겨레출판(2010, 초판 1쇄), 251-253쪽.

141 양영희, 『카메라를 끄고 씁니다』, 마음산책(2022, 1판 3쇄), 148쪽.

4 머나먼 명예 회복

1 鄭在俊, 앞의 책, 185-186쪽.

2 손형근, 필자와 한 전화 인터뷰(2023. 1. 11.).

3 '친DJ인사와 '반가운 만남'',《경향신문》(1998. 10. 10.) 2면.

4 김정부, 진실화해위원회 진술, 도쿄 한통련 사무실(2008. 9. 23.).

5 이종찬, 필자와 한 인터뷰, 서울(2022. 9. 13.).

6 김창오, 필자와 한 인터뷰, 서울(2022. 10. 27.).

7 곽양춘, 필자와 한 인터뷰, 도쿄(2022. 10. 17.).

8 '5·18 국제회의 발표자 입국 거부당해',《연합뉴스》(2000. 5. 12.), https://n.news.

naver.com/mnews/article/001/0000002058?sid=102(2023. 1. 12. 검색).

9   김규항·최보은, '29년 만에 돌아온 '위험인물'', 《한겨레21》(2000. 11. 7.), 94–97
쪽.

10   서울행정법원 2001구7342호 판결문(2002. 8. 30), 여권 발급 거부처분 취소.

11   '정부 당국 여권 발급 또 거부', 《민족시보》(2002. 10. 21.) 2면.

12   이강래, 필자와 한 인터뷰(2022. 8. 19.).

13   박지원, 필자와 한 인터뷰(2022. 9. 8.).

14   이훈평, 필자와 한 인터뷰(2022. 9. 22.).

15   이종찬, 앞의 인터뷰.

16   이인람, 필자와 한 인터뷰, 서울(2022. 9. 20.).

17   임종인, 필자와 한 인터뷰, 하남(2022. 8. 12.).

18   이인람, 앞의 인터뷰.

19   임종인, 앞의 인터뷰.

20   이인람, 앞의 인터뷰.

21   곽동의, '조국 동포들에게 전하는 글', 『해외동포와 한국민주화운동 심포지엄 자
료집』(2001. 11. 29.), 40–41쪽.

22   '명예회복과 자유왕래 보장하라', 《민족시보》(2002. 5. 1.) 1면.

23   「제238회 국회 정보위원회회의록 제2호」, 국회사무처(2003. 4. 22.), 7쪽.

24   『해외민주인사 명예회복과 귀국보장을 위한 범국민추진위원회 결성식 자료집』
(2003. 8. 7.), 17쪽.

25   '법무부, 반정부 인사 34명 입국 허용, 송두율 교수는 포함 안 돼', 《동아일보》
(2003. 9. 18.), https://n.news.naver.com/mnews/article/020/0000205798?s
id=102(2023. 1. 15. 검색).

26   임종인, 앞의 인터뷰.

27   '해외민주인사 61명 귀국 보장', 《경향신문》(2003. 9. 5.), https://m.khan.co.kr/
politics/politics-general/article/200309051820331#c2b(2023. 1. 2. 검색).

28   최병모, 필자와 한 인터뷰, 서울(2022. 8. 18.).

29   '국민은 우리를 따뜻하게 맞아주었다', 《민족시보》(2003. 10. 1.) 1면.

30   최병모, 앞의 인터뷰.

31 'DJ, 한민통 회원 30년 만에 만나', 「SBS 8뉴스」, 《SBS》(2003. 9. 20.), https://n.news.naver.com/mnews/article/055/0000009552?sid=115(2023. 1. 15. 검색).

32 김정남·한인섭, 『그곳에 늘 그가 있었다』, 창비(2020, 초판 1쇄), 192-210쪽.

33 송정빈, 필자와 한 인터뷰(2019. 9. 18.).

34 와다 하루키는 2004년 8월 14일 장례미사 때 직접 읽은 조사에 서명해 송정빈에게 줬다. 조사는 A4 용지 두 장 분량이다.

35 김정남·한인섭, 앞의 책, 242쪽.

36 김정남, 앞의 인터뷰.

37 김정남, 앞의 인터뷰.

38 손형근, 필자와 한 인터뷰(2019. 9. 18.).

39 김정남, 앞의 인터뷰.

40 송정빈, 앞의 인터뷰.

41 곽동의 의장 이름으로 낸 앞의 진정서

42 김영진, 필자와 한 인터뷰, 서울(2022. 9. 7.).

43 이인람, 앞의 인터뷰(2022. 9. 20.).

44 '재일유학생 김정사 간첩조작의혹 사건', 「2009년 하반기 조사보고서: 진실화해위원회 제8차 보고서」, 744쪽.

45 '반국가단체 규정을 시정하라', 《민족시보》(2009. 12. 15.) 1면.

46 「한민통 반국가단체 규명 사건 (제1안) 보고서」는 진실화해위원회가 2010년 6월 말로 활동을 마칠 때 다른 기록들과 함께 국가기록원에 이관됐다.

47 이인람, 앞의 인터뷰.

48 '새누리당의 이영조 전략공천을 강력히 규탄한다', 기자회견: 새누리당의 이영조 공천 규탄 기자회견, 민족민주열사·희생자추모(기념)단체 연대회의(2012. 3. 12.), http://www.yolsa.org/v4/g5/bbs/board.php?bo_table=tbl_issue&wr_id=56(2023. 1. 20. 검색).

49 한통련, 「각하결정에 대한 이의서」(2010. 8. 26.).

50 '5·18 신화 만들기는 대한민국을 조이는 족쇄 될 것', 《미래한국》(2017. 6. 2.), http://www.futurekorea.co.kr/news/articleView.html?idxno=40899(2023. 1. 21. 검색).

51 송창한, '국민의힘 진실화해위원, '북한군 남파설' '공산 폭동' 주장', 《미디어스》 (2021. 1. 12.), http://www.mediaus.co.kr/news/articleView.html?idxno =202951 (2023. 1. 21. 검색).

52 육군계엄고등군법회의 80고군형항176호 판결문(1980. 11. 3.).

53 대법원 80도2756호 판결문(1981. 1. 23.).

54 대법원 90도1333호 판결문(1990. 9. 11.).

55 대법원 90도1744호 판결문(1990. 10. 12.).

56 서울고등법원 94노914호 판결문(1994. 7. 7.).

57 서울고등법원 2014재노26호 판결문(2016. 3. 25.).

58 대법원 95도1624호 판결문(1995. 9. 26.).

59 '김대중 전 대통령 무죄 관련 판결문', 「노컷뉴스」, 《CBS》(2004. 1. 29.), https:// www.nocutnews.co.kr/news/76618 (2023. 1. 25. 검색).

60 당시 김대중 사건 재심 판결을 전하는 2004년 1월 29일 자 《경향신문》도 'DJ 내란음모 재심 무죄판결' 기사에서 한민통 관련 부분에 대해 "'신군부의 공소권 남용이라고 생각하며 이미 사면돼 재심사유가 존재하지 않는다'며 면소 판결했다" 라고 보도했다.

61 조갑제, '김대중 재심 재판에 대한 오해: 반국가단체 한민통 결성죄엔 무죄가 선고되지 않았다', 《조갑제닷컴》(2006. 2. 9.), http://www.chogabje.com/board/ view.asp?C_IDX=11990&C_CC=AZ (2023. 3. 15. 검색).

62 김정사, 필자와 한 인터뷰, 사이타마(2022. 10. 18.).

63 서울고등법원 2010재노3호 판결문(2011. 9. 23.).

64 이인람, 앞의 인터뷰.

단행본

곽동의, 『조국통일론』, 민족시보사(1992)

국군보안사령부, 『대공30년사』, 국군보안사령부(1978)

권문수·김원백·김지영·정근 구술, 윤충로·송치욱·한성훈 엮음, 『평화·통일을 열어가는 사람들』, 진인진(2022, 초판 1쇄)

권일, 『권일회고록』, 한민족(1989)

김당, 『시크릿 파일 국정원』, 메디치(2016, 초판 1쇄)

김대중, 『김대중 자서전 1』, 삼인(2010, 초판 1쇄)

김병진, 『보안사: 어느 조작 간첩의 보안사 근무기』, 이매진(2021, 초판 2쇄)

김성호, 『토오쿄오에서 보내는 편지』, 솔내음(2004, 초판 1쇄)

김정남, 한인섭, 『그곳에 늘 그가 있었다』, 창비(2020, 1판 1쇄)

김종충, 『현해탄 파도는 아직도』, 우일출판사(2002, 1판 1쇄)

김충식, 『5공 남산의 부장들 1, 2』, 동아일보사(2022, 1판 1쇄)

김충식, 『남산의 부장들』, 폴리티쿠스(2012, 개정 증보판 1쇄)

김효순, 『조국이 버린 사람들』, 서해문집(2015, 초판 1쇄)

류상영·와다 하루키·이토 나리히코 엮고 지음, 『김대중과 한일관계』, 연세대학교 대

　　　학출판문화원(2012)

문명자,『내가 본 박정희와 김대중』, 월간말(1999)

미즈노 나오키·문경수 지음,『재일조선인: 역사, 그 너머의 역사』, 한승동 옮김, 삼천
　　　리(2016)

박병헌,『숨 가쁘게 달려온 길을 멈춰서서』, 재외동포재단(2007, 초판 1쇄)

신명직,『재일코리안 3色의 경계를 넘어』, 고즈윈(2007)

안영민,『행동하는 양심』, 아름다운 사람들(2003, 초판)

양영희,『카메라를 끄고 씁니다』, 마음산책(2022, 1판 3쇄)

이기동,『남산 비하인드 스토리』, 시사문화사(2011, 초판 1쇄)

이종찬,『숲은 고요하지 않다 1, 2』, 한울(2015, 초판 1쇄)

재일학도의용군동지회,『재일학도의용군 6·25전쟁참전사』, 재일학도의용군동지회
　　　(2020, 2판)

재일한국민주통일연합,『한통련20년운동사: 자주 민주 통일의 기치 높이 들고』, 한통
　　　련(1994)

정경모,『시대의 불침번』, 한겨레출판(2010, 초판 1쇄)

조일제,『역사 앞에서』, 문지사(2012, 초판)

친일인명사전편찬위원회,『친일인명사전』, 민족문제연구소(2009)

논문

김원, '해협을 건넌 편지들: 김정남, 송영순 그리고 배동호 서신의 민주화운동에서 의
　　　미', 해외에서의 한국민주화운동과 국경을 넘은 연대의 역사(국제학술회의), 한
　　　국학중앙연구원(2022)

반헌법행위자열전편찬위원회, '반헌법행위자열전: 안경상 편', 미발표 논문(2022)

반헌법행위자열전편찬위원회, '반헌법행위자열전: 정경식 편', 미발표 논문(2022)

반헌법행위자열전편찬위원회, '반헌법행위자열전: 허정훈 편', 미발표 논문(2022)

이미숙, '경계를 넘는 연대와 재귀적 민주주의: 1970~80년대의 '일한연대운동'을 중심으로', 해외에서의 한국민주화운동과 국경을 넘은 연대의 역사(국제학술회의), 한국학중앙연구원(2022)

이재승, '어두운 시대의 소송 기술: 재일교포 간첩사건에서 영사증명서', 『민주법학』 38(2008. 1.)

이진원, '전후 재일코리안 청년 학생운동의 흐름 및 성격: 민단계 청년 학생운동을 중심으로', 『일본학』 48(2019)

정아영, '재일동포 사회와 한국 4·19혁명: 한국 민단계 학생 청년운동을 중심으로', 『국제고려학』 13(2009. 12.)

조기은, '민단계 재일조선인의 한국민주화운동: 민단민주화운동세력과 김대중의 '연대'를 중심으로', 『한국학연구』 75(2020. 12.)

조기은, '민단계 재일조선인의 한국민주화운동: 재일한국청년동맹을 중심으로', 『한국학연구』 59(2020. 11.)

조기은, '한민통의 한국민주화운동: 1970~80년대 활동을 중심으로', 『동방학지』 194(2021. 3.)

지충남, '재일한인 사회의 통일운동 고찰: 한통련을 중심으로'(2016), 『한국민족문화』 61(2016. 11.)

한홍구, '김대중에 대한 군부의 편견과 조작', 김대중내란음모조작사건 40주년 학술회의(2020)

해외문헌

民團30年史編纂委員會, 『民團 30年史』, 在日本大韓民國居留民團(1977)

李瑜煥, 『日本の中の三十八度線』, 洋々社(1980)

林茂澤, 『在日韓國靑年同盟の歷史』, 新幹社(2011)

在日本大韓民國居留民團, 『民團 40年史』, 在日本大韓民國居留民團(1987)

在日本大韓民國民團 50年史 編纂委員會, 『民團 50年史』, 在日本大韓民國民團

　(1997)

鄭在俊, 『金大中救出運動小史: ぁる在日の半生』, 現代人文社(2006)

鄭哲, 『民團今昔-在日韓國人の民主化運動』, 啓衆新社(1982)

자료집과 보고서

(사)평화박물관건립추진위원회, 「전국 국가폭력 고문피해 실태조사 (2차)」, 민주화운
　동기념사업회(2021)

「곽동의 구술사 1차」(2006. 11. 23.), 「곽동의 구술사 2차」(2007. 1. 8.), 「곽동의 구술사 3
　차」(2007. 5. 16~17.), 연세대학교 김대중도서관

국방부과거사위원회, 「국방부 과거사진상규명위원회 종합보고서 제3권: 8개사건 조
　사결과 보고서 (하)」(2007)

국사편찬위원회, 「1970, 80년대 유학 경험을 가진 재일동포 2세의 생애사: 구술 김정
　사」, 국사편찬위원회(2011)

국사편찬위원회, 「1970년대 재일동포 공안사건 피해자의 정체성 형성에 관한 연구
　- 11·22사건 피해자의 생애사를 중심으로: 구술 강종헌」, 국사편찬위원회
　(2016)

국정원과거사진실규명위원회, 「과거와 대화 미래의 성찰: 학원·간첩편(VI)」, 국가정보
　원(2007)

재일한국민주통일연합의 명예회복과 귀국보장을 위한 대책위원회 외, '해외동포와 한
　국민주화운동 심포지엄' 자료집, 성공회대학교 민주주의 자료관 외(2001)

진실화해위원회, '재일유학생 김정사 간첩조작 의혹사건', 「2009년 하반기 조사보고
　서 제9권」(2009)

한국학중앙연구원, '해외에서의 한국민주운동과 국경을 넘는 연대의 역사: 한국학
　중앙연구원 국제학술회의' 자료집(2022)

한청, 「한청 50년사」, '재일한국청년동맹 결성 50돌 기념식'(2010)

해외민주인사범국민추진위, '해외민주인사 명예회복과 귀국보장을 위한 범국민추진

위원회 결성식' 자료집(2003)

정기간행물

네이버, 뉴스라이브러리(1920~1999)

민족시보사, 《민족시보》(2013, 전자판)

민족시보사, 《민족시보》(1983, 축쇄판)

한국신문사, 《韓國新聞》(1974, 축쇄판)

찾아보기